科学で未来を創造する大学へ

Team東工大、2,374日の挑戦

工学博士
東京工業大学・学長
益一哉 編・著

発行：ダイヤモンド・ビジネス企画　発売：ダイヤモンド社

はじめに

２０２４年10月、東京工業大学は東京医科歯科大学と法人統合・大学統合し、新しい大学東京科学大学（Science Tokyo）に生まれ変わります。私の６年半の学長任期の間のＴｅａｍ東工大が何を考え、様々なことに取り組んできたのかをまとめました。私たちの考え方や取り組みが他の大学の運営や経営に多少なりとも参考になれば幸いです。また、本書を記すことでＴｅａｍ東工大の生きた証としたいという思いもあります。

２０１８年、私が東京工業大学の学長に就任した際、元学長の末松安晴先生の訪問を受けました。そのとき、先生は２０００ページを超える『東京工業大学百年史』を机に置かれ、「大学を背負うということは重いものだよ」と話されました。それまでも百年史に目を通したことはありましたが、私に学長としての責務の重さを深く刻む一言でした。

東工大の前身である東京職工学校は１８８１年に設立されました。設立に際し、文部官僚で教育行政家の濱尾新は、「工業工場があって而して工業学校を起こすのではなく、工業学校を起こし卒業生を出して而して工業工場を起こさしめん」と述べています。これは、新しい産業を興す人材を育成するという、東工大の設立理念を示しているといえるでしょう。

私自身、１９８２年から半導体集積回路の研究に携わってきました。21世紀の日本における半導体産業の危機的状況や、「失われた30年」と言われる日本全体の停滞を目の当たりにしてきました。世界の成長を牽引しているIT、バイオ、生命科学などの新しい産業を日本が興せていないことが、GDPが成長しない原因の一つです。このような状況を踏まえると、新しい産業を興す人材を育成できていない大学にこそ、日本の停滞の原因があるのではないかという思いが強くなりました。

東工大の歴史を振り返ると、１９２９年の旧制大学への昇格の際には、「教授自ら有力な研究者たれ」という言葉が残っています。この言葉は後のTDK株式会社の創立に関わった加藤与五郎先生が言われたようです。また、１９４５年９月、終戦の翌月には「教授助教授懇談会」を開催し、翌年２月には「東京工業大学刷新要綱」をまとめ上げました。そして、１９４６年４月から宮城音弥、加茂儀一らによる人文・社会科学の講義が開始されました。専門分野に閉じこもることなく、幅広い知識を身につけることの重要性を示しているといえるでしょう。戦後の混乱期にわずか半年で改革の実行にまで漕ぎつけた先人たちの熱意には、今でも感動を覚えます。

私が学長に就任する前、「ちがう未来を、見つめていく」から始まる「東工大ステートメント２０３０」が発表されました。これを受けて、２０１８年10月に私は、いかに「ちがう未来」に向かうかを「多様性と寛容」「協調と挑戦」「決断と実行」から成る三つのコミットメントにまとめました。

２０２０年、東工大では「理工学の再定義」を掲げました。これは、停滞の30年からの脱却を私たち自身が主導しようという危機感の表れでした。具体策の一つが、ジェンダーバランス改善のための「女性限定教員公募」（2021年度から開始）や、学士課程入試における女子枠の導入です。2024年4月入学者では58人、2025年は149人の女子学生枠を設けました。入学者総数が約1100人程度ですので、これまでのどの大学にもない規模となります。これは理工系大学におけるジェンダーバランスを改善するという我われの強い意志の表れです。

さらに、地球環境の悪化、新興・再興感染症、少子・高齢化など、人類が直面する世界規模の課題解決に向けて、大学はその知を結集し、より大きな役割を果たす必要があります。そのためには中途半端な取り組みでは立ちいかないとの思いから、東京医科歯科大学との法人統合・大学統合を決断しました。

結果として、三つのコミットメントに沿って大学経営をしているように見えますが、それだけではどこかしっくりこないと自問自答したときに、「未来を先送りしない」という気持ちが根底にあったことに気がつきました。東工大のこれまでの取り組みには賛否両論がありますが、新たなことに挑戦するときには当然のことです。

東京医科歯科大学との統合協議の中でも、様々な議論があり、難題もありました。そのような中でも、「未来を先送りしない」という気持ちで取り組み、「ちがう未来」への一歩を踏み出せたと思っています。

日本の多くの組織や個人が、未来を先送りにして自分たちで決断することを避けてきました。しかし、私たちは違います。未来を先送りしないという強い意志をもって、さまざまな課題に取り組んできました。

大学運営において重要なのは、歴史に学びつつも、ありたい未来を考え、時代の変化を産みだす決断を行うことです。東工大の創立以来の理念を大切にしながら、現代の課題への対応ばかりではなく、未来の課題を先取りして取り組んできました。それを改革とみる方もおられるかもしれません。改革は目的ではありません。改革は結果のひとつです。

大学運営、特に国立大学の運営に携わってきた者として、常に心に留めてきたことがあります。それは、大学が社会に対して果たすべき役割を常に認識するということです。知の創造と伝達、そして社会への還元です。

最近の風潮として、どうも大学を高校生の出口の機関としてしか見ていないように感じています。もちろん将来を築く人材を育成することは国立大学の大切な使命ですが、教育だけが大学の使命ではありません。社会へ果たす使命を常に念頭に、社会の動向を注視するだけではなく、社会のありたい姿を見据えて行動するのが大学です。

東工大は、この理念のもと、未来を先送りせず、今できることに全力で取り組んできました。そして、その姿勢を若い研究者のみならず学生たちにも伝えてきました。次の世代を担う人材を育成し、社会の進展や変化を先導していくことこそが、日本の未来を切り拓く道筋だと信じています。

東京工業大学と東京医科歯科大学が産みだす東京科学大学（Science Tokyo）が、新しいリーダーのもと社会の皆さまとともに、未来を創造していくことを信じています。

目次

はじめに …… 1

序　章　東京職工学校としての誕生から始まった、140年の歩み

「人をつくってから工業を興す」　16
関東大震災を乗り越え、1924年蔵前から大岡山へ　18
「教授は有力な研究者たれ」――1929年東京工業大学（旧制）へ　19
第二次世界大戦を乗り越え、新制大学発足に向けて前進　20
1945年　半年で教養教育を決定した教授・助教授懇談会　21
日本の工業が発展を遂げる中、単科大学から理工系総合大学への改革が進んだ　23
1991年大学設置基準の大綱化　25
2004年国立大学法人化による新たなスタート　26
補遺　28

第1章　大学を産業、経済、社会の発展に資する研究と教育の場へ

三島学長の平成の改革とは？ …… 36

東工大を変えた三島改革、新時代の人材育成への挑戦　36
ガバナンス改革でめざす真の国際化と競争力向上　38
グローバル社会に対応、東工大の教育改革　39
研究改革で世界トップめざす新たな挑戦　42

産学連携改革で研究力と財務基盤を強化　45
三島改革から未来へ、東工大が描く大学革新の全貌……48
三島改革を礎に、東工大が描く新時代の大学像　48
研究と教育の新たな調和、東工大改革がめざす理想像　49
スーパーCOEから始まる東工大の挑戦、研究改革の軌跡　51
研究所統合への道、東工大が挑む競争力向上への取り組み　53
多角的アプローチで挑む東工大、研究力強化への道　57
40年間で産業が衰退した日本は、世界に追いつかなければならない……62
外圧に頼らない日本の未来、自ら選ぶ変革の時　62
研究開発と製造で挑む、日本半導体産業の再興　64
衰退の原因は、〝新しい産業〟をつくってこなかったことにある……67
市場変化への対応遅れ、日本半導体産業凋落の真相　67
〝人を育てて、工業を興す〟という東京工業大学の理念に立ち返る……70
新産業創出こそが日本復活の鍵、東工大が示す未来像　70
大学こそが、日本の経済と産業を発展させるための鍵となる……73
建学の精神に立ち返る、東工大が示したい日本再生の道筋　73
男女の偏りをなくさなければならない理由は何か……75
ジェンダーバランス改善が日本を変える、東工大の取り組み　75
女性限定教員公募の取り組み　77
着実なDE&I推進を目指して　81

特別インタビュー
監事が語る大学改革、東工大の未来――小倉康嗣・監事、三矢麻理子・監事……83

第2章　東工大がめざしてきた教育の在り方とは？

専門性とリーダーシップを備えた人材を育成する……98
専門性とリーダーシップを兼ね備えた人材育成　98
くさび型教育と学生の可能性を最大化する多様なプログラム　100
学士課程から博士後期課程までの連続したカリキュラムが実現する選択と挑戦……104
学部と大学院が一体となって教育を行う学院制の創設と一貫教育の実施　104
柔軟性と専門性の両立、東工大独自の教育システム　108
教育改革での主な変更点　111
クォーター制の導入　115
何をどれだけ学んだかを基本とする学びへ…ナンバリングと達成度評価　117
鉄は熱いうちに打て…科学技術への興味・向上心を喚起　119
知識を社会へ繋ぐ―ＬＡ・リベラルアーツ教育研究院の設立……121
リベラルアーツ研究教育院で未来の人材育成へ　121
立志からリーダーシップまで、東工大の実践型リベラルアーツ教育　125
教育改革後の新たなる展開　129
東工大の博士後期課程人材育成の戦略　136

学生・教員の両者に対するサポートを行い、より良い教育の環境を生み出す……138
経済支援から社会変革へ、東工大の奨学金戦略　138
施設と支援の両輪で挑む、東工大の教育環境革新　141
卓越大学院プログラムが実現する、より高度な研究人材の育成……144
東工大卓越大学院、産学連携で育てる次世代イノベーター　144
その他の教育課程　148
教育改革の自己評価について……151
三つの柱で評価、東工大が挑む教育改革の真価　151
今と未来を生きる学生からの意見を集める学勢調査……156
アンケートから提言まで、学生がつくる東工大改革　156
公休制度からキッチンカーまで、学生の声が変える東工大　158
Column 躍進と進化のキャンパスをつくるために①
女子枠入試の導入から始まる、多様性をもったキャンパスの創造――井村順一・理事……160

第3章　大学での研究を活性化して、ありたい姿に保つ

組織的な研究推進……172
重点分野と戦略分野で研究力強化　172
研究力可視化へ、東工大が挑む独自のリサーチマップ　174
研究で社会へ貢献……179

攻めの基礎研究：社会をゆたかにする文化としての科学をめざす 179
攻めの産学連携研究：産業界とともに大学の知で新たな産業をめざす 181

ありたい未来をめざしての研究 184
大学統合が生む新しい知、人類の幸福を科学する 184
未来の研究を考えるとき、東工大流アプローチ 186
ＤＬａｂが描く「ありたい未来」、社会との対話から生まれる科学 188
ＤＬａｂが描く２２００年の未来、24のシナリオから始まる研究 190
東工大流「ボーダーを超える」研究、異分野協働で未来を創造 193
ＳＤＧｓの先を見据える東工大、２００年先の未来像を描く 198

研究を支える人たち 200
ＵＲＡが牽引する東工大の研究推進、40人の専門家集団 200
ＵＲＡの研究連携支援の一例：梅とつばめのプラットフォーム 202
オープンファシリティセンター：設備共用の中枢となる技術職員組織 205
情報基盤を支える人たち 209

Column 躍進と進化のキャンパスをつくるために②
科学を文化に――大隅良典・栄誉教授 213
ワクワクする研究を進めたい――渡辺治・理事 233

第4章　大学の経営基盤を強固にする

東京工業大学経営改革ビジョンの全容……240

経営改革で未来を開く新ビジョンと組織体制の刷新　240

経営改革ビジョンで財政基盤強化と教育研究質向上への挑戦　242

東工大経営改革ビジョン、社会連携で大学の価値向上へ　246

国立大学法人化から始まる大学経営の変革と課題　249

東工大経営改革ビジョン、好循環で持続的発展をめざす　252

東工大の魅力を凝縮した教育・研究システムの改革と社会貢献システムを前提とした改革へ……255

柔軟な組織で未来を創る教育研究システム改革の全貌　255

大学の社会貢献と企業ニーズの両立へ新戦略を展開　258

学長自らが主催する「アドバンスメントオフィスの設置」で教職員が協働する大学へ……260

アドバンスメントオフィスとは　260

アドバンスメントオフィスのミッションとチーム構成　262

アドバンスメントオフィスの組織構造と機能　265

チームPRが担う画期的な東工大の広報戦略　269

チームBDが推進する参加型ブランディング　269

チームFAが牽引する戦略的ファンドレイジング　271

卒業生の力を活かす、東工大の革新的な基金募集　273

産学連携強化への道、チームIACの戦略的アプローチ　274

エンゲージメントの力が大学経営に革新をもたらす　276

コスト分析により直接経費と間接経費の流れを明確化……278

直接経費と間接経費の最適化で実現する大学の競争力向上　278

次世代人事戦略による教育研究活動の強化と「好循環」の駆動……281

ＵＲＡ導入から始まる大学人事システムの大変革　281

理念と実践の融合、東工大が描く未来の大学像……283

多様性と寛容、協調と挑戦、決断と実行で描く大学像　283

多様性と寛容、協調と挑戦、決断と実行がうまれたとき　285

チャレンジ精神と対話文化が支える東工大の経営基盤　287

学長交代を超えて、東工大が示す経営基盤強化の道　289

Column 躍進と進化のキャンパスをつくるために③

教職協働の体制──湊屋治夫・教授・学長相談役（前理事・事務局長）……291

田町キャンパス土地活用事業──芝田政之・理事……298

大学改革と人事戦略──佐藤　勲・理事……303

第5章　企業との連携が生む、より強力な社会貢献

大学と産業界の関係……318

産学連携の革新、東工大がめざす持続可能な社会貢献　318

大学発イノベーション・エコシステムが切り拓く、産学連携の未来像　320

大学発ベンチャー支援、東工大が描く新たな産学連携の姿　321
イノベーションの拠点、東工大が仕掛ける街づくり　324
GTIEが切り拓く、大学発スタートアップの新時代　327
ネットワーク時代の産学連携、東工大城下町2.0の挑戦　328
東工大OI機構が切り拓く、組織対組織の新産学連携モデル　331
TTOPが切り開く、日本最大級の産学マッチングの場　334
イノベーション創出論が変える、大学と産業界の関係性　336

Column 躍進と進化のキャンパスをつくるために④
産業構築+市場洞察から生まれる「産学連携による共同研究」と「インテリジェンス機能」
——桑田薫・理事……339

終章 窓を開け、大空へと飛び立つツバメ

次の100年に向けたキャンパス・イノベーションエコシステム構想と大学戦略……348
3キャンパスの個性が織りなす、東工大の未来戦略　348
連携戦略を内挿する東工大100年の構想　350
女子学生のSTEM進学を促進、東工大の革新的アプローチ　352

ゼロサム経営からの脱却……354
大学の存在そのものを見直す　354
新たな経営モデルの構築　356

科学は文化として発展していく必要がある …… 360
人類の知的探求としての科学文化を育む大学の役割 360
医工連携を超えて …… 363
東工大が挑む学問革命 363
ありたい真の融合の姿 365
ツバメは飛び立ち、未来を創る …… 368
ツバメに込める思い 368
未来を先送りしない 370
あとがき …… 377
参考文献 381

序章

東京職工学校としての誕生から始まった、140年の歩み

東京工業大学の歴史は、日本の近代化とともに刻まれてきました。1881年、明治政府の産業振興政策の一環として東京職工学校が設立されたのが、その始まりです。以来140年、本学は日本の工業教育の礎を築き、時代の要請に応じて進化を続けてきました。

この章では、東京職工学校から東京高等工業学校、そして東京工業大学へと至る変遷を辿《たど》り、東京科学大学（Science Tokyo）への道の概略を示します。激動の時代を生き抜き、数々の困難を乗り越えてきた本学の歴史は、まさに日本の科学技術の発展の縮図と言えるでしょう。

「人をつくってから工業を興す」

私たち東京工業大学の歴史は、1881年に設立された東京職工学校から始まります。当初は機械工芸科と化学工芸科の2科を擁する小さな学校でしたが、その設立理念は革新的でした。設立を支援した濱尾新が掲げた「人をつくってから工業を興す」という理念は、当時としては画期的と言えます。多くの人が「工場があって、そこに人材を当てはめる」と考えていた時代に、濱尾は「人を育てて、而して工業工場を作る」という逆の発想を打ち出したのです。この理念は、140年を経た今も私たちが大切にしている精神です。

学校は蔵前の地に設立されました。これが後の「蔵前工業」という愛称の由来となります。設立に尽力したのは文部省・教育博物館長補であった手島精一（1850-1918）です。彼の努力と功績なくして、東京職工学校の発展はありませんでした。

明治時代ならではのエピソードもあります。化学工芸科では、ドイツ人のゴットフリード・ワグネル（1831－1892）が指導にあたりました。彼は明治政府のお雇い外国人で、最先端の化学知識を日本にもたらした重要人物です。ワグネル先生は窯業科の発展にも貢献します。窯業科には中国からの国費留学生も数多くおりました。5名もの卒業生が、景徳鎮陶磁大学（中国で唯一の陶磁器技術に専門特色をもつ大学）の学長を務めています。この情報は、2020年景徳鎮陶磁大学が110周年記念式典を開催するというときに先方から教えてもらいました。中国の陶磁器技術は朝鮮半島を経由して我が国に入ってきました。一方、ドイツやオランダなどの欧州の陶磁器技術は中国の影響を受けたとはいえ独立に発展したと言われています。中国の留学生がワグネル先生から直接学んだかどうか不明ですが、ドイツの流れを汲み東工大で学んだ中国の留学生が陶磁器の故郷に戻ったと言えるでしょう。

「人をつくってから工業を興す」という理念は、東京工業大学にも脈々と受け継がれました。私はこの理念を非常に重要だと考えています。急速に変化する現代社会においても、技術の根幹を理解し、新しい価値を創造できる人材の育成こそが、私たちの使命だと信じているためです。

関東大震災を乗り越え、１９２４年蔵前から大岡山へ

私たちの大学にとって、１９２３年の関東大震災は大きな転換点となりました。蔵前にあった校舎は壊滅的な被害を受け、一時は存続の危機に直面したのです。しかし、この困難を乗り越え、翌１９２４年に現在の大岡山キャンパスがある荏原郡（現在の東京都目黒区）へ移転しました。

この移転は、単なる場所の変更以上の意味がありました。それは本学の新たな出発点であり、近代的な大学への飛躍の機会でもありました。広大な敷地を活かし、最新の設備を備えた校舎や研究施設を次々と建設していきました。

大岡山への移転は、当時の教職員や学生にとって大きな挑戦だったでしょう。交通の便が悪く、周囲には何もない丘陵地帯でした。しかし、この不便さの中でも着々とキャンパスが整備されていきました。

１９２９年、本学は東京工業大学（旧制）に昇格します。これを契機に、工学部に加え、理学部も設置され、より幅広い分野での教育研究が可能になり、さらなる発展を遂げていきます。

今年、２０２４年は大岡山キャンパス１００周年にあたります。１世紀前、震災の灰燼から立ち上がり、新天地で再出発した先人たちの勇気と決断力には、今も深い感銘を受けます。

「教授は有力な研究者たれ」――１９２９年東京工業大学（旧制）へ

１９２９年、東京工業大学として旧制大学に昇格しました。これは単なる名称変更ではなく、研究大学としての新たな出発点でした。

この昇格には、１９０６年に設立された蔵前工業会（同窓会組織）の後押しが大きな役割を果たしました。卒業生たちが様々な場所で働きかけ、産業界と一体となって大学の発展を支援してくれたのです。

大学昇格時、「教授自ら有力な研究者となって学生に薫陶を与えることが重要である」との理念が掲げられました。本学が研究大学としての方向性を決定づけるとともに、現在も私たちが大切にしている理念です。これは、加藤与五郎教授（１８７２－１９６７）が主張したと言われています。彼は後にＴＤＫ（東京電気化学工業）の創業に貢献します。

「教授は有力な研究者たれ」というこの方針は、単に研究成果を上げるだけでなく、その過程を通じて学生を育成するという、研究と教育の一体化を意味しています。教授陣が最先端の研究に取り組み、その姿勢や方法論を学生に直接示すことで、次世代の研究者や技術者を育てる。これが本学の教育の核心なのです。

この時期、本学は急速に研究体制を整備していきました。教授や助教授を中心とし研究グループが形成されました。これにより、学生たちは早い段階から最先端の研究に触れる機会を得ることができました。

また、この頃から海外の大学や研究機関との交流も活発になります。この頃、ＭＩＴの教育や研究の在り方を学んだようです。そのことが、戦後の教育改革に生かされました。

１９２９年の大学昇格は、私たちの研究大学としての歩みの第一歩でした。加藤与五郎教授の理念は、その後の本学の発展を支える礎となりました。現在も、教員は、学生とともに最先端の研究に取り組み、その過程で学生を育成するという伝統は脈々と受け継がれています。

第二次世界大戦を乗り越え、新制大学発足に向けて前進

１９３９年から１９４５年までの時期は、東京工業大学にとって、そして日本全体にとって、非常に困難な時代でした。第二次世界大戦の影響が大学にも及び、教育と研究の環境は大きく変化しました。

戦時体制下、大学は様々な困難に直面しました。国策にそった対応が求められ、東工大でもいわゆる軍事のための研究が行われたようですが、記録は断片的であり、今も明らかになっていない部分が多くあります。技術史の観点でも解明が求められています。昨今、経済安全保障、国家安全保障の視点での研究そのものの在り方が議論されていますが、歴史の事実に学ぶ視点を忘れてはなりません。

学生が徴兵されるということもありましたが、東工大の理工系学生は勤労動員が義務付けられ、まともな学びができなかったようです。

このような中でも、学内ではいかなる理工系の学びが必要であるかといった議論があり、それらの活動は戦後すぐに始まる大学改革に繋がります。

１９４４年、八木秀次学長が技術院総裁に迎えられた後を継いで、和田小六学長が就任します。和田小六学長は戦後の大学改革を主導し１９５２年まで学長を務めることになります。

１９４５年、空襲により大岡山キャンパスも被害を受けました。校舎の一部が焼失し、貴重な研究資料や機材も失われました。しかし、教職員と学生の懸命の努力により、教育研究活動は何とか継続されました。

１９４５年　半年で教養教育を決定した教授・助教授懇談会

１９４５年8月15日、第二次世界大戦が終結し、日本は新たな時代を迎えました。私たち東京工業大学では、戦後の新しい教育体制を構築するため、迅速に動き始めました。

戦争が終わってすぐの１９４５年9月28日、教授・助教授懇談会が開催されました。この会議は、戦後の日本社会が必要とする人材育成や研究の在り方について、真摯に議論する場となりました。科学技術の発展だけでなく、平和で民主的な社会を支える人材を育成するには何が必要か、参加者たちは熱心に話し合いました。

私はこの歴史を知るにつけ「教授・助教授懇談会」という名称で歴史を残してくれたことに感謝しています。おそらく当時は教員の数も十分ではなく、教授も助教授も一体で大学の研究、教育に携わるのだという意識で職階に関係なく議論がなされたのだと思います。しかし、教授、助教授といった職階を越えての議論ができたということはその後の東工大を語る上でも大変重要です。現在、学士課程の卒業研究（今は、特別課題研究と称する）や大学院での研究の指導教員は、東工大では教授、准教授、講師であれば就くことができます。研究者、PI（Principal Investigator）として当たり前に行っていることです。

教授・助教授懇談会は、わずか半年という短期間で、１９４６年2月1日に「東京工業大学刷新要項」をまとめ上げています。この要項には、当時の教育、研究体制を抜本的に変える必要があるとの提言は勿論ですが、現代においても引き継がれる最も重要な点は、文系教養科目の導入でした。１９４６年4月から、哲学、歴史、文学、社会科学などの授業を開始したのです。１９４６年は旧制大学の時代です。旧制大学にも関わらず導入した意義は日本の理工系高等教育を語る上で非常に重要です。

この決定は、当時としては非常に革新的なものでした。工科系大学である東京工業大学が、なぜ文系科目を重視したのか。それは、技術者や研究者も、幅広い教養と豊かな人間性をもつべきだと考えたからです。科学技術の発展が社会に与える影響を深く理解し、倫理的な判断ができる人材を育てることが、戦後の私たちの使命だと考えたのです。

この１９４６年に始まった文系教養科目の導入は、東京工業大学のリベラルアーツ教育の礎となっています。科学技術と人文社会科学の融合、これこそが私たちの教育の特徴であり、強みなのです。

戦後の混乱期にあって、半年という短期間でこのような重要な決定ができたことは驚くべきことです。戦前から海外大学、特にＭＩＴの教育の在り方を検討していたことが結実したとは言え、和田小六学長の指導力があってこそのことではあると思います。教授だけでなく助教授も交えた侃々諤々の議論に思いを馳せると、当時の教職員の先見性と決断力には、今でも深い敬意を表します。

この時期に確立された教育方針は、東京工業大学の発展に大きな影響を与えました。技術的専門性と幅広い教養を併せもつ人材の育成。これこそが、私たちが今も、そしてこれからも大切にする教育理念です。

日本の工業が発展を遂げる中、単科大学から理工系総合大学への改革が進んだ

１９４９年の新制大学発足から私たち東京工業大学は日本の高度経済成長と共に大きく発展しました。この時期、私たちは単科大学から理工系総合大学への改革を進め、日本の工業発展を支える重要な役割を果たしました。

1949年に新制大学として再出発し、1953年には特研生制度を発展させて大学院を設置しました。これは、より高度な研究に注力しようという私たちの決意の表れでした。研究大学としての意識を強くもち、常にMIT（マサチューセッツ工科大学）を意識しながら、大学院教育の充実に力を入れました。

結果として、高度成長期から、東工大は他の日本の大学と比べて大学院生の比率が常に高かったことが挙げられます。現在は、全学生約1万人のうち5500人が大学院生、学士課程学生が5000人弱という構成です。これは、高度な研究開発人材の育成に重点を置いてきた私たちの姿勢の結果です。

1975年には、すずかけ台キャンパスが開設され、総合理工学研究科が産まれました。これにより、大岡山キャンパスと併せて研究・教育施設が大幅に拡充されました。さらに、田町キャンパスには附属高校があり、後にイノベーションマネジメント研究科が創設されます。こうして、3キャンパス体制が確立されました。

この時期、日本の高度経済成長を支える技術革新の多くが、私たちの大学から生まれました。例えば、エレクトロニクス、材料科学、環境技術などの分野で、東工大の研究者たちは世界をリードする成果を次々と発表しました。

同時に、産学連携にも力を入れました。多くの企業と共同研究を行い、研究成果の実用化を積極的に進めました。これは、研究と教育の両面で学生たちに大きな刺激となりました。

戦後の40年間は私たち東京工業大学にとって、飛躍的な成長の時期でした。世界に通用する理工系総合大学へと進化を遂げたのです。

１９９１年大学設置基準の大綱化

１９９０年代、日本の高等教育は大きな転換期を迎えました。私たち東京工業大学も、この時期に重要な改革を行いました。しかし、私たちの改革は単なる変化のための変化ではありません。常に自分たちがめざす方向、目的に向けて様々な取り組みを行ってきたのです。

象徴的な出来事は、１９９０年の生命理工学部の設置でした。これは他の大学に先駆けた画期的な取り組みでした。従来の理学や工学の枠にとどまらず、新たな学問領域を切り開こうという私たちの姿勢の表れです。当時、私は東北大学におりましたが、東工大のこの決断に刺激を受けた議論が行われていたことを覚えています。

１９９１年の大学設置基準の大綱化も、高等教育に大きな影響を与えました。各大学が自由に教育内容を組み立てられるようになったのです。しかし、私たち東工大にとって、これはそれほど大きな課題ではありませんでした。なぜなら、私たちは以前から「くさび型」と呼ばれる教育システムを採用し、４年間を通じて教養科目と専門科目をバランスよく学ぶ体制を整えていたからです。

また、この時期に進められた大学院重点化も、私たちにとっては自然な流れでした。従来、大学教員は学部に所属し大学院を兼任するのが一般的でしたが、大学院重点化では逆に大学院に所属することになります。東工大は元々大学院生の比率が高く、研究中心の文化が根付いていたため、この変化にもスムーズに対応できました。

１９９０年代から２０００年代初頭にかけての変革は、私たち東京工業大学の強みをさらに伸ばす機会となりました。研究重視の姿勢、学際的なアプローチ、柔軟なカリキュラム構成。これらはすべて、私たちが長年培ってきた特徴であり、時代の要請に応じてさらに発展させたものです。

２００４年国立大学法人化による新たなスタート

２００４年、国立大学法人化という大きな転換点を迎えました。この時期、国立大学協会の副会長、会長の要職を務めていたのは、私たちの大学の相澤益男学長でした。相澤学長は法人化の取りまとめにも尽力し、日本の高等教育改革に大きく貢献しました。

法人化により、東京工業大学は自主性と自律性を高め、より柔軟な大学運営が可能になりました。しかし、同時に競争的環境に置かれることになり、新たな挑戦が始まったのです。

２０１１年、創立１３０周年を迎えるにあたり、先行して、私たちは大学と同窓会組織である蔵前工業会が一致協力して、50億円という大規模な募金活動を行いました。また、大岡山駅前に蔵前会館を建設することができました。この建物は、大学と同窓生を繋ぐ象徴的な存在となっています。

同じ２０１１年、私たちはリベラルアーツ教育の抜本的改革に着手しました。その一環として、ジャーナリストの池上彰氏をリベラルアーツ教育院教授として招聘しました。当時の伊賀健一学長のリーダーシップのもと、科学技術と人文社会科学の融合をめざす新たな教育プログラムがスタートしました。

２０１６年には、本学卒業生で株式会社ぐるなび創業者の滝久雄氏から30億円の寄付をいただき、Hisao & Hiroko Taki Plaza を建設しました。２０２０年にコロナ禍でのオープンとなりましたが、現在では学生たちが集う重要な場所となっています。

これらの出来事は、蔵前工業会が常に東工大に寄り添ってきたことの証しです。大学と同窓会が一体となって新しい大学を築いているという姿勢は、私たちの誇りであり、強みでもあります。

法人化以降、私たちは世界最高峰の理工系総合大学をめざして、様々な改革を進めてきました。教育システムの刷新、国際化の推進、産学連携の強化など、挑戦は続いています。

しかし、これらの改革は単なる変化のためではありません。社会の変化や要請を真摯に感じ取り、ありたい未来を考え、世界をリードする科学技術の創出と、それを担う人材の育成。これが私たちの変わらぬ目標です。

本章を終えるにあたり東工大の博物館を少し紹介しておきます。創立百年記念事業の一環で得られた寄付金を利用して、大岡山キャンパス正門脇に百年記念館を建設しました。この百年記念館は、２００９年に東工大蔵前会館が建設されたのを機に、２０１０年から博物館機能を強化し、東工大の研究業績の保存・展示の場として模様替えをしました。博物館には、教員（名誉教授）を配置し東工大の歴史を整理してもらい、わかりやすい形の活動として、「今月の一枚」といった記事を定期的に様々なＳＮＳ上でも発表してもらっています。

そういった地道な積み重ねによる情報は、東工大の伝統を受け継ぐ糧になっています。歴史の積み重ねは私たちに様々なことを教えてくれます。歴史と伝統を知り理解することは、次を考えるときの第一歩になると確信しています。

補遺

読者が本書を読み進めるに際して、理解しておくと良い事項をまとめておきます。東工大だけではなく、東京医科歯科大学の情報も記しておきます。

図表-1及び2に、学生、教職員などの規模を示します。東工大の特徴は、学士課程に入学する学生は毎年１１００名程度ですが、大学院博士前期課程（修士課程）には毎年２０００名弱が入学する点です。大学院入学者の半数以上は他大学の学士課程出身の学生です。

また、学士課程には高専本科の卒業生が毎年30～40名程度編入学しています。大学院博士前期課程（修士課程）には、高専専攻科から60名前後が入学しています。

■図表-1 東京工業大学の各人員数

学士・大学院学生とも、学院の中の系に所属
大学院学生は、専門分野のコースを選択

1.理学院
2.工学院
3.物質理工学院
4.情報理工学院
5.生命理工学院
6.環境・社会理工学院

4附置研究所を改組して設置(2016年)

学士課程学生：約1,100 人/年
大学院(修士)学生：約2,000 人/年
●学士学生の9割は大学院に進学
●修士学生の半分は、他大学出身者

●学士4年生は、研究室に所属し研究指導を受ける。
●全学生のうち約6割は、どこかの研究室に所属している。

(as of May 1, 2022)

大学院学生(修士・博士)	5,726
留学生(学位取得目的)	1,499 (25%)
学士課程学生	4,803
留学生(学位取得目的)	249 (5%)

常勤教員(教授、准教授、助教)	1,039
特任教員	427
事務・技術職員	610
非常勤職員	1,438

■図表-2 東京医科歯科大学の各人員数

●医学部
■医学科(6年)
■保健衛生学科(看護学、検査技術学)
●歯学部
■歯学科 (6年)
■口腔保健学科(口腔保健衛生、口腔保健工学)
●教養部
●大学院医歯学総合研究科
●大学院保健衛生学研究科
●附置研究所
●生体材料工学研究所
●難治疾患研究所
●東京医科歯科大学病院

●学士課程では、医師、看護師、臨床検査技師、歯科医師、歯科衛生士、歯科技工士を養成
●大学院医歯学総合研究科には、海外大学とのジョイントディグリープログラムを3つ設置

(as of May 1, 2022)

大学院学生(修士・博士)	1,468
留学生(学位取得目的)	306 (21%)
学士課程学生	1,483
留学生(学位取得目的)	14

教員(教授、准教授、講師、助教)		846
事務職員		626
医療技術職員		1,452
東京医科歯科大学病院	病床数	813
	歯科治療ユニット数	327
	入院患者数(1日あたり)	583
	外来患者数(1日あたり)	3,354

東京医科歯科大学には附属病院があり、診療に携わる教員、職員が多くいることが特徴です。

大学の予算規模について紹介します。２０２３年度の国立大学への運営費交付金総額は、１兆７８４億円です。２００４年法人化時は１兆２４１５億円でしたが、毎年１.６％づつ減額され、２０１３年から下げ止まりし、ほぼ現在の額となっています。東工大への配分額は２０２３年度で約２１０億、医科歯科大は１３５億円です。因みに最も多く配分されているのは東京大学で約８８０億円です。

財務構造などの概略は図表-３及び４に示すとおりです。東工大のの収益は「運営費交付金」と「受託研究収益」が主となっています。東工大の授業料収入は60億円弱です。経常費用としては人件費に次いで受託研究費が多い状況

■図表-3 東京工業大学、東京医科歯科大学の財務構造

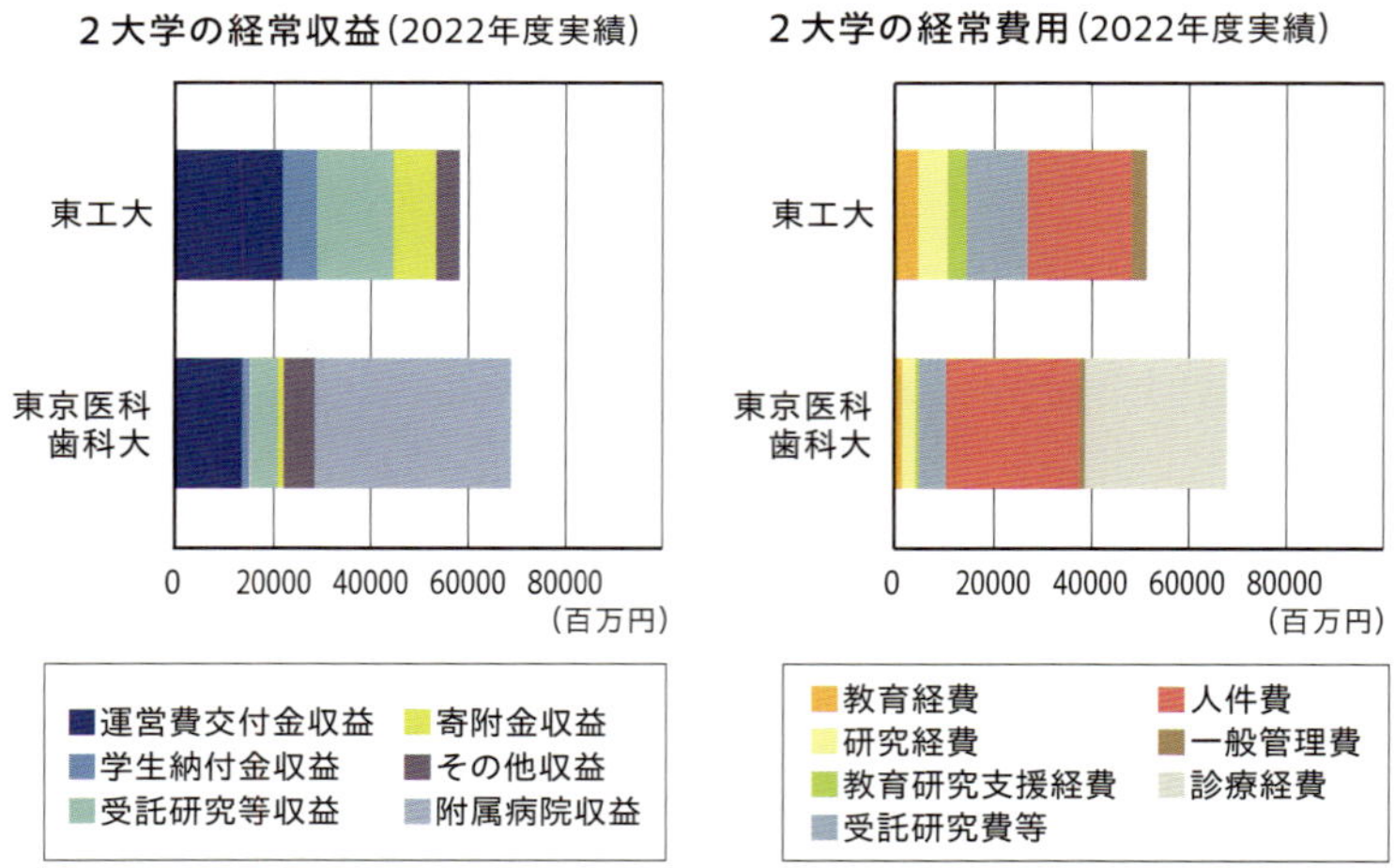

■図表-４ 東京工業大学ならびに東京医科歯科大学の現状

	東京工業大学	東京医科歯科大
論文数 （出典）InCites Dataset + ESCI Schema: Web of Science Domestic/ International Collaboration: All Time Period: [2022, 2022]	3,145本	2,025本
国際共著論文数 （出典）InCites Dataset + ESCI Schema: Web of Science Domestic/ International Collaboration: All Time Period: [2022, 2022]	1,262本	532本
科学研究費補助金 （出典）国立大学協会「国立大学法人基礎資料集（2023年3月31日）」	43億円	17億円
受託研究受入額 （出典）文部科学省「令和３年度 大学等における産学連携等実施状況について」	93億円	39億円
産学連携共同研究件数 （出典）文部科学省「令和３年度 大学等における産学連携等実施状況について」	807件	302件
産学連携研究受入額 （出典）文部科学省「令和３年度 大学等における産学連携等実施状況について」	34億円	12億円
東工大発ベンチャー数(2024年8月末)	174社	-

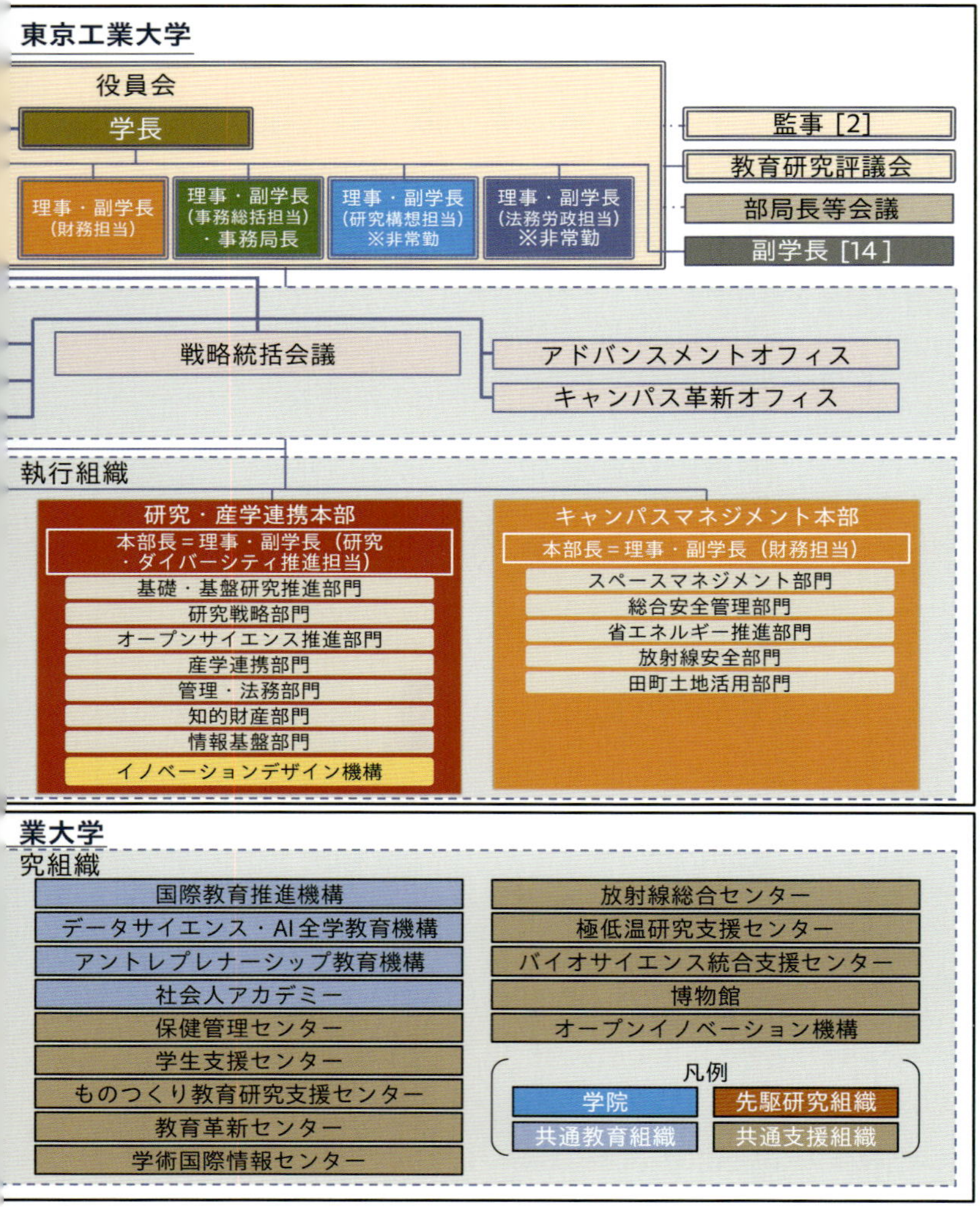
東京工業大学
役員会
学長
理事・副学長（財務担当）
理事・副学長（事務総括担当）・事務局長
理事・副学長（研究構想担当）※非常勤
理事・副学長（法務労政担当）※非常勤
監事［2］
教育研究評議会
部局長等会議
副学長［14］
戦略統括会議
アドバンスメントオフィス
キャンパス革新オフィス
執行組織
研究・産学連携本部
本部長＝理事・副学長（研究・ダイバーシティ推進担当）
基礎・基盤研究推進部門
研究戦略部門
オープンサイエンス推進部門
産学連携部門
管理・法務部門
知的財産部門
情報基盤部門
イノベーションデザイン機構
キャンパスマネジメント本部
本部長＝理事・副学長（財務担当）
スペースマネジメント部門
総合安全管理部門
省エネルギー推進部門
放射線安全部門
田町土地活用部門
業大学
究組織
国際教育推進機構
データサイエンス・AI全学教育機構
アントレプレナーシップ教育機構
社会人アカデミー
保健管理センター
学生支援センター
ものつくり教育研究支援センター
教育革新センター
学術国際情報センター
放射線総合センター
極低温研究支援センター
バイオサイエンス統合支援センター
博物館
オープンイノベーション機構
凡例
学院
先駆研究組織
共通教育組織
共通支援組織

■図表-5 国立大学法人東京工業大学の運営体制

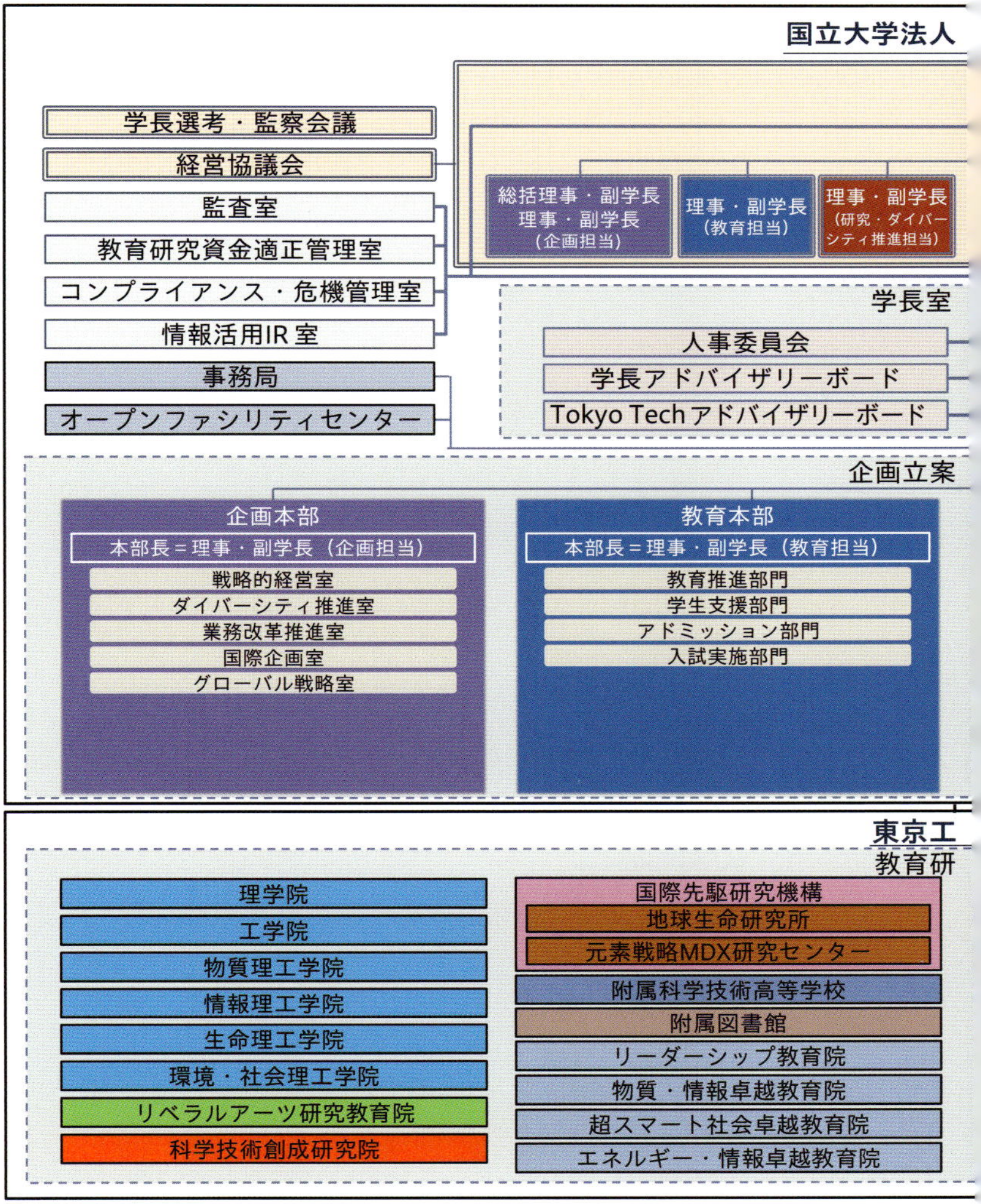

です。

現在の東工大の運営体制は図表-5のようにまとめることができます。役員（理事）は、非常勤を含め7名います。一人は総括理事・副学長を務めています。理事は法人の経営を所掌していますが、現時点の東工大では法人に設置される大学の業務執行をつかさどる副学長も務めています。図表-5に示す4つの企画立案執行本部である「企画本部」「教育本部」「研究・産学連携本部」「キャンパスマネジメント本部」は理事・副学長が所掌しています。

東工大では大学の業務執行を担う副学長が14名います。基本的には理事の所掌のもとそれぞれの業務を遂行しています。

第1章

大学を産業、経済、社会の発展に資する研究と教育の場へ

三島学長の平成の改革とは？

東工大を変えた三島改革、新時代の人材育成への挑戦

平成の時代、東京工業大学は大きな変革に取り組みました。私の前任者である三島良直学長が主導した改革は、グローバル化や急速な技術革新という時代のなかでの私たちのありたい大学への第一歩でした。

三島改革の核心は、教育システムの抜本的な見直しにありました。従来の偏差値や学部・学科だけで学生を評価する時代は終わり、企業が求める人材像も大きく変化しています。新たな社会を創造できる人材こそを大学が育てたい。そのためには、専門知識だけでなく、柔軟な思考力、コミュニケーション能力、協調性、グローバルな視野をもつ人材の育成が必要となります。

これらの能力は座学だけでは身につきません。体験や挑戦を通じて培われるものです。三島改革では、このような時代の要請に応える教育プログラムの構築をめざしました。学生一人ひとりに対して、入学前と比べてどれだけの付加価値を与えられるかが最重要課題となったのです。

研究面でも大きな変革が行われました。個々の研究者の努力と成果は評価されてきましたが、組

織としての戦略的なマネジメントが不足していました。三島改革では、強み分野の把握、リソースの戦略的投資、積極的な情報発信など、大学全体の研究力を高めるマネジメントの導入を図りました。

さらに、研究成果の社会還元にも力を入れました。産学連携を強化し、そこから得られる自己収入を基礎研究や教育環境の整備、学生支援に投資することで、大学の国際競争力を高める好循環の創出をめざしたのです。

三島改革の特徴は、このような教育・研究体制の改革を通じて、世界に飛翔する気概と人間力を備えた理工系人材の育成と、革新的な科学技術の創出をめざしたことです。２０３０年までに世界のトップ10に入るリサーチユニバーシティとなることを目標に掲げ、構成員一丸となって改革に取り組みました。

しかし、改革の道のりは決して平坦ではありませんでした。長年続いてきた体制を変えることへの抵抗や、新しい取り組みへの不安の声もありました。また、改革の成果が目に見えるかたちで現れるまでには時間がかかります。

それでも、三島改革は東工大に新しい風を吹き込みました。

ガバナンス改革でめざす真の国際化と競争力向上

まず、組織運営に関するガバナンス改革が不可欠でした。世界トップクラスの大学に倣い、学長と執行部のリーダーシップを発揮できる体制構築をめざしました。

私たちが取り組む中、国の方針として大学改革の必要性が打ち出されたことは、追い風となりました。２０１２年６月に文部科学省が発表した「大学改革実行プラン」を皮切りに、「日本再興戦略」「第２期教育振興基本計画」「国立大学改革プラン」など、一連の政策が展開されました。

これらの動きで最も重要だったのは、教育研究改革を行う上でガバナンス改革が必要だという指摘です。長年続いてきた大学運営の仕組みに疑問が投げかけられたのです。私たちはこれを本学独自の改革を推進する好機と捉えました。

具体的なガバナンス改革として、大学運営組織の構築と意思決定の仕組み、教育研究体制と教員組織の在り方、部局長の選任方法、教員採用の手順、学長裁量経費とスペースの活用、教授会機能の見直しを実施しました。

この改革を後押ししたのが、「スーパーグローバル大学創成支援事業」の採択でした。本学の構想「真の国際化のためのガバナンス改革による Tokyo Tech Quality の深化と浸透」が認められ、改革の実現に向けた道筋が整いました。

私たちは「世界最高峰の理工系総合大学の実現」という長期目標に向けて、既存の学科・専攻を再編成し、国際化を推進しています。全学一丸となって、「ガバナンス体制の改革」「国際的視野での教育システムの刷新」「国際的な研究活動の刷新」という三つの取り組みを有機的に実施しているところです。

グローバル社会に対応、東工大の教育改革

21世紀に入り、社会と産業の構造が大きく変化する中で、国際競争力を高める人材育成の必要性が強く叫ばれるようになりました。特に２０１０年以降、大学教育改革の重要性が増してきました。それ以前から、特に博士後期課程の教育改革（教育の充実）の必要性が指摘されてきました。狭い分野の深掘りだけでは、学術界以外で活躍できる人材を育成できないという課題があったのです。文部科学省は、21世紀ＣＯＥプログラム、グローバルＣＯＥプログラム、博士課程教育リーディングプログラムなど、様々な施策を打ち出してきました。これらは、幅広い視野、協働作業能力、コミュニケーション力をもつ博士人材の育成をめざすものでした。

しかし、学士課程から始まる高等教育全般において、グローバル社会で活躍できる人材育成は十分とはいえませんでした。日本の大学受験制度は、合格時点で大きな達成感を与えてしまい、その後の新たな挑戦を妨げる面がありました。また、入学させたら卒業させるべきだという暗黙の了解も、積極的な学修姿勢を阻害してきたと考えられます。

三島学長が就任した2012年10月から、大規模な大学改革に着手しました。特に教育改革は、約70年前の和田小六学長の改革に匹敵する規模のものです。

改革の第一歩として、2013年9月に「東京工業大学の教育改革推進に向けての当面の取組方針」が役員会で承認されました。この教育改革では、本学の特長を活かしつつ、学生が主体的に学び、新しい社会に対応できる柔軟性をもち、国際的に通用する人材を育成することをめざしました。

具体的には、学部と大学院を連結した学院制を導入し、従来の3学部23学科、6研究科45専攻の構成を、6学院19系1専門職学位課程に再編しました。これにより、学士課程から博士後期課程まで一貫した教育体系を構築しました（図表-6）。

この新しいシステムでは、学生が希望する分野で積極的に学び、実力をつけていく過程を実感できるようにしています。また、海外経験や留学生との交流を通じて、国際感覚を養う環境を整えています。

教育組織や課程の改変は教員にも大きな変革を求めるものです。そのため、改革の検討段階では幅広く意見を募り、多様な視点を取り入れるよう心がけました。重要なことは、新たな取り組みが現在の教育を否定するのではなく、より学生中心の教育への転換をめざすものだという理解を広げることでした。

教員には、自分が何を教えたいかではなく、「学生が何ができるようになるのか」という視点で教育を考えてもらいました。この姿勢が、改革を進める原動力の一つとなりました。

■図表-６ 学部、大学院から学院制への移行

従来の学部・学科（3学部・23学科）

理学部
数学科
化学科
物理学科
情報科学科
地球惑星科学科

工学部
金属工学科
経営システム工学科
有機材料工学科
電気電子工学科
無機材料工学科
情報工学科
化学工学科
土木・環境工学科
高分子工学科
建築学科
機械科学科
社会工学科
機械宇宙学科
国際開発工学科
機械知能システム学科
制御システム工学科

生命理工学部
生命科学科
生命工学科

改革後の学院・系（6学院・19系）

理学院 化学系
物理学系　地球惑星化学系

工学院
機械系　システム制御系
電気電子系　情報通信系
経営工学系

物質理工学院
材料系
応用化学系

情報理工学院
数理・計算科学系
情報工学系

生命理工学院
生命理工学系

環境・社会理工学院
建築学系
土木・環境工学系
融合理工学系
社会・人間科学系
（大学院課程のみ）
イノベーション科学系
（大学院課程のみ）
技術経営専門職学位課程
（専門職学位課程のみ）

リベラルアーツ研究教育院
教養系教育を実施
（※学生の所属先ではない）

従来の大学院・専攻（6研究科・45専攻）

理工学研究科
（理学系・工学系）
数学専攻　基礎物理学専攻　物性物理学専攻　化学専攻　地球惑星科学専攻　物質科学専攻　材料工学専攻　有機・高分子物質専攻　応用化学専攻　化学工学専攻　機械物理工学専攻　機械制御システム専攻　機械宇宙システム専攻　電気電子工学専攻　電子物理工学専攻　通信情報工学専攻　土木工学専攻　建築学専攻　国際開発工学専攻　原子核工学専攻

生命理工学研究科
分子生命科学専攻　生体システム専攻　生命情報専攻生物プロセス専攻　生体分子機能工学専攻

総合理工学研究科
物質科学創造専攻　物質電子化学専攻　材料物理科学専攻　環境理工学創造専攻　人間環境システム専攻　創造エネルギー専攻　化学環境学専攻　物理電子システム創造専攻　メカノマイクロ工学専攻　知能システム科学専攻

情報理工学研究科
数理・計算科学専攻　計算工学専攻　情報環境学専攻

社会理工学研究科
人間行動システム専攻　価値システム専攻　経営工学専攻　社会工学専攻

イノベーションマネジメント研究科
技術経営専攻　イノベーション専攻

本学の教育は国内トップレベルであり、世界的にも遜色ありません。しかし、その良さが社会に十分伝わっていないのが現状です。今回の教育改革という視点で注目されていることは、本学の発信力向上という意味でも成果の一つといえるでしょう。

今後も継続的に学内外からの意見を取り入れ、改善を重ねていきます。「教育も東工大」として広く認知されることをめざし、さらなる進化を遂げていきたいと考えています。

研究改革で世界トップめざす新たな挑戦

東京工業大学の研究改革は、教育改革に続いて2015年1月に本格化しました。私たちの研究は、真理の探究や新たな学問の創出をめざす基礎研究、さらに実際に利用される場への展開をめざす応用指向の研究、さらに社会実装し、SDGsに代表される社会課題の解決などに展開する研究などがあります。

この改革では、本学の強みのある分野を明確にし、注目される研究にも適切なリソースを配分する体制の構築をめざしました。具体的には、個々の教員の研究の可視化や、附置研究所や研究センターのミッションと運営体制の見直しなどを行いました。

まず、組織的な取り組みですが、従来の5つあった研究所（資源化学研究所、応用セラミックス研究所、精密工学研究所、原子炉工学研究所、像情報工学研究所）や量子ナノエレクトロニクス研究センターなどの研究センターを４つの研究所に再編し、大きな科学技術創成研究院（以下、研究院）としました。さらに、研究院には、先端的基礎科学研究、社会的課題解決、将来有望分野など、機動的な研究グループとして5年を時限とする「研究ユニット」を立ち上げました。大隅良典先生をリーダとする「細胞制御工学研究ユニット」もその一つです。この研究院では、研究院長と大学執行部が密接に連携しながら、各研究組織のマネジメントを行っています。

重要なことは、教員の研究と教育に関するエフォートの明確化、組織を超えた教員の流動性向上、そして教員構成の多様化と国際化の推進です。これらに柔軟に対応できるガバナンスの構築をめざしています。正直なところ教員の研究と教育に関するエフォートの明確化はまだ道半ばです。教員の意識改革が求められています。

学長直下の研究拠点である地球生命研究所、元素戦略研究センターなどについては、予算配分機関からの要請があったため、従来通り各拠点長と学長が緊密に連携し、必要な資源を投入しました。また、特に地球生命研究所は外国人比率も半数を超え、国際協働のマネジメント手法は特筆すべきです。私たちはこれを大学全体に導入し、外国人研究者や教員の増加につなげたいと考えています。地球生命研究所の廣瀬敬前所長が研究所の外国人研究者が25%を超えたあたりから、研究所内での議論や運営が英語ベースになり、教員採用も自然と外国人が多く応募するようになったと話してくれたことは重要でした。いわゆるクリティカルマスを超えると大きく変化するということを体現していると言えます。

２０１７年４月からは「研究・産学連携本部」を設置し、バックオフィス機能の強化、ＵＲＡ(University Research Administrator) などの専門人材の採用、設備の共有化による研究環境の改善と支援体制の構築を進めています。

この研究改革の目的は、本学の研究内容と成果を執行部が適切に把握し、新しい知の創出をより効果的に支援するマネジメント体制を構築することです。

改革の推進力となったのが、文部科学省の「研究大学強化促進事業」への採択です。この事業は、大学の研究体制・環境の継続的改善と研究マネジメント改革による国際競争力向上を目的としています。

さらに、研究の国際化をめざし、Tokyo Tech World Research Hub Initiative（ＷＲＨＩ）を２０１６年、研究院内に設置しました。これにより、世界中から優秀な研究者を招聘し、組織的な共同研究を進める体制が整いました。

この取り組みでは、外国人研究者を東工大教員として招聘し、共同研究を実施することから始めました。また、教員や学生の派遣行うことで、結果として質の高い国際共著論文を多数発表し、国内外から高い評価を得ることにつながりました。研究力強化にはつながっていますが、日本の大学全体の課題である論文数や国際的シェアの相対的低下傾向に対しては、今まで以上に積極的に取り組む必要があります。

産学連携改革で研究力と財務基盤を強化

産学連携体制の改革は、研究マネジメント体制の刷新と同時に着手しました。この改革は、大学運営の基盤となる財務体制を強化し、自己収入を増加させるために不可欠です。また、基礎研究分野やリベラルアーツ教育の充実にも重要な役割を果たします。

近年、日本の国際産業競争力強化やイノベーション創出のため、産官学連携の重要性が高まっています。しかし、産業界から大学への研究費の流れは依然として少なく、２０１５年度の全国平均で１件当たり約２００万円程度にとどまっています。本学はこの平均を上回っていますが、大型の産学連携共同研究を推進する余地は大いにありました。

このような状況を改善するため、２０１７年４月に本学の産学連携組織を大幅に改組し、研究・産学連携本部を設置しました。この本部は、外部資金獲得の支援だけでなく、企業との大型共同研究の獲得にも力を入れています。

特に重要なのが、ＵＲＡ（University Research Administrator）と呼ばれる専門人材の活用です。ＵＲＡは、本学の研究活動の俯瞰、外部資金獲得状況の分析、新しい融合分野の提案、企業ニーズとのマッチングなど、多岐にわたる任務を担います。

産学共同研究による大学の収入は、これまで主に研究そのものに利用されてきました。法人化の２００４年から、本学では産学連携研究においては研究に直接利用する直接経費の３割を間接経費としていただいています。当時の理事・副学長であった下河邉明先生の英断でした。企業の立場では総額ありきで考えてしまうので、間接経費比率が高くなると、研究者が研究に利用できる直接経費が減るという不満があります。当時、研究者であった私は下河邉先生に反発しました。そのときに下河邉先生は「君が研究できているのは、君の実力だけではない。君が研究できる環境を提供している東工大があるのだ。それが間接経費である」と言い切りました。下河邉先生の迫力に押されてしまったのかもしれませんが、なるほどと納得したのも事実でした。他大学ではいまだ間接経費をきちっと確保できていないといったことも漏れ聞きますが、２００４年の国立大学法人化に合わせて、間接経費30%を設定した下河邉先生の英断に感謝しています。

現在、企業との共同研究においては基本的に3割の間接経費をいただいております。いただいた間接経費の7割は大学本部、3割は当該研究を推進する研究者の所属する部局へ配分しています。部局への配分された経費の一部は研究者個人に配分されることもありますが、それら詳細は各部局の判断に委ねています。今後はより戦略的な資金としての間接経費の獲得が重要となります。

欧米やアジアの研究力の高い大学では、オーバーヘッドと呼ばれる一種の寄付金を共同研究経費に付加することで、大きな収入源としています。本学も直接経費と間接経費の透明性を確保しつつ、一定比率のオーバーヘッドを要求できる体制を構築する必要があります。実際には間接経費の使途の透明性を上げることで、実質的な間接経費割合が4割を超える共同研究も生まれています。

共同研究を実施する企業には、間接経費の必要性をもっと認識して欲しいと思っています。共同研究を実施できる能力ある研究者を育成したり、それを受け入れることのできるハードウエアとしての研究環境を構築するためには、大学はそれなりの投資をしてきています。次のあらたな共同研究をできる人材の育成や体制整備の投資というエコシステムを大学は意識して構築しているわけです。このようなエコシステムのために間接経費が必要です。このことを企業をはじめ産業界には是非ともご理解いただきたいと考えています。

また、海外企業との共同研究にも積極的に展開する時期に来ています。本学の研究力は海外の有力大学に引けを取りませんが、産学連携の進め方に改善の余地があります。

課題設定、研究チームの編成、研究実施のスピード感、知的財産の管理や活用など、様々な面で熟練度を高める必要があります。これらの点を改善することで、国内での大型共同研究だけでなく、国際共同研究でも成果を上げることをめざします。

三島改革から未来へ、東工大が描く大学革新の全貌

三島改革を礎に、東工大が描く新時代の大学像

私は、２０１２年から２０１８年の間に三島良直学長が推進した「平成の改革」を深く尊重し、その意図を引き継ぎながら発展させてきました。

大学の世界では、前任者の取り組みを否定し、新しいことを始めようとする傾向がまったくないとはいえません。しかし、私はそのような考え方をもっていませんでした。三島先生の研究改革の中で、科学技術創成研究院の初代の研究院長に指名され、東工大の研究力向上のためには三島学長が敷いたレールは正しいと強く賛同し、それを発展させることこそが私たちの役割だと考えました。

三島学長の改革は、当時の東工大が抱えていた様々な課題に対応するものでした。学科や専攻編成の複雑化、研究所の硬直化、ガバナンスの問題など、課題が山積していました。これらの問題に対し、三島学長は真正面から取り組みました。

私は半導体研究に携わっていたので、我が国の半導体産業の衰退がどうしても納得がいきませんでした。悶々としている中で、問題は半導体だけでなく、日本の産業競争力そのものが30年以上に

わたって衰退してきたこと、新産業の創出が不十分だったことなど、歴史的な視点を持つことが重要であると考えるようになりました。様々な反省を踏まえて、三島学長の教育改革や研究改革をより強力に推し進めることが東工大、ひいては日本の将来に必要であるとの意を強くしました。

三島学長の改革を基盤としつつ、さらに時代の要請に応えるだけではなく未来を先導する、日本の閉塞感を私たちなりに打ち破る、もし、それを改革と呼ぶならば、これが現在の東京工業大学の本質です。大学の伝統と革新のバランスを取りながら、社会の期待に応えるだけではなく研究教育機関として進化を続けていきます。

私たちの取り組みは、最終的に法人統合・大学統合という大きな挑戦に繋がりましたが、これも三島改革の延長線上にあるものと捉えています。大学改革は、単に組織や制度を変えることではなく、大学の本質的な使命を果たすための不断の努力なのです。

研究と教育の新たな調和、東工大改革がめざす理想像

前述の通り、三島良直学長による「平成の改革」は、大学が抱えていた様々な課題に対応するものでした。

まず、教育体制の再編成が挙げられます。それまで3学部・23学科と6研究科・45専攻が連続性

なくが混在していた体制を、６学院・19系の体制に整理しました。これにより、学士課程から博士後期課程まで一貫した教育体系を構築することができました。また、リベラルアーツ教育を提供し、同時に研究も行うリベラルアーツ研究教育院を設置したことも大きな特徴です。

研究体制においても大きな変革がありました。従来の附置研究所を科学技術創成研究院（研究院）に統合したのです。附置研究所は、特定の研究領域に注力し、研究目的をもった、あるいは新たな研究領域の開拓をめざす重要な研究組織でした。この統合では、より柔軟かつダイナミックで、より効率的な研究体制の構築をめざしました。

私が学長に就任したのは２０１８年ですが、三島学長が２０１２年に就任して始めたこの改革は研究力向上の最重要な取り組みであると思っています。

研究所の在り方については、私自身の経験から強い思い入れがあります。私は１９８２年東北大学電気通信研究所で研究者としてのキャリアをスタートさせました。そこで学んだのは、大学における研究の重要性です。大学の役割を考えるときに、私は「研究と教育」という順序で考えています。もちろん、教育は重要です。しかし、大学、特に国立大学は研究があってこそその存在価値があると信じています。

この考えは、私の半導体研究の経験にも基づいています。１９８０年代、東北大学で御子柴宣夫先生、大見忠弘先生が主導した集積回路研究におけるウルトラクリーンテクノロジーの推進やスーパークリーンルームの建設に携わった際、産学連携の重要性を身をもって学びました。国内の大学における集積回路に関する大規模な研究開発拠点の構築に携われたことはその後の私の研究や考えに大きな影響を与えました。大規模な研究設備の構築には多額の資金が必要で、それを獲得するためには競争的資金や企業との共同研究など、あらゆる手段を講じる必要がありました。

また、当時の講座制という運営の中で、大きな研究構想を立てる経験も積ませていただきました。これは現在の若手研究者育成にも重要な示唆を与えると考えています。昨今、独立した研究者（ＰＩ）を早期に育成することに注力するあまり、小さく閉じ籠ってしまう危険性もあります。若手研究者に大きな視点や長期的な視点を持つことを学んでもらうことは今一度強く意識する必要があります。

スーパーＣＯＥから始まる東工大の挑戦、研究改革の軌跡

少し時代を２００５年に戻しましょう。この年に始まった「スーパーＣＯＥ（Center of Excellence)」プログラムも重要な転換点でした。このプログラムは、世界最高水準の研究教育拠点を形成し、研究水準の向上と創造的な人材育成をめざすものでした。

私自身、このプログラムに研究所の代表として参加する機会を得ました。ここで特筆すべきは、研究参事（現在の University Research Administrator: URA）という研究支援者を導入したことで

す。彼らは研究立案や推進を、より効率的に進めることがその職務でした。私を支えてくれた研究参事の方をプログラムが終了した後も雇用し、10年以上にわたって私の研究グループの研究を支えていただきました。この経験から、研究推進には優秀な研究者だけでなく、適切な研究支援体制が不可欠だと実感しました。

当時の東京工業大学には、４つの附置研究所（資源化学研究所、精密工学研究所、応用セラミックス研究所、原子炉工学研究所）と、学内措置で設置された像情報工学研究所がありました。これらはいずれも中規模研究所に分類されるものでした。

一方、他の有力大学を見ると、東北大学の金属材料研究所や東京大学の物性研究所、生産技術研究所など、大規模な研究所が存在していました。この比較から、東工大の研究所の競争力に不安を感じたのを覚えています。

当時の下河邉明理事・副学長は、附置研究所が設置後数十年経っても変わっていないことに疑問を呈し、スーパーＣＯＥプログラムを通じて研究所改革をめざしました。

スーパーＣＯＥプログラムでは、研究所に統合研究院という傘をかけ、各研究所から何人かの研究者を選び、予算、人、スペースなどを提供し、ソリューションを産みだす研究の推進に注力させ、研究所全体の佇まいを変えることを目指していました。私はその一人に選ばれ、統合研究院という新しい枠組みが提供した予算やスペースの魅力は非常に大きく、多くのスタッフにも支えられ研究に注力することができました。２００５年以降、私は統合研究院に所属しながら精密工学研究所も兼務するという立場でした。ソリューションを産みだすという目標は、言い換えると社会へのインパクトを産みだせということであり、自分自身の研究の取り組みの立ち位置の見直しにつながりました。また、任期はついたものの数名の特任教員を雇用でき、研究の幅を拡げることができました。当時、共に研究した教員、特任教員、そして学生が今も集積回路分野で活躍しており、個人的には大変うれしく思っています。幸い多くの外部資金も獲得することができ、研究成果も出させていただきました。先にも述べましたが、研究参事（今でいうＵＲＡ）の存在は極めて大きく、研究計画立案から実際の推進まで一緒に仕事をしました。研究者や学生が研究に注力できる支援体制の重要性を身をもって学びました。

スーパーＣＯＥプログラムは5年の期間で終了しますが、残念ながら研究所の変革には正直つながりませんでした。組織改編をともなう取り組みには、トップの強力なリーダーシップは必須ではありますが、現場も一緒にやろうという気持ちが醸成されないと上手くいかないということを学びました。

研究所統合への道、東工大が挑む競争力向上への取り組み

スーパーＣＯＥプログラムは研究所改革のきっかけではありましたが、すぐには大きな変革にはつながりませんでした。やはり研究所自身が一定の研究成果を挙げていたことから危機感を持ち切

れなかったことや、まだ平成の停滞といった日本の研究力停滞への危機感を大学自身も持てなかったことにあるように思います。

私自身、このプログラムに参加させていただき、改めて産学連携の重要性を再認識しました。「産業は学問の道場である」という本多光太郎博士の言葉を再度強く意識するようになりました。また、本学の細野秀雄栄誉教授も「応用そして実用化までおこなうから、基礎研究の本質が見えてくる」と言われています。産業界と協働、協業することは産業界の求める研究をするだけではありません。基礎学術の本質を見出す入口なのです。

２０１４年から15年にかけて、三島良直学長のもとで研究改革の議論が行われました。特に注目すべきは、複数の研究所を一つにまとめ、科学技術創成研究院を設立する構想でした。この研究改革は、教育改革よりも1年ほど遅れてスタートしましたが、大学の研究体制を根本から見直す重要な取り組みでした。スーパーＣＯＥプログラムの際に一度は踏み出した統合研究院の焼き直しのようですが、大きく異なるのは東工大全体が「研究改革」「教育改革」「ガバナンス改革」を行っていた点です。また、三島良直先生は現場に出向いて、何度も教職員と対話をしました。このことは重要です。私自身も学長在任中は、部局に出向いての対話を大切にしました。現場に出向くことは重要です。研究者であるとき、行ったことのない学会や国際会議に良く出席しました。学生にも研究室で発表したことのない会議への発表を推奨しました。それは、違う空気を吸う、同じ場を共有するということです。研究に限らず、運営や経営においても大切なことです。

三島学長をはじめとする執行部と研究所との間で行われた議論は、現状のままで良いのではないかと考える研究所側と変革を求める執行部側との緊張関係の中で進められました。当時、私は精密工学研究所の副所長という立場で議論に参加しておりました。

結果として、研究所の基本的な構造を維持しつつ、それらを包括するかたちで科学技術創成研究院（研究院）が設立されることになりました。これも三島良直学長を含め執行部の丁寧な説明に基づく対話の結果だと思います。指導力、リーダーシップの重要性を認識しました。

２０１５年8月に、２０１６年４月から発足する科学技術創成研究院の準備委員会が立ち上がりました。旧附置研究所４か所に加え、像情報工学研究所や量子ナノエレクトロニクス研究センターなども研究院に統合されることになりました。

私には、東工大の研究所は中規模（教授の数が20名以下）であるがゆえに、他大学の大規模研究所（教授の数が20名以上）と競争する上で不利であるという認識がありました。将来を見据えて、それぞれの研究所の規模拡大が競争力向上には不可欠だと考えていました。そこで、精密工学研究所、像情報工学研究所、量子ナノエレクトロニクス研究センターの３組織が統合し、新たに未来産業技術研究所を設立する構想を提案し、賛同を得ることができました。なお、未来産業技術研究所は英語で、Laboratory for Future Interdisciplinary Research of Science and Technology と言います。非常に長いのですが、略すとFIRST。Tokyo Tech First です。これは小山二三夫教授の提案なのですが、良い名称だと思っています。

一方で、研究成果の面では、それぞれの研究所には優れた研究者がおりますし、成果もあげていますが、研究所や組織としてみたときに世界に誇れるかということは常に考えるべきです。

そこで、研究分野の再編についても検討しました。例えば、精密工学研究所の材料系講座と応用セラミックス研究所の建築材料系講座の交換など、より分かりやすい研究体制の構築をめざしましたが、各研究所の歴史的経緯もあり、完全な再編には至りませんでした。研究院になって、8年を経ましたがまだ実現していません。まだまだフレキシビリティという点では改善の余地があるように思います。

新たな研究分野を創出するという視点で、研究ユニットという制度を設けました。新規な分野開拓を目指すPI（Principal Investigator）を定め、5年の期間を定め大学が研究資源を投入し、育てようというものです。研究資源には、場所や人など、それぞれのユニットの希望をくみ取ります。2005年の統合研究院の際には各研究所から1名づつというようなことから始まりましたが、2016年からの研究ユニットの際には全学的視点で考えました。大隅良典先生もPIとして細胞制御工学研究ユニットを立ち上げていただきました。大隅研究ユニットは、その後生命理工学院の先生方も加わり、2020年に「細胞制御工学研究センター」へと発展しました。

准教授や助教の方でも研究ユニットを主催していただきました。分野を限定せずに、PIとしての教授だけではなく、准教授や助教と一緒の研究グループを立ち上げるというユニットの公募も行いました。このユニットでは、最新のAIチップの開発を行うなどの成果創出につながっています。５年の後、元所属の学院や研究所に戻るケースもあるなど研究分野のダイナミズム構築に貢献しています。

東工大の旧・附置研はそれぞれ教授の数が20名以下の中規模研究所でした。ひとつの研究院となることで、２０２４年5月時点で教授59名、常勤の教員総数は１７７名の大きな組織です。ひとつの大きな研究院になったからこそ、個々に将来を議論するのではなく、それぞれの研究所の強みをより活かすという視点で全体としての将来構想を議論できるようになったと思います。必要に応じで先ほど紹介した研究ユニットを立ち上げることもできます。研究のフレキシビリティとダイナミズムが産まれています。研究力がますます向上することが期待されます。

この改革過程を通じて、大学の研究体制をより効果的かつ競争力のあるものにするためには、単なる組織の統合や改変だけでなく、研究分野の再編成も必要だということを学びました。同時に、長年培われてきた各研究所の伝統や文化との調和を図ることの難しさも痛感しました。

多角的アプローチで挑む東工大、研究力強化への道

東京工業大学の改革は、２０１５年8月に大きな転機を迎えました。２０１６年からの新体制に向けて、６学院、リベラルアーツ研究教育院（ＩＬＡ）、科学技術創成研究院という8つの部局を設置する準備委員会が発足したのです。

この改革の特徴の一つは、部局長の選出方法にありました。2015年から新規に選任される部局の長は学長が指名しておりましたが、2016年からは、すべての部局において、従来の選挙による選出ではなく、学長による指名としました。これは大学のガバナンス改革の一環での取り組みです。指名するには、学長は部局の意見を聞く必要がありますし、大学が何をしたいのかを部局長に説明してお願いする必要があります。部局長は大学の大きな方針は理解しつつ、一方で部局の様々な状況を理解して運営する必要があります。大学執行部、部局がバラバラに自分たちの利益だけを考えるのではない体制になったと考えています。むしろ、部局長が部局の選挙で選出されていた時よりも、執行部と部局の間の風通しが良くなったと思います。

横道にそれますが、部局長を学長が指名するというのは思うほど簡単ではありません。当該部局の状況を理解していることは当然ですが、その部局運営に携わっている方々がどのような考えを持っているかも理解していなければなりません。当該部局の関連教員や時には事務職員らと意見交換して部局長を指名します。当該部局にとってもそして大学運営においても、この人ならという方にお願いするわけです。

2022年に新規に部局長を指名する際に、ふとそれまでの部局長の年齢が高い、すなわち定年退職に近い方が多いことに驚きました。自分で指名しておいてと思われるかもしれません。各部局の意見を聞き、ご本人とも話して指名すると、どうしてもシニアな方になってしまったということです。自分の学長任期は2024年3月までであり、あたらしい学長に代わった時に、それまでの部局長が定年間近の方ばかりであれば指名にも困るだろうと思いました。きちっと次へのバトンタッチ、継続性を考えなければならないと強く意識しました。

その結果、２０２２年に指名した部局長の多くは60歳前後の方にお願いすることになりました。たまたまだったかもしれませんが、比較的若い方に大学の運営をお願いし、彼らが今新大学を創るということになって中心的に活躍していただいている状況を見ると、部局長の若返りが必要という直感は正しかったかなと自負しています。

さて、私自身、この改革の中で重要な役割を担うことになりました。２０１５年８月、ベトナム出張中に三島良直学長から電話があり、帰国後の８月29日に研究院長就任の打診を受けたのです。歴史ある４つの附置研究所がある中で、私が指名された理由は明確ではありません。単に研究所長ではなかったからかもしれません。様々な研究支援をいただいた感謝の気持ちもありましたが、東工大の研究力強化に貢献するという気持ちも強く、引き受けさせていただきました。

研究院の設立準備は、様々な課題と向き合う必要がありました。特に、既存の４附置研究所などとの調整は重要でした。幸いにも、当時の研究所長たちは非常に協力的で、改革の推進にあたって大きな支えとなりました。おそらく他の大学ではできない規模の附置研改革だったと思います。三島良直学長や執行部の丁寧な説明と議論の結果、一つの研究院になると決まった。決まったらその中で最適な方法を見い出し向きあう。これが東工大の教員のマインドではないかと思いました。おそらく、個々の研究所がそのまま存続するか、あるいは一つの研究院となるか、どちらが本当に良いのかわからない状況でも、一度決めればその中で最善の方法を見い出す。この気持ちをもっているのが東工大のもつマインドのような気がします。これは、その後の2022年から始まる東京医科歯科大学との法人統合・大学統合でも同じであったと思います。

そうは言っても、新しい組織を立ち上げる難しさもありました。研究院をつくるといっても事務組織はほとんどなく、組織構成も決まっていない状態からのスタートでした。この状況に対処するため、当時の岡田清理事・副学長（総務担当）にお願いして、特任教授として桑田薫氏を迎えることができました。

桑田氏は半導体・集積回路分野の経験をもつマーケティングの専門家で、彼女の存在は研究院の立ち上げと研究力強化に大きく貢献しました。後に私が学長に就任した際には、彼女を副学長に迎え、さらに大学全体の研究戦略に携わってもらうことになります。

また、産学連携の強化も重要な課題でした。私が学長に就任してからのことになりますが、2018年にオープンイノベーション機構の設立をめざしましたが、最初の申請は成功しませんでした。しかし、知財の専門家である大嶋洋一氏を教授として招くとともに統括クリエイティブマネージャーをお願いしました。2019年の再申請で承認を得ることができました。大嶋先生の特許情報戦略の知見に基づく、産学連携強化は、東工大の研究力強化に大きく貢献しています。

この一連の研究改革の中で、2017年、当時の安藤真理事・副学長副学長（研究担当）が作成したリサーチマップは重要だった思います。約千名いる教員の研究分野、実績を評価して、30名程度の研究者を選びマップにする。大学全体の研究力分析なしにはできません。２年に一度の見直しをしていますが、現在は多くのＵＲＡによる詳細な分析がなされ、産学連携をはじめ様々な研究力向上の糧となっています。

これらの活動の中で、私は大学の研究力強化には多角的なアプローチが必要だということを学びました。組織の再編だけでなく、適切な人材の登用、産学連携の推進、そして研究支援体制の強化が不可欠です。

ＵＲＡ（University Research Administrator）などの専門職による研究力分析、産業界の動向分析、社会の動き、未来への予測や我々の思いによる研究力向上は世界最高峰の研究大学を目指すために必須のことです。また、フレキシブルにかつ大胆に組織改編も厭わず研究力向上を図ったこの経験は私たちの大きな糧です。

40年間で産業が衰退した日本は、世界に追いつかなければならない

外圧に頼らない日本の未来、自ら選ぶ変革の時

日本の産業が過去30年間で衰退し、世界に追いつく必要性に迫られているという現状は、私たちに重要な教訓を投げかけています。この問題を理解するために、２０２０年コロナ禍に陥った時に、私は１８６８年から２１００年までの日本の歴史を俯瞰する図を作成しました。コロナワクチンも開発できず、手をこまねていた我が国を「コロナ敗戦」といった言葉をきいたことがきっかけです。

図表-７に示すように75年ごとに日本の転換点が訪れていることがわかります。１８６８年の明治維新、１９４５年の敗戦、そして２０２０年のコロナ禍です。これらの転換点には共通して「外圧」が存在していました。

明治維新は黒船来航という外圧によってもたらされました。１９４５年の敗戦後の復興も、朝鮮特需という外的要因が大きな役割を果たしました。高度経済成長期も、実は日本人の勤勉さだけで

■図表-7 半導体はどうしたいか？

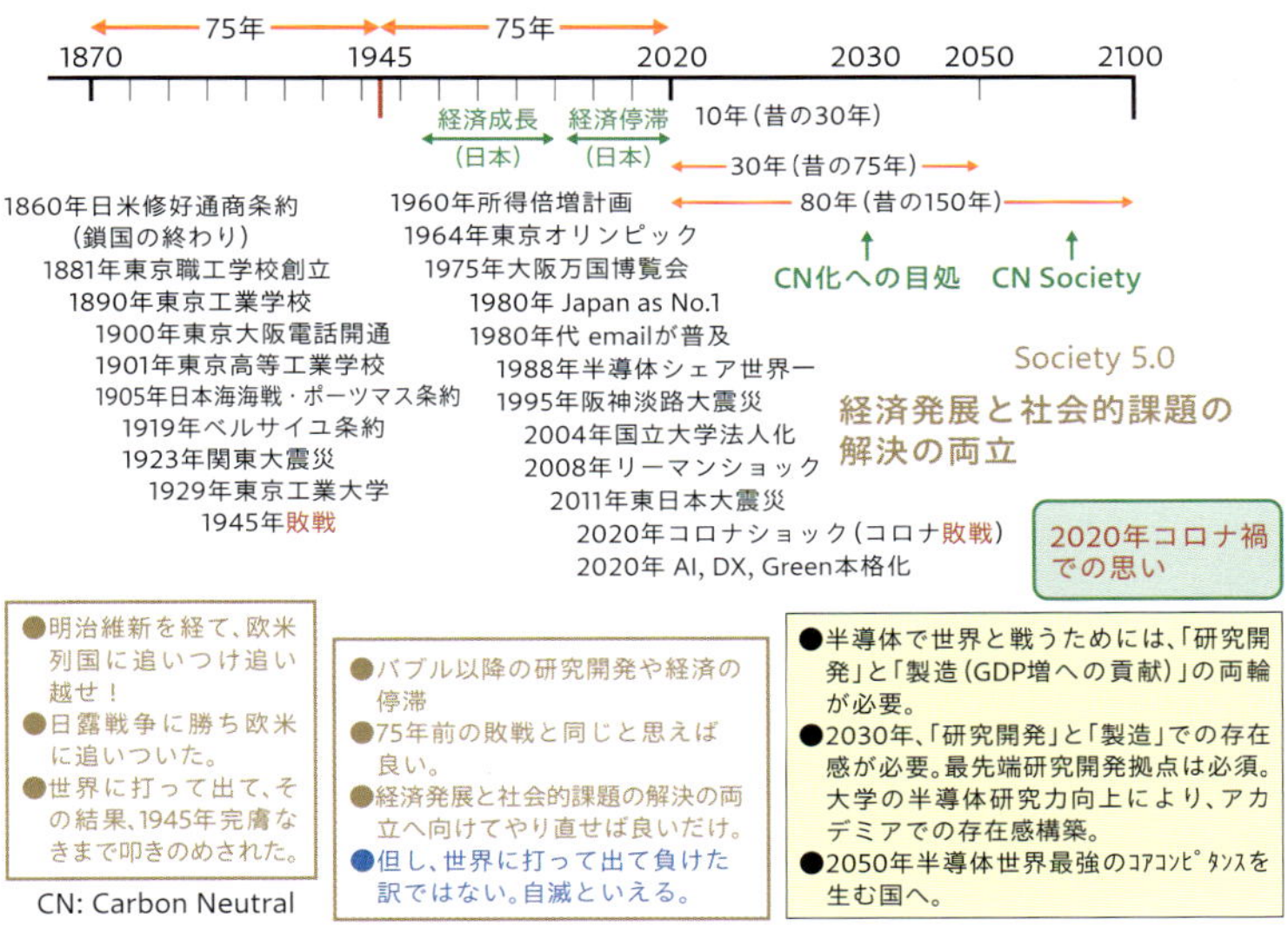

なく、国際情勢という外圧がきっかけとなっていたのです。

しかし、バブル崩壊後の平成の時代、日本は30年にわたる停滞期に入りました。この間、私たち日本人は課題を認識しながらも、決断力と実行力に欠け、中途半端な対応に終始してしまいました。

そして2020年、コロナ禍という新たな危機に直面し、日本の対応の遅れが浮き彫りになりました。

この歴史を振り返ると、日本は常に外圧によって変化を強いられてきたことがわかります。しかし、真の成長は自らの意思で変革を起こすことから始まります。今こそ、私たちは自ら変化を選択し、行動を起こす時なのです。

私は2020年に『大学イノベーショ

ン創出論』を上梓し、その中で日本の半導体産業を含めた産業の再興についても触れました。TSMCの誘致など、大胆な施策の必要性を訴えはじめたのもこの時期です。同じことを考える人がおり、今まさにTSMCの誘致が現実となっています。いずれにせよ、これらの提言は、日本が自らの意思で変革を起こしたことの重要性を示しています。

最近、私は東京工業大学附属高校の入学式で、この問題について語りかけています。コロナ禍での日本の対応の遅れを反省し、若い世代に向けて「失敗を恐れず挑戦する」ことの重要性を伝えています。しかし、正直な気持ちは、これまで失敗を怖れ結果として何にも挑戦してこなかった自分自身への反省です。

日本の産業、大学、そして社会全体が挑戦を避けてきた現状で、若い世代に「挑戦しろ」と言うのは偽善的です。私たち大人こそが、まず挑戦する姿勢を示さなければなりません。

日本の産業再興は、外圧を待つのではなく、自らの意思で変革を起こすことから始まります。大学はこの変革の中心となるべきです。産学連携を強化し、新たな技術や産業の創出に挑戦し続けることが、私たちの使命です。

研究開発と製造で挑む、日本半導体産業の再興

日本の産業、特に半導体産業の衰退は、過去40年間で顕著になりました。2020年頃、私はこ

の状況を打開するための戦略を考えていました。その核心は、研究開発と製造の両輪で世界に存在感を示すことです。

具体的には、２０３０年までに最先端研究開発拠点を確立し、大学の半導体研究力を向上させてアカデミアの存在感を構築すること。そして２０５０年には、世界の半導体産業で最強のコアコンピテンスを生み出すという大きな志をもつことです。

当時、私は半導体集積回路の生産・製造までを含めた提言をすることをためらいました。何兆円もの投資が必要となるため、研究者としての限界を感じたのかもしれません。しかし、最先端技術をリードできれば世界に伍していけると考えていました。例えば、ｉｍｅｃ（Interuniversity Microelectronics Centre）のようなモデルを参考に、適切な資金投資を行えば、十分に競争力をもてると考えていました。

この戦略の背景には、50代の最先端半導体開発経験者がまだ日本に残っているうちに、少なくとも研究開発だけでも進めなければならないという切迫感がありました。

同時期、世界ではカーボンニュートラルやゼロエミッションといった環境目標が掲げられ始めていました。２０５０年までにカーボン排出ゼロをめざすという動きです。正直なところ、私はこの目標を実現するのは困難だと考えていました。

しかし、２０２０年９月に安倍内閣から菅内閣に移行すると、わずか3カ月で日本もカーボンニュートラルへの大きく舵を切り、２兆円のグリーンイノベーション基金を創設しました。この急激な変化は、私に世界の動きの速さを実感させました。

私は経済産業省の関係者と半導体産業への投資の必要性について議論を重ねていました。そんな中、突如としてグリーンイノベーションプロジェクト部会の部会長就任を要請されました。半導体に注力したいと伝えると、半導体も忘れずにしっかりと取り組むから、グリーンイノベーション基金の運営に携わってほしいと言われたのです。

このグリーンイノベーション基金は、企業にコミットメントを求めつつ、政府も相応の資金を投下するという画期的なものでした。世界のグリーン化への動きを狂気の沙汰だと思っていた私ですが、日本が2兆円もの投資を決断したことに驚きを隠せませんでした。

この経験を通じて、世界の動きの速さと、日本が油断していられない状況にあることを痛感しました。産業界だけでなく、日本全体、そして大学も迅速に対応しなければならないと強く感じたのです。

半導体産業の再興とグリーンイノベーションは、一見別々の課題に見えるかもしれません。しかし、両者は密接に関連しています。最先端の半導体技術は、エネルギー効率の向上や新しい環境技術の開発に不可欠だからです。

日本が世界に追いつき、さらには追い越すためには、このような複合的な視点を持ち、迅速かつ大胆な行動を取る必要があります。大学は、この変革の中心的な役割を果たさなければなりません。最先端の研究開発を推進し、産業界との連携を強化し、次世代の技術者や研究者を育成する。

これらの取り組みを通じて、日本の産業再興に貢献していくことが、私たち大学人の使命だと考えています。

衰退の原因は、〝新しい産業〟をつくってこなかったことにある

市場変化への対応遅れ、日本半導体産業凋落の真相

日本の半導体産業の衰退は、多くの人々にとって悩ましい問題です。１９８０年代、日本の半導体は世界シェアの６割を超える圧倒的な存在でした。その後の凋落の原因を、日米半導体交渉での不利な条件に求める声もあります。確かに、メモリービジネスに限って言えば、その影響は無視できません。

しかし、今冷静に振り返ってみると、それは表面的な理由にすぎないと私は考えています。真の原因は、市場の変化を読み切れなかった日本の弱さにあったのです。

１９８０年代、日本の半導体メーカーは、ＩＢＭ向けの大型計算機用ＤＲＡＭで頭角を現しました。10年保証という厳しい条件をクリアできたのは、日本企業の高い技術力の証しでした。しか

し、1990年代に入り状況は一変します。

インターネットの普及とWindows95の登場により、コンピューター市場はPCへと急速にシフトしました。PCは2年程度で買い替えられる時代となり、10年保証のメモリーは過剰品質となってしまったのです。それにもかかわらず、日本企業は従来の超高品質路線を貫き通しました。

さらに、半導体製造プロセスの標準化も日本企業に不利に働きました。300㎜ウェハーの導入とともに、製造装置の標準化が進みました。かつては各社独自の「作り込み」が競争力の源泉でしたが、標準化された装置を並べるだけで半導体が作れるようになったのです。

日本企業は依然として例えば1000工程以上の複雑なプロセスにこだわる一方、韓国や台湾の企業は250工程程度の標準プロセスで製品を作り上げたと言われています。当初は品質に差がありましたが、時間とともにその差は縮まり、最終的にはコスト面で日本企業は太刀打ちできなくなりました。一時、日本製DRAM復活のチャンスもありましたが、思い切った投資に踏み切れず、そのまま衰退してしまいます。

また、市場のトレンドを読み誤ったことも大きな要因です。PCの心臓部であるマイクロプロセッサー市場で、日本は独自規格「TRON」の開発を進めましたが、世界展開には至りませんでした。なぜ世界に出せなかったのか、いま一度真剣に反省する必要があります。

製造方式の変化にも対応できませんでした。台湾のTSMC（Taiwan Semiconductor Manufacturing Company, Ltd.：台湾積体電路製造股份有限公司）に代表されるファウンドリービジネスモデル、つまり設計は他社に任せ製造に特化するモデルが台頭しました。日本もファウンドリーを立ち上げましたが、40nm以下の微細化についていけませんでした。

さらに、ファウンドリービジネスに不可欠な顧客サービス、特に設計サポートの面でも日本企業は後れを取りました。顧客の要望に柔軟に対応する姿勢が不足していたのです。

つまり、日本の半導体産業の凋落は、日米半導体摩擦がきっかけだったかもしれませんが、本質的には技術革新やビジネスモデルの変化に対応できなかったこと、マーケティング力の不足、そして投資すべきときに決断できなかったことに集約されます。

この経験から学ぶべきことは多々あります。今、日本は「Society 5.0」という新たな社会像を掲げています。そして、COVID－19パンデミックによる「コロナ敗戦」という言葉も聞かれるようになりました。

私たち東京工業大学は、これらの歴史的教訓を踏まえ、半導体産業に限らず、大学全体の研究力向上と研究の進展を最優先課題として取り組んでいます。過去の失敗を繰り返さないよう、常に市場の変化を見据え、柔軟な思考と迅速な決断力を備えた人材を輩出したいと思っています。

〝人を育てて、工業を興す〟という東京工業大学の理念に立ち返る

新産業創出こそが日本復活の鍵、東工大が示す未来像

日本の産業衰退の根本的な原因は、新しい産業を創出できなかったことにあります。この点を理解するために、世界と日本のGDP推移を比較してみると、その差は明らかです。

世界全体のGDPは着実に成長を続けているのに対し、日本のGDPはほぼ横ばいの状態が続いています。しかし、この状況をより正確に理解するためには、さらに詳細な分析が必要です。例えば、アメリカのGDPは全体として伸びていますが、製造業のGDPの伸びは約10%程度にとどまっています。日本の製造業も同様に、数パーセントから10%程度の成長にとどまっています。つまり、製造業に限って言えば、日本が特別に後れを取っているわけではないのです。

問題の本質は、新しい産業を生み出せていないことにあります。世界経済の成長を牽引しているのは、ITやバイオテクノロジーなど、新たに台頭してきた産業分野です。日本がこれらの新産業の創出に出遅れたことが、GDP成長の停滞に繋がっているのです。

この現状を打破するためには、私たち東京工業大学の原点である「人を育てて工業を興す」という理念に立ち返る必要があります。振り返ってみると、私たちは本当の意味でこの理念を実践してきたでしょうか。

確かに、「人材育成」という言葉を掲げてきました。しかし、真に新しい産業を興すことのできる人材を育ててきたでしょうか。極論ですが製造業に特化した教育研究に偏重していなかったでしょうか。これらの問いに対して、私たちは真摯に向き合う必要があります。

このような反省から、２０２２年度から始まる国立大学法人第４期の中期目標に、「科学技術の再定義」「理工学の再定義」という言葉を盛り込むことが重要だと認識しました。この「再定義」という概念は、ともに東工大を率いた佐藤勲総括理事・副学長が提唱したものです。

■図表-8 実質GDPの推移

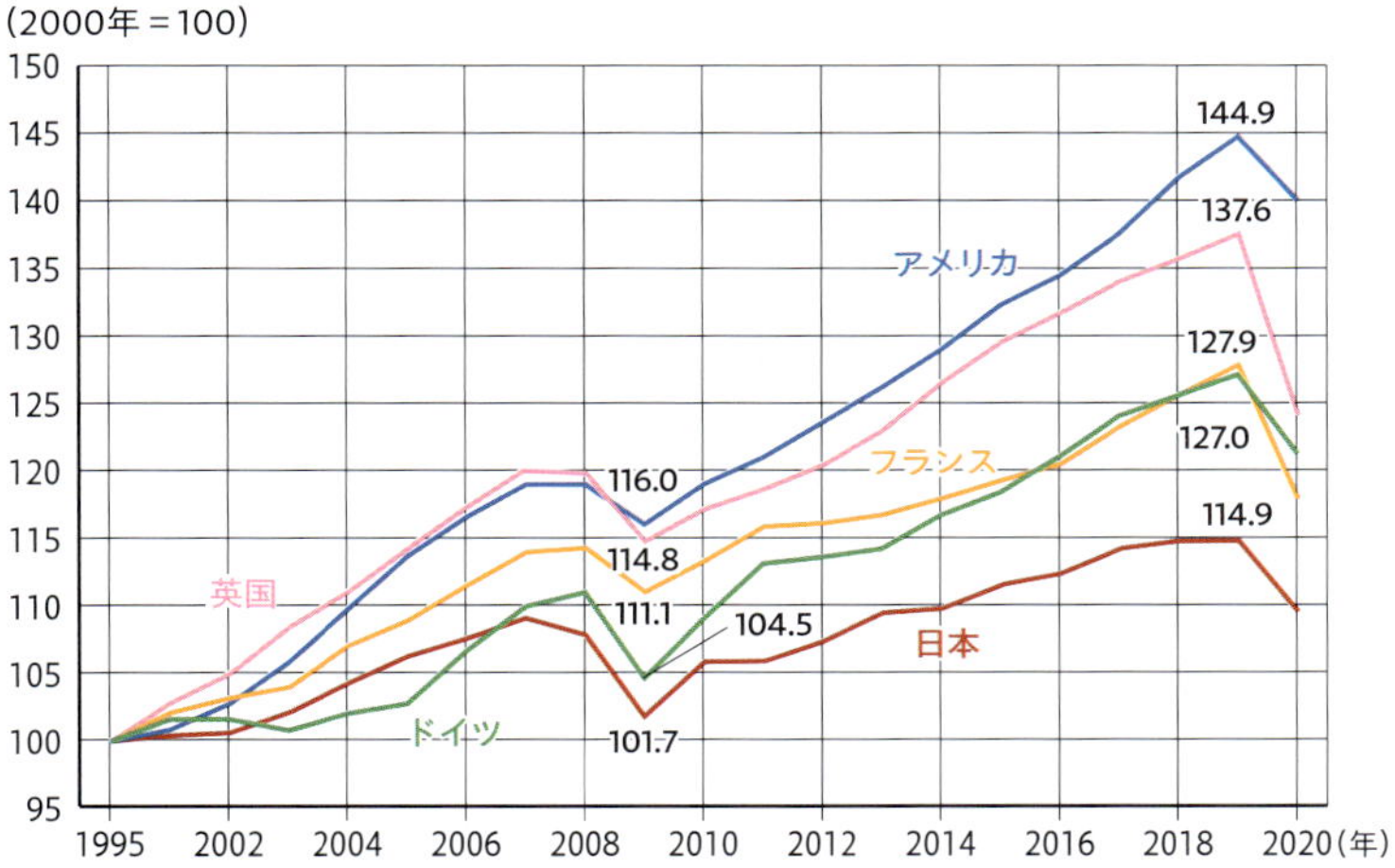

「再定義」とは、単に既存の概念を見直すだけではありません。それは、現代社会が直面する課題に対して、科学技術や理工学がどのように貢献できるのか、その本質的な役割を問い直すことを意味します。

例えば、環境問題やエネルギー問題、高齢化社会の課題など、現代社会が直面する複雑な問題に対して、従来の縦割りの学問体系では十分に対応できません。学際的なアプローチ、当然ですが人文社会科学との融合が不可欠です。

また、急速に進展するAIやビッグデータの技術は、科学技術の研究手法自体を変革しつつあります。このような時代の変化に対応し、新たな価値を創造できる人材を育成することが、私たち東京工業大学の使命であると強く認識しました。

「人を育てて、工業を興す」という理念は、今も変わらず私たちの指針です。しかし、その「工業」の意味するところは、時代とともに変化しています。もはや単なる製造業だけではなく、サービス業を含む幅広い産業、さらにはいまだ存在しない新しい産業分野までを視野に入れる必要があります。

私たちは、この理念を現代に即して解釈し直し、実践していく必要があります。それは、既存の産業の高度化だけでなく、まったく新しい産業の創出に繋がる人材の育成を意味します。そのためには、大学も自らが変わり、常に社会のニーズを敏感に捉えることはもとより、新しい産業を興し社会を創るために柔軟に対応できる組織となる必要があります。

大学こそが、日本の経済と産業を発展させるための鍵となる

建学の精神に立ち返る、東工大が示したい日本再生の道筋

日本の経済と産業を発展させる鍵は、まさに大学にあります。この認識は、私たち東京工業大学が直面している課題を深く考察する中で生まれたものです。

半導体産業の衰退一つを取っても、日本の問題点が浮き彫りになりました。業態の変化に対応できず、必要な投資のタイミングを逃し、そもそも新しい時代に対応できる人材が育っていないのです。この30年間の停滞期、日本は新しい産業を生み出すことができませんでした。

私たちは、従来の「ものづくり」に立脚する製造業にあまりにも固執してきたのではないでしょうか。もちろん、ものづくりの重要性は今後も変わりません。しかし、それだけでは不十分なのです。製造業以外の分野にも優秀な人材を供給し、新たな産業を創出する必要があります。

この点で、私たち東京工業大学にも大きな責任があると感じています。「人を育てて、工業を興す」という建学の精神に立ち返り、その意味を現代に即して再解釈し、実践することが、日本の再出発の鍵となるでしょう。

近年、日本の研究力低下が批判されています。しかし、この批判の背景には、産業界自体の停滞もあるのではないでしょうか。かつての高度成長期、産業界は「大学では何も教えなくてもいい、五体満足で頭がついていればいい」と豪語していました。大学教育に期待していなかったのは、まさに当時の大手の日本企業だったのです。

そんな産業界が今、大学の研究力低下を問題視しています。これは、日本の産業界自体が危機的状況にあることのあらわれではないでしょうか。しかし、この状況を単に批判し合うのではなく、産学が協力して日本の再生に取り組むべき時が来ているのです。

大学は、単に既存の産業界のニーズに応えるだけでなく、未来の産業を創造する場となる必要があります。そのためには、従来の学問の枠を超えた学際的なアプローチが不可欠です。例えば、AIやビッグデータの技術は、あらゆる分野の研究手法を変革しつつあります。このような変化に対応し、新たな価値を創造できる人材を育成することが、私たち大学の使命です。

同時に、環境問題やエネルギー問題、高齢化社会の課題など、現代社会が直面する複雑な問題に対しても、大学が中心となって解決策を提示していく必要があります。これらの課題は、単一の専門分野だけでは解決できません。理工学と人文社会科学の融合、さらには産業界との密接な連携が求められます。

大学は、知の創造と人材育成の場であると同時に、社会変革の中心にならなければなりません。そのためには、大学自身も変わる必要があります。社会のニーズを敏感に捉え、柔軟に対応できる組織となること。そして、産業界との対話を深め、互いの強みを活かした協力関係を築くこと。これらが、今後の大学に求められる姿勢です。さらに、社会とともに未来を創る担い手であるという強い意識をもつことも必要です。

男女の偏りをなくさなければならない理由は何か

ジェンダーバランス改善が日本を変える、東工大の取り組み

男女の偏りをなくす必要性について、私の考えは世界的な潮流と日本の現状を踏まえて形成されました。２０１６年頃から世界がカーボンニュートラルやゼロエミッションに舵を切り始めた時、正直なところ、私はその目標が無理難題だと感じていました。しかし、多くの課題を抱える中で、誰もが反対できない大きな方向性を示すことの重要性を認識しました。

同様に、欧米では女性登用が着実に進んでいる中、２０２０年頃からＥＳＧ投資の文脈で、欧州から「会社役員の女性比率が３割を超えない企業への投資は抑制すべきだ」といった議論が出てきました。当初は無理な要求だと思いましたが、彼らならそのような基準を本当に作り出すだろうと

も感じました。

社会の価値観も変化しています。単なる経済成長ではなく、環境保全やゼロカーボン、地球温暖化対策が重視されるようになりました。利益優先ではなく、健康やウェルビーイングが重要視され、経済至上主義から環境（Environment）、社会（Social）、ガバナンス（Governance）を重視する方向に移行しています。

このような世界的な潮流の中で、私たちの足元を見ると、理工系におけるジェンダーバランスの悪さ、特に女子学生の少なさは大きな問題でした。しかし、これまで具体的な対策を講じてこなかったという現実があります。

そこで、学長に就任した２０１８年頃から、ジェンダーバランスの改善への対応を考えるようになりました。

まず、理工系の女子学生を増やすためにはアファーマティブアクション（積極的格差是正措置）が必要ではないかと思い始めました。２０２１年から始まった内閣官房教育未来創造会議の委員として、理工系女子学生増加のためのアファーマティブアクションの必要性を積極的に主張しました。

２０２１年12月には、ＦＮＮの取材で理工系分野のジェンダーギャップ解消のための入試クォーター制度について敢て言及しました。この頃から、本気で取り組まなければ理工系におけるジェンダーバランスは解消できないと確信していました。

教育未来創造会議の第一次提言では、理工系女子学生の増加の重要性が明記されました。具体的な取り組みとして、女性活躍プログラムの強化や、女子学生の割合が少ない分野での女子学生枠の確保に取り組む大学への支援強化が提案されています。

東京工業大学では、２０２２年11月10日に、翌年４月からの入学者選抜における女子枠の導入を発表しました。この入学選抜における女子枠については、第２章で、更に詳しく紹介します。一方、この発表に対し、文部科学大臣は「導入する大学はしっかりと説明してほしい」と述べましたが、私としては、未来創造会議の提言を受けてもっと積極的な支持をいただければ、ありがたかったと思っています。

女性限定教員公募の取り組み

また、本学では教員のジェンダーバランスも大きな課題です。２０２１年に１名、２０２２年からは８名の女性限定教員公募を行っています。このような女性限定公募を全学的に実施できているのは、教員人事を各部局が管理しているのではなく、人事委員会が全学的に掌握しているから可能になりました。人事委員会については、第４章であらためて紹介します。

２０１８年から、教員の公募採用に際して、女性あるいは外国人を採用した場合には、当該部局に人事インセンティブとして助教ポストを配分していました。２０２１年、生命理工学院から女性教員採用の際にインセンティブで人事ポイントをもらえるのであれば、女性限定公募（教授または准教授）をしたいという申し出がありました。きちっと応募する方を集めることができて優秀な方の採用につながるのであればということで許可しました。法的にも問題がないことを確認して、実施しました。

生命理工学院は、広く生命理工学に関係する分野で募集をし、結果として数十名を超える大変優秀な方の応募がありました。選考するほうが大変だったようです。

この公募で学んだのは、公募の際に公募範囲を広くすれば応募者も沢山おり、優秀な女性教員を採用できるということです。通常の公募だと、研究分野を絞り込んで行います。研究分野を絞り込んでしまうと女性研究者の絶対数が少ないので、多数の男性との戦いになります。多勢に無勢、女性研究者が採用される確率は低くなるのが実情です。応募者が多ければ、当然ながら優秀な研究者が多く応募頂けることになります。この経験は大きかったです。

２０２２年５月の各部局の人事構想ヒアリングの際に、各部局で女性限定公募をしないかという提案をしました。８部局（６学院、リベラルアーツ研究教育院、科学技術創成研究院の８部局）で、専門分野を限定せず広く公募するということを条件に女性限定公募をすることになりました。人事ポイントとしては学長裁量分を利用するということで実施しました。８名のところに２百数十名を超える応募がありました。専門分野の重複もありますので、応募者の許諾のもと部局間で公募情報を共有し選考を行いました。選考は前年度以上に大変苦労しました。結果として、優秀な方が多く８名の枠には収まらず学長裁量ポストを拡大利用して14名の採用となりました。

東工大には科学技術創成研究院という旧来の附置研究所を主体とした研究を主とする組織があります。１０００名の教員の約１／６の約１７０名が所属しています。研究視点で考えると教育を主とする組織の他に研究を主とする組織があるということは研究の幅やすそ野を広げるという意味では非常に重要です。このような組織があり、かつ教員人事を全学で掌握しているからこそ、教員公募において、分野を限定せず広く設定し、その一方で女性限定といったような公募ができることに繋がりました。

２０２４年５月時点で、女性教員は１３９名になりました。このまま増加すれば２０３０年に２００名。全教員の約２割になります。いわゆるクリティカルマスとなります。２割の教員が女性となる多様な教員組織から何が産まれる

■図表-9 女性限定の教員公募

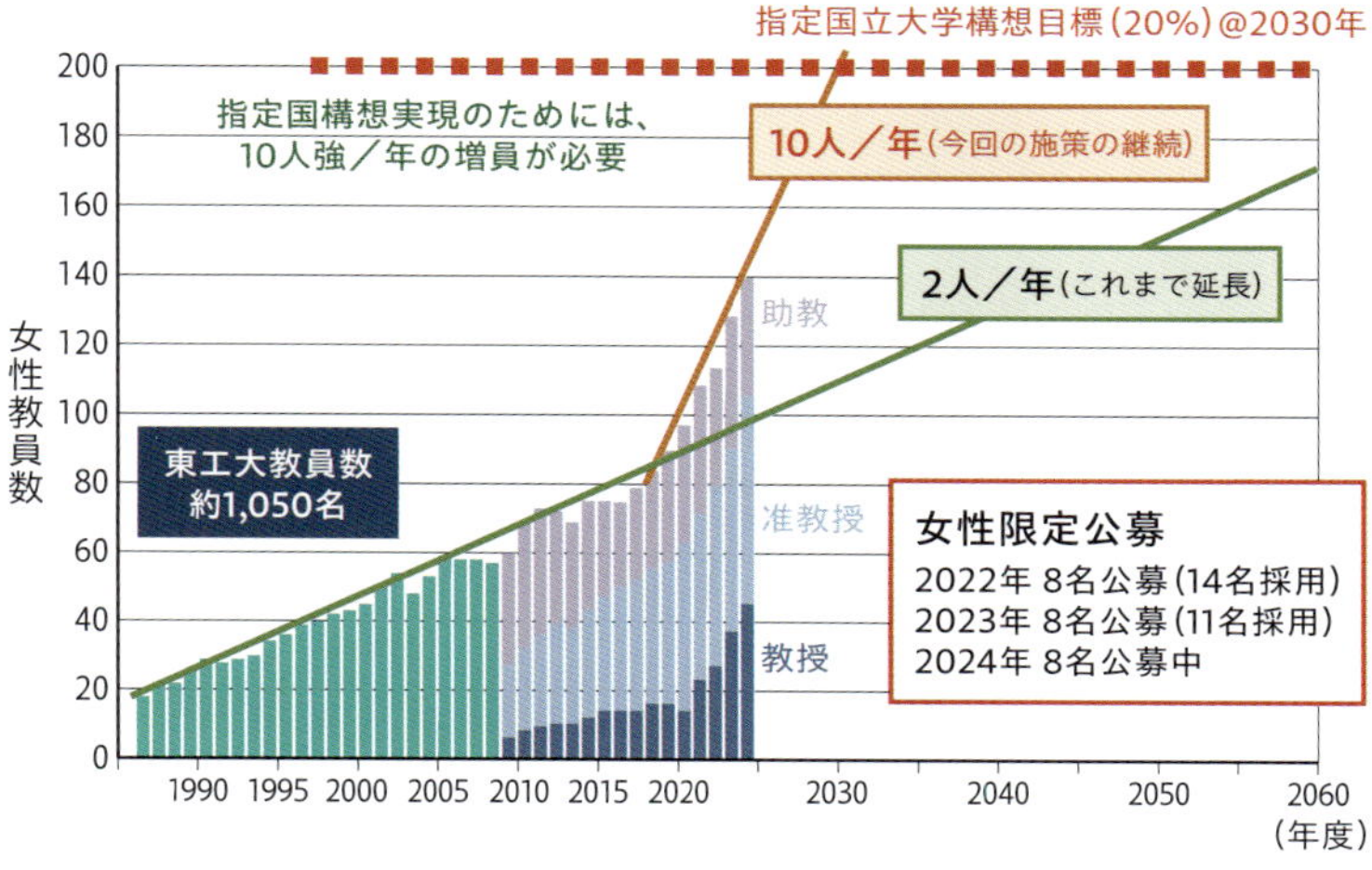

のか、大きな期待があります。

　これまでは学長裁量ポストを利用した公募であるということで女性限定公募を進めてきました。分野も限定していないため、各部局の将来構想に基づいた教員人事を進めるという発想とは矛盾している部分もあります。女性限定公募は数合わせを目的としたものではありません。あくまでも研究や教育を通じて人材育成をし、研究成果に基づくイノベーションを産みだすことが目的です。そのための手段としてジェンダーバランスを考慮する施策をし、多様性の拡大を進めているのです。

　アファーマティブアクション、あるいはポジティブアクションには様々な意見があります。女性限定教員公募で学んだことは、やり方を考えればポジティブアクションは意味があるということです。どれだけやり切れるのか、リーダーの覚悟が問われます。個人的にはリーダーとしての私の意思も重要ですが、常にこれを支持してくれる執行部がいることも強調したいと思います。


　男女の偏りをなくす取り組みは、単に数字上の平等をめざすものではありません。多様な視点や才能を活かすことでイノベーションを促進し、社会の課題解決能力を高めることが期待できます。特に理工系分野では、女性の視点や感性が新たな発見や技術革新をもたらす可能性があります。

　また、少子高齢化が進む日本において、女性の活躍は経済成長の鍵となります。理工系分野での女性の活躍は、日本の産業競争力強化にも直結するのです。

着実なＤＥ＆Ｉ推進を目指して

２０２１年頃から、多様性の推進についてジェンダーに限定してかなり思い切った施策である女性限定教員公募や学士課程入試における女子枠の導入を行いました。これを受けて、２０２２年秋からはダイバーシティ推進室を強化し全学的にＤＥ＆Ｉ（Diversity, Equity & Inclusion）活動を展開しました。大学としては、入学者選抜での対応だけでなく、女子学生が安心して学べる環境づくりや、ロールモデルの提示、キャリア支援など、総合的なアプローチが必要です。同時に、当然ではありますが、初等中等教育段階からの理系教育の充実も重視し活動を行ってきました。また、ＤＥ＆Ｉ推進の観点では、ジェンダーの課題だけでなく、多様性を認め全ての構成員が活き活きと活動できる環境整備を進めていく活動を全学視点で推進していきました。２０２３年２月にＤＥ＆Ｉ担当として、桑田薫理事・副学長を配置し、環境整備とＤＥ＆Ｉの意識改革強化を推進しています。

環境整備では、キャンパス内の男女休養室の整備や、多文化のための国際交流支援の部屋の整備を進め、留学生の交流とお祈りの場などにも活用できるQuiet roomを設けました。一方で、ＤＥ＆Ｉの意識改革には、対話が何より大切になります。２０２４年1月~3月には、女性教員や学生数が増えることに関して女性教員との意見交換会を開催しました。その中では様々な意見がでましたが、私にとって大変印象的だったのは、建築系の教員から、建築系は１９９０年代から女子学生は2〜3割いた。しかし、30年経った今、建築系教員40名近くいるが、女性教員はわずか3名である。女子学生を増やしたら良いという訳ではない、と云う指摘でした。学生を増やすことは女性活躍の一つの大きな取り組みではあるけれども、キャリア形成における意識的な取り組みが必要であるとの重要な指摘です。

DE&Iの推進は、女性活躍の課題一つとっても大変難しいことを、こうした対話の中から理解し、一つの施策をした後に登場する新たな施策の必要性を学ぶことになるのです。時に、アファマティブアクションやポジティブアクションのような取り組みで、賛否両論があるなかでも、躊躇することなく、賛否両論があるからこそ、対話と共に、私たちが決断し実行し、更に解決のための取り組みをしていかなければならないと考えています。

特別インタビュー

監事が語る大学改革、東工大の未来

——小倉康嗣・監事、三矢麻理子・監事

学長への様々な提案　～現場の声も大学経営へ反映～

——監事の方々の業務全般についてご説明ください。

小倉：監事の業務は一般的に内部統制の監視や会計監査と想像されがちですが、それ以外にも重要な役割があります。国立大学の監事協議会でも明確に示されているように、監事の役割は「教育研究の活性化を支援し、我が国の高等教育機関としての大学の質の維持と向上に資することが目的です。」とあります。

具体的には、大学を良くするために何をすべきか、何をしているかを様々な角度から見て、アドバイスや問題点、課題の提言を行っています。年に1回、監査報告に加えて監事の意見書

を作成し、現場でのヒアリングで得た情報や課題を提案も含めて提出します。大学側はこれに対して回答し、PDCAサイクルを回しています。

監事は厳しいことを言うように見えますが、実現不可能なことを要求するわけではありません。意見として聞いてもらい、大学の改革に結びつけてもらうことが主な目的です。理想論も記述することがあるのですが、これは必ずしも回答を求めるものではありません。

具体的な一例ですが、大学にとって大変重要なセキュリティシステムの期限切れを指摘し、次年度の予算確保に繋がったケースがあります。また、同級生の重要性を指摘し、大学と同窓会の連携強化のための覚書締結を提案し、実現したこともあります。

三矢：私たちは現場のヒアリングを重視しています。監事には学内の様々な意見の中から本質的な問題をすくい上げ、大学へ伝えていく役割もあると考え、行動していま

小倉　康嗣
（おぐら　やすつぐ）

金属工学専攻　修士
東京工業大学　監事（常勤）

[略歴]
1978年4月　日本鋼管株式会社（NKK）入社
1993年7月　同社　福山製鉄所 製鋼部第三製鋼工場長
2003年4月　JFEホールディングス株式会社　環境ソリューションセンター企画部長
2007年4月　JFEスチール株式会社　常務執行役員 東日本製鉄所副所長
2008年4月　JFEエンジニアリング株式会社　取締役 専務執行役員
2010年4月　同社　代表取締役 副社長
2012年4月　JFEスチール株式会社　代表取締役 副社長
2015年4月　JFE鋼板株式会社　代表取締役 社長
2018年4月　同社　相談役
2020年9月　国立大学法人東京工業大学　監事（常勤）
同　国立大学法人等監事協議会　会長（〜 2022年9月）
その他
2022年4月　カルッツかわさき　名誉館長

す。

例えば、火災訓練時の障がい者対応の問題が現場から上がった際、それを理事に伝えるよう促したところ、対策に繋がったことがあります。現場でなければ気づかない問題もあり、それを聞き出すことが非常に有効だと考えています。

小倉：私たちは民間出身なので、基本的に現場主義です。最近はオンライン会議の活用で、例えば女性限定で採用された教員との意見交換など、より幅広く現場の声を聞くことができるようになりました。

「ものが言える」関係づくり

――大学の監事の役割の本質はどのようなことだと思われますか？

小倉：これは非常に難しい質問ですが、やはり前向きに課題

三矢　麻理子
（みつや　まりこ）

公認会計士
東京工業大学　監事（非常勤）

［略歴］
1984年　朝日会計社（現有限責任あずさ監査法人）（2005年まで）
2005年　株式会社ビジコム（2007年まで）
2007年　プロミネントコンサルティング株式会社（2014年まで）
2008年　東陽監査法人
2011年　株式会社新川（現ヤマハロボティクスホールディングス株式会社）社外監査役（2019年まで）
2016年　国立大学法人東京工業大学　監事（2024年まで）
2019年　ヤマハモーターロボティクスホールディングス株式会社（現ヤマハロボティクスホールディングス株式会社）社外取締役監査等委員（2020年まで）
2021年　大学改革支援・学位授与機構　財務担当評価委員

をきちんと見つけ、それに対して改善していくことの繰り返しだと考えています。常に前向きな心をもって、なぜこれができないのか、もっとこうすればできるのではないかと考え、具体的な提案をおこなうことが大切です。指摘するだけでは評論家になってしまいます。

悪いところばかりを探すのではなく、将来の大学の姿に向けた課題を見つけていくことが重要です。重箱の隅をつつくのではなく、大学の将来のためになるような課題を指摘し、必ず対案を出すようにしています。これが私の考える監事の役割の本質部分だと思います。

三矢：法的な観点から言えば、監事の役割の本質はガバナンスと内部統制がしっかりしているかを確認することです。某私立大学で起きた背任行為などを防ぐために、望ましくない形態を指摘し、正しいチェック体制を提案することも重要です。

外部の目で、企業経験や監査経験を活かし、大学内では気づきにくい点を指摘し、どのように改善すべきかを考えてもらうことも監事の役割だと考えています。

小倉：全国の国立大学監事協議会の会長を務めた経験から、監事の役割強化が求められていることを実感しています。監事の最も重要な役割は、「ものが言えること」だと思います。

学長にものが言えるということは、人間関係ができていないとできません。敵対関係では、言っても意味がありません。ものが言える雰囲気づくりが重要で、そのためには人間としての資質も必要です。

普通の教員が言えないことでも、監事なら言えるようにすることが役割の本質かもしれません。そのためには、良好な人間関係を築き、受け入れられるような物言いができることが大切だと考えています。

三矢：そうですね。東工大は監事への理解があると思っています。

小倉：はい、益学長も佐藤総括理事も非常に理解があります。何かあったら監事に言ってくれたほうが動きやすいと、あえて言ってくれます。監事をリスペクトしてくれているのがわかります。監事が文句を言うだけの存在だと思われてしまうと、誰も監事の意見を聞かなくなってしまいます。やはり監事と学長との関係は非常に重要だと感じています。

大学と企業、異なる経営の本質を探る

――大学経営に企業経営の知見をもち込むことで従来の欠点を改善し革新的経営が生まれるという意見も聞かれますが、企業経営の知見を大学経営にもち込むだけでよいとお考えですか？

三矢：企業経営と大学経営は本質的に異なると考えています。国立大学の場合、必要な予算は自動

的に措置されると思っているところが非効率を生んでいるのではないかとの考えから、それを変えたいという意図で企業的な考え方が導入されたのだと思います。

しかし、企業は利益を出さないと存続できません。一方、大学の基本的な使命は知を創造し、人を育てることです。これを単純に効率性の観点から見るのは適切ではありません。

ただし、大学にも企業的な要素を取り入れる余地はあります。例えば、ベンチャー企業のストックオプションからの収益を基金として奨学金や基礎研究に充てるなど、社会からのフィードバックを活用する方法は考えられます。国からの資金だけでは基礎研究を維持するのが難しくなる中、こういった動きは検討して良いと思います。

小倉：私は東工大の卒業生で、長年大学に関わってきましたが、監事になって初めて大学経営の実態を知りました。企業経営と大学経営の最大の違いは、大学では効率や収益も必要ですが、それだけでなく、研究や教育における「無駄」（すぐに効果が出ないこと）や「自由」が必要不可欠ではないでしょうか。

企業では新しい研究にすぐに成果を求めますが、大学の基礎研究は長期的な視点が必要です。また、企業では「選択と集中」が重視されますが、大学ではそれを厳密に適用するのは難しい面があります。

ただし、ガバナンスなど、企業経営から学ぶべき点もあります。大学も完全に非効率でいいわけではなく、ある程度の「緩い選択と集中」は必要だと考えています。

――大学は利潤追求体ではないので、企業が選択と集中を行うときのような明確な判断基準がないと思われますが。

小倉：おっしゃる通りです。大学の場合、どの分野から新しい芽が出るか予測が難しいです。ただ、東工大では各学院が将来構想を持ち、リサーチマップを作成して優れた分野を把握しています。

限られた資金をどこに投資するかは、誰かが選択しなければなりません。東工大では、リサーチマップに基づいて教員をピックアップしたり、公募制を採用したりして、ある程度経営的な判断を行っています。完全な企業的手法ではありませんが、大学なりの方法で資源配分を行っていると評価しています。

大学経営に必要な「余裕」と「自由」、監事が語る理想像

――もし大学経営には企業経営以外の何かが必要だとすると、それは何だと思いますか？

三矢：大学経営には余裕が必要だと考えています。国立大学には様々な制度的な縛りがあり、人事

や給与体系などで自由度が低いのが現状です。このような制約の中で工夫しながら経営を行っていますが、もっと裁量権があれば、研究者の内発的動機に基づいた研究や教育ができるのではないでしょうか。

小倉：私は自由な発想がもてることが重要だと思います。管理型の経営から脱却し、自由な発想ができる環境が大学には必要不可欠です。

――監事の目から東工大は良くなっていると思われますか？　それはどのような点が特筆すべきと思われますか？

小倉：基本的には良くなっていると思います。具体的には、リベラルアーツ教育の復活により、理工系学生の発想が豊かになっています。また、学生主体のイベントが増えているのも特筆すべき点です。例えば、Taki Plaza の運営を学生が行っていたり、学勢調査を学生が主導したりしています。そして教育プログラムの多様化も幅広い人材育成には効果があったと思います。リーダーシップ教育院の設置・アントレプレナーシップ教育機構の設置や融合分野のカリキュラムなどです。また国からの大きな補助事業も活用していることも幅を広げています。例えばWPIとしての地球生命研究所は半分以上が海外人材でディスカッションしており、まるで海外に来ているようです。これが将来全学に広がっていくのだろうと想像しています。更に産学連携については協働研究拠点として、大学と企業の（研究者同士の共同研究ではなく）組織対組織の結びつきによって協定が結ばれており、輝かしい成果を出しています。こうした数々の特筆すべきことがあると感じています。

三矢：学生が自ら企画し実行することで、将来に役立つ力が身につくと思います。

小倉：この学生主体の風土は最近のことだと思います。大学の教職員が学生の主体性を育てる仕組みを考え、実行していることが背景にあります。

三矢：大学全体が常に改善しようとする姿勢をもっていることが、結果的に大学を良くしていっているのだと思います。企業ではあまり見られない姿勢です。

小倉：学長のリーダーシップと現場の意見をバランスよく取り入れる経営スタイルが、この良い変化を支えているのではないでしょうか。

リーダーの資質と組織の特性、大学改革の成功の鍵

――東工大の益学長体制における大学経営において何が良かったと思われますか？　そして、その方法は他の大学にも展開できるとお考えですか？

小倉：益学長の体制で特筆すべきは、大きな決断を次々と実行していることです。例えば、田町キャンパスの開発プロジェクトは当初は困難と思われていましたが、思い切って実行に移しました。これには、学長の決断力と優秀な部下たちの努力がうまくマッチした結果だと思います。

他にも、すずかけ台キャンパスと駅を直結するトンネル新設を役員会議で決めたことや、女子学生枠の設置、女性限定の教員公募など、大胆な施策を次々と実行しています。これらの決断には、私たち監事からのアドバイスも一部反映されていますが、最終的には学長自身が決断を下しています。

三矢：私は、益学長が掲げた「Ｔｅａｍ 東工大」という一体感の醸成や、優れた理事の人選が良かったと思います。また、フランクな雰囲気で誰とでも気軽に話せる「聞く力」も、リーダーとして重要な資質だと感じています。

小倉：そうですね。益学長は様々な意見や苦言を言う部局長の発言にも真摯に耳を傾けてきました。リーダーにとって「聞く力」は非常に重要ですが、ただ聞くだけでなく、聞いた上で決断する力が必要です。これは企業も同じだと思います。

――そうなると益学長の人徳的なものも大きいので、その方法を他の大学に展開できるかというと、いかがですか？

小倉：難しいでしょうね。益学長だからできた部分が多いと思います。大学のトップになる人は様々な経験を積んでくるので、個人の資質に大きく依存します。企業の社長とは選出方法も違いますし、単純に仕組みとして展開できるものではありません。

三矢：私もそう思います。ただ、東工大が理工系に特化している点も、このような経営がうまくいっている要因かもしれません。文系学部を含む総合大学では、まとまりをつくるのがより難しいかもしれません。

小倉：確かにそうかもしれません。ただ、益学長が総合大学の総長になったとしても、十分にその力を発揮できるのではないでしょうか。

三矢：そうですね、可能性は十分にあると思います。

小倉：結局のところ、大学の特性によって最適な経営手法は異なるということですね。

地球規模で考える新生科学大学、監事が語る未来

――今後さらに大学が良くなるために施策へのご提案があれば、お願いいたします。

三矢：私が思うのは、人事面での自由度を高めることです。現在の承継枠や俸給表にとらわれることなく、非正規雇用も含めたより柔軟な人事制度が構築できると良いと思います。また、例えば、企業で導入されている確定拠出年金のような、ポータブルな退職金制度を大学でも導入できれば、人材の流動性が高まると思います。しかし、これは国の制度に深く関わる問題で、実現は難しいかもしれません。

小倉：私からは、意見書にも記述していますが、新生東京科学大学への提案をさせていただいています。まず、大学は地球規模で考えるべきだと思います。具体的には、理工学からは地球生命の存続、医歯保健学からは健康長寿の二つテーマを大きな目標として掲げるのはどうかと思っ

ています。

そのためには、キーはグローバル。グローバルな視点が重要です。世界の科学者が一目でわかるようなワールドハブセンターをつくり、世界の研究者や世界の研究データを共有できる仕組みを構築する。また、研究者の自由や自主性を尊重し、手を挙げれば実現する輝かしい研究実績が作れるような環境が必要です。

基礎研究では将来のノーベル賞級の成果をめざし、応用研究ではすべて実装化への道筋を示せることが重要です。産学連携を強化し、新たなスタートアップを生み出す環境も整備する必要があります。

さらに、科学者としての専門性だけでなく、人間力豊かな人材を育成することも大切です。医工連携を強化し、医学と工学の両方の博士号をもつスーパードクターの育成なども視野に入れるべきです。

単なる大学間連携ではなく、他大学にはない独自の価値を生み出す統合をめざすべきだと考えています。

第2章

東工大がめざしてきた教育の在り方とは?

専門性とリーダーシップを備えた人材を育成する

専門性とリーダーシップを兼ね備えた人材育成

東京工業大学では、２０１６年の教育改革以降、学士課程だけにとどまらず、修士課程、博士後期課程までの全課程において専門性とリーダーシップを兼ね備えた人材の育成に力を入れています。ここでいうリーダーシップとは、狭義の意味だけでなく、教養を含めた幅広い視野やコミュニケーション力、挑戦力、気概などを含む広義の意味で捉えています。

すなわち、東工大の教育の特徴は、理工系大学として学生が専門分野を深く学ぶことはもちろんですが、それだけでは不十分だと考えている点です。これからの時代には、専門知識やスキルに加えて、こうした広義の意味でのリーダーシップが非常に重要になると、学生に常に伝えています。この考え方は、東工大の長い歴史の中で培われてきた教育方針の一つです。

この方針のもとで改めて見直した東工大の教育ポリシーでは、専門力、教養力、コミュニケーション力、そして様々なかたちで知識や技術を展開していく力、の４つのコンピテンシー（能力と資質）をもち合わせ、常に新しいことに挑戦し続ける「フロントランナー」の育成をめざしています。

具体的な養成する人材像は、学士課程、修士課程、博士後期課程で順次、これらの達成度を高度化しています。学士課程では自ら学び考え、挑戦する姿勢とともに専門家として基盤となる力を身につけ、修士課程では実践的な物事に取り組み、国際的に貢献できるレベルの専門家を目指します。博士後期課程では、さらに高度な専門性とともに、独創力と発信力をもつ人材を育成します。

さらに専門職学位課程として、社会人を主な対象とした2年間のＭＯＴ（Management of Technology）プログラムも提供しています。これは技術経営を学ぶ課程で、ＭＢＡ（Master of Business Administration）と並列的な位置づけにあります。

このような人材育成のための教育方法の根幹に、世界最高水準の研究の中に学生を招き入れ、学生が自ら学び考える「スチューデントセンタードラーニング」（Student-Centered Learning）を据えています。東工大は研究大学としての特徴を活かし、教育と研究を密接に結びつけています。学生たちは最先端の研究現場に身を置くことで、専門分野の深い理解を得るとともに、問題発見・解決能力や創造性など、理論と実践を同時に磨いていきます。また、異分野の研究者や学生との交流を通じて、チームワークやプロジェクト管理のスキルとともに、幅広い視野と柔軟な思考力を養うことができます。

その他の教育方法の方針として、専門教育と教養教育の「くさび型教育」と、「学生の目的に応じた多様な教育プログラムの提供」があります。これらについては次項以降で説明します。

このように、東工大は単に専門知識を教えるだけでなく、未来のリーダーとなる人材を育成することを目指しています。高度な専門性と幅広い視野、そして社会をリードする力を併せもつ人材こそが、これからの社会で真に活躍できると考えているのです。

くさび型教育と学生の可能性を最大化する多様なプログラム

専門性とリーダーシップを兼ね備えた人材の育成には、1946年に和田小六学長が提唱した、学士課程における「くさび形教育」という独自の教育体系が基礎になっています。

くさび形教育とは、専門教育と教養教育を有機的に関連づけ、段階的に学習できるようにした教育方法です。その特徴は、1年次では教養教育の比重が大きく、学年が上がるにつれて専門教育の割合が増えていくという点にあります。これは、幅広い知識と深い専門性を両立させるための本学独自のアプローチです。多くの方は、東工大といえば理系の勉強ばかりしているイメージをもたれるかもしれません。しかし、実際には教養教育を非常に重視しています。1946年、本学は旧制大学であったにも関わらず、人文科学や社会科学の科目を必修科目として導入しました。これにより、理工系の専門知識だけでなく、幅広い教養を身につけた人材の育成をめざしてきたのです。

くさび形教育の導入以来、東工大では一貫して専門性と教養のバランスを重視してきました。この長い歴史が、現在の教育方針にも大きな影響を与えています。私たちは、高度な専門知識やスキルをもちながらも、幅広い視野で社会の課題に取り組める人材の育成を目指し、２０１６年度の教育改革では、修士課程、博士後期課程にも文系教養科目の履修を必修化しています。専門力が身につくにつれて、より高い見識で科学技術と結びつけて文系教養を捉えることができるようになります。そうした視点を培うために、学士課程にとどまらず、修士課程、博士後期課程までに発展した、くさび型教育に進化させたわけです（図表-10）。

さらに、東工大では「学生の目的に応じた多様な教育プログラム」を提供しています。学生一人ひとりの興味や目標は異なります。そのため、個々の学生に合わせた教育プログラムを提供することで、それぞれの可能性を最大限に引き出すことを目指しています。学士課程では、まず、東京医科歯科大学、一橋大学、東京外国語大学との４大学連合による複合領域コースを設置し、医歯学、経済、外国語などもより深く学ぶことができる８つの教育プログラム（海外協力コース、総合生命科学コース、生活空間研究コース、科学技術と知的財産コース、技術と経営コース、文理総合コース、国際テクニカルライティングコース、医用工学コース）を設けています。

また、語学力だけでなく国際性を身に付ける教育プログラムとしてグローバル理工人プログラムを提供しています。

グローバル化が進む現代社会において、世界を舞台に活躍できる人材を輩出することは大学の重要な使命の一つです。国際交流プログラムの充実、海外の大学や研究機関との連携強化などにも力を入れています。

こうした多くの教育プログラムは、異なる専門分野を学ぶことが主な目的となっていますが、研究そのものに対して新たな教育スキームも提供しています。学生によっては入学当初から将来活躍したい研究分野をもっていて、早い段階で研究活動をしたいと考えている者もいます。そうした学生の要望を実現するために、学士課程2年生後期から研究室に所属して研究を開始することができる制度としてB2Dスキームを構築しました。通常は4年生にならないと研究室に配属にならないところを、大幅に前倒しにしているのです。

■図表-10 くさび型教育の進化

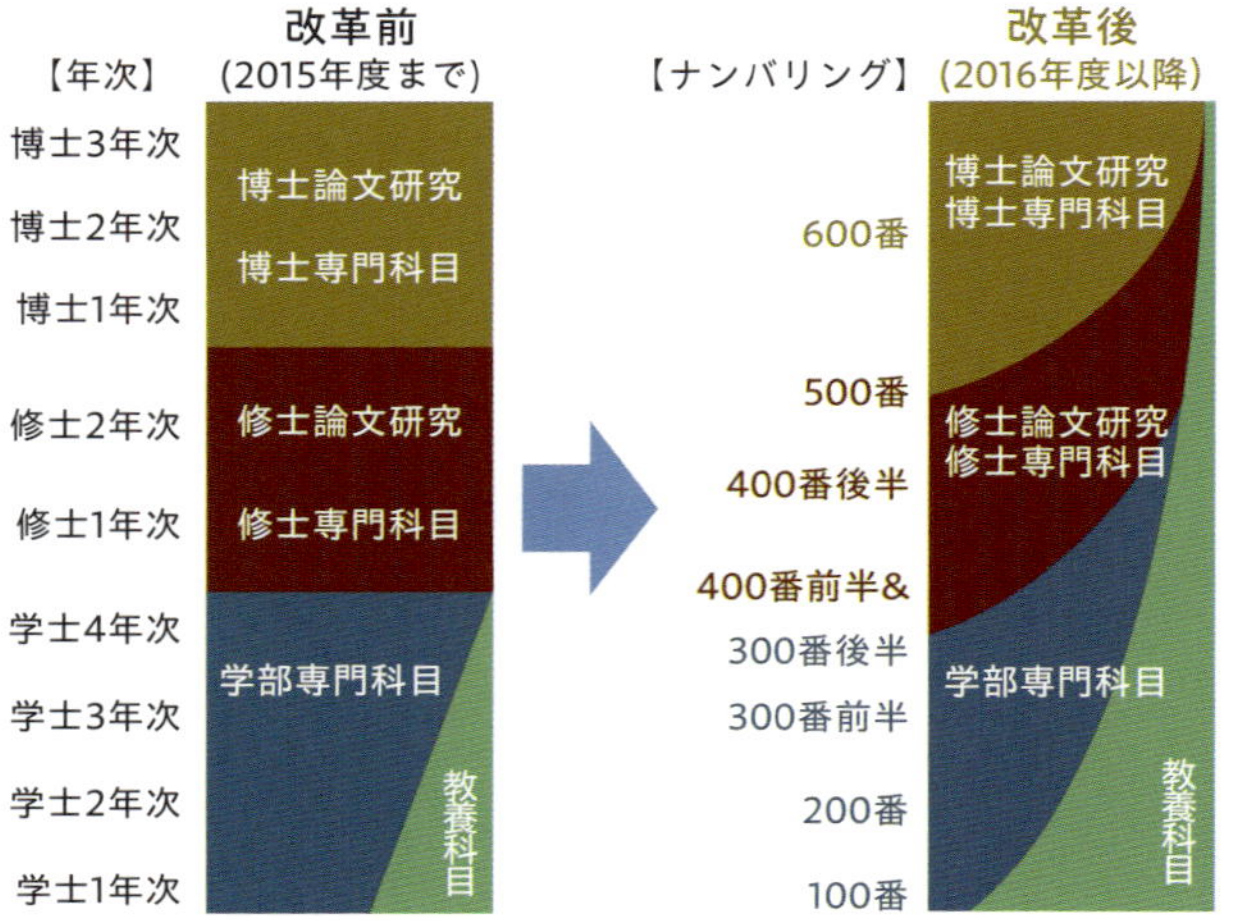

一方、大学院課程では、異なる分野を跨いで専門性を身に付けるための特別専門学修プログラムや、本格的に副専門として学修する副専門学修プログラムを用意しています。博士一貫教育として、物質・情報卓越教育院、超スマート社会卓越教育院、エネルギー情報卓越教育院の３つの専門教育プログラム、少数精鋭でリーダーシップ・エクセレンス教育を提供するリーダーシップ教育院の１つの教育プログラムがあります。

これらのいくつかについては後ほど詳述します。

このように、東工大は、単に専門知識やスキルを教えるだけでなく、これまでにない新たな未来を拓くリーダーとなる人材を育成することを目指しています。高度な専門性と幅広い視野、そして社会をリードする力を併せもつ人材こそが、これからの社会で真に活躍できると考えているのです。私たちは、この理念に基づいた教育を通じて、世界を舞台に活躍できる人材を輩出し続けていきます。

学士課程から博士後期課程までの連続したカリキュラムが実現する選択と挑戦

学部と大学院が一体となって教育を行う学院制の創設と一貫教育の実施

東京工業大学の教育改革の検討は、２０１２年に当時の三島良直学長のもとで始まり、２０１６年度から改革が実施されました。私が学長に就任した２０１８年度は、その改革の真っただ中でした。教育改革は学年進行で進められるため、私の就任時には３年生がちょうど新しい教育システムで学び始めた時期でした。

この教育改革の背景には、２０００年以降の企業の体質変化や、それに伴う求められる人材像の変化がありました。企業では、以前は比較的大らかな採用が行われていましたが、次第に柔軟な思考やコミュニケーション力、協調性などが重視されるようになりました。

このような時代の要請に応えるため、それまでは学部ごとの教育が主流でしたが、全学的に教育体制を見直し、学生が主体的に学ぶための多様性と新しい社会を切り拓く分野に対応できる柔軟性を具備し，かつ国際的に通用する教育を実現することが求められるようになりました。

２０１３年９月に三島学長は教育改革の三本柱を発表しました。それは、「世界のトップスクールとしての教育システム」の構築、「学び」の刷新、「大胆な国際化」の推進です。これらの方針のもとで、２０１６年に、70年前に和田小六学長が行った教育改革に匹敵する教育改革を実施することになるわけです。和田学長の時代に文系教養教育の重要性が認識されて以来、大小様々な改革がありましたが、２０１６年の改革は東工大の歴史における大きなマイルストーンとなりました。

改革の中心となったのが「学院制」です。２０１６年４月、東工大は日本の大学で初めて学部と大学院を統一し、「学院」を創設しました。さらに、従来の３学部23学科、６研究科45専攻という細分化された組織を、６学院19系に大括り化しました。この変更には重要な意図があります。

多くの学生は、入学時点で具体的な専門分野を決めきれていません。大括り化することで、学生たちはより広い視野で学びをスタートし、徐々に自分の専門を絞り込んでいくことができます。さらに、学部から大学院までの一貫したカリキュラムを提供することで、学生は６年間あるいは９年間の教育の全体像を把握できるようになりました。

これは非常に画期的な取り組みです。従来の細分化された学科制度では、学生は早い段階で専門を決めなければならず、また大学院は学部とは独立にカリキュラムが設計されていたため、学部と大学院のカリキュラムの連続性も見えにくいものでした。本学の学士課程には約１１００人の学生が在籍していますが、そのうちの90％程度が本学の修士課程に進学します。これは、実質的に６年間の一貫教育を行っているようなものです。そのため、学部から大学院のカリキュラムの連続性を明確にすることは大変重要でした。新しいシステムでは、学生たちはより柔軟に、そして学部から大学院までの見通しをもって自分の学びの道筋を設計できるようになりました。

例えば、ある程度数学が得意だからという理由だけで特定の学科を選んでしまうようなケースが減り、より広い視野で自分の適性や興味を探り、徐々に自身の専門分野を絞っていくことができるようになりました。これは、他の多くの大学にはない東工大独自の仕組みといえるでしょう。

確かに、東京大学などでも類似のシステムがありますが、東工大のように学部から大学院まで一貫した視点で設計された教育システムは珍しいと思います。以前の東工大でも1年次は「類」という大きな枠組みで学んでいましたが、その後の専門分化が細か過ぎるという問題がありました。

この一貫教育のカリキュラムには、いくつかの特徴があります。学生の成長段階に応じた段階的な学習を可能にし、学生たちがより柔軟に、そして自覚的に自分の専門を選択し、学士課程での基礎的な学習から大学院課程でのより専門的な研究へとスムーズに移行できるようになっています。また、早い段階から研究に触れる機会を設けることで、学生の研究マインドを育成し、より高度な専門性を身につけることができます。これは、急速に変化する社会のニーズに柔軟に対応できる、専門性を兼ね備えた人材を育成するという私たちの目標に沿ったものです。

また、本学の大学院教育の特徴として、2022年の最新データによると、大学院課程の学生数は学士課程より約900人多くなっています。これは日本の大学の中でも非常に珍しい特徴で、恐らく全国でも３大学程度しかない特殊な構成です。外部からの学生受け入れも重要です。修士課程の各学年の在学者数は約２０００人で、そのうちおよそ半数が他大学や海外からの学生です。留学生の比率は20％程度で、４００人程度の留学生を受け入れています。これにより、多様な背景をもつ学生が交流し、新しい視点や発想が生まれる環境を創出しています。

この教育システムに対する学外からの評価については、客観的な指標で測ることは難しいですが、２０１６年の教育改革以降、多くの大学から本学の教育システム、特にリベラルアーツ教育に関心が寄せられ、説明や視察の依頼が増えています。他大学との大きな相違点として、本学では全学体制で一貫した教育を実施しており、これが大きな強みとなっています。これは、本学の教育システムが注目を集めている証左といえるでしょう。

このように、この教育改革は、東工大が世界トップレベルの理工系総合大学としての地位を確立し、グローバルに活躍できる人材を育成するための重要な一歩となりました。

しかしながら、学士課程から博士後期課程まで進学する学生の割合は相対的に低く、７〜８％程度です。今後の課題として、この教育システムをさらに発展させ、より多くの学生が博士後期課程まで進学するような環境づくりが挙げられます。ただし、高校を卒業して、東京工業大学に入学し、修士課程、博士後期課程まで同じ東工大で学ぶのがベストであるかについては、東工大だけではなく日本全体の議論が必要です。米国の大学では学士課程と大学院課程は異なる大学で学ぶケースが日本よりはるかに多いのが実情です。日本は大学に限らず、産業界においても人の流動が少ないという課題があります。多様性の中には一人一人のキャリアの多様性もあって良いはずです。大学や大学院での学びの中でのキャリアの多様性は日本全体で議論しなければならない課題です。

また、産業界との連携を強化し、高度な専門性をもつ人材の需要を喚起することも重要です。同時に、グローバル化が加速する社会に対応するため、留学生の受け入れや国際交流プログラムのさらなる充実も必要でしょう。

東工大は、この独自の一貫教育システムを通じて、次世代の科学技術を牽引する人材の育成に努めています。高度な専門性と幅広い教養を併せもつ人材こそが、複雑化する現代社会の課題に対応できると確信しています。我々は、この理念に基づいた教育を通じて、世界を舞台に活躍できる人材を輩出し続けていきます。

柔軟性と専門性の両立、東工大独自の教育システム

このように学士課程から博士後期課程までの一貫教育を実施していますが、その仕組みは非常にユニークで柔軟性に富んでいます。この教育システムの詳細を説明しましょう（図表-11）。

1年生は「学院」に所属します。東工大には6つの学院があり、学生はこの大きな枠組みの中で学びをスタートさせます。2年生になると、「系」という、より専門的な単位に所属します。全部

で17の系があり、学生はこの中から自分の興味や適性に合わせて一つを選びます。

例えば、理学院に所属した１年生は、２年生になると数学系、物理学系、化学系、地球惑星科学系の４つの系から一つを選ぶことになります。工学院の場合は５つの系があり、その中から選択します。この「系」は、従来の学科に相当するものですが、より広い視野での学びを可能にする仕組みになっています。ただし、１年生での学びで将来の目的が変わる場合などを考慮して、学院間を跨いで系を選択することも枠に制限はありますが、可能にしています。

ここで注目すべき点は、「系」と「コース」の区別です。「系」は学士課程から大学院課程までのすべての学生が所属する組織単位であり、学士課程ではさらに教育プログラムも表しますので所属名と教育プログラム名が一致します。一方、「コース」は大学院課程の教育プログラムを指します。大学院課程では、学生は特定の系に所属しながら、様々なコース（教育プログラム）の一つを履修することになります。

例えば、工学院のシステム制御系に所属する大学院の学生は、システム制御コース、エンジニアリングデザインコース、人間医療科学技術コース、物質情報卓越コースから一つのコースを選んで履修します。このため、学生が所属する系名と、履修するコース名が必ずしも一致しない仕組みになっているのです。

この方式の大きな利点は、急速に変化する現代社会のニーズに対応した学際的な学びも促進できる「複合系コース」を用意していることです。例えば、２０２４年度に設置した複合系コース「エネルギー情報コース」は、理学院、工学院、物質理工学院、情報理工学院など複数の学院に跨るもので、近年注目されている学際的な研究領域の教育プログラムです。こうした複合系コースにより、時代に即して必要とされる研究領域の教育プログラムを柔軟にかつ迅速に提供できるわけです。

多くの大学では、学生がコースに所属すると、そのコースの専門性に縛られがちです。しかし、東工大のシステムでは、学生は特定の系に所属し、自分の専門性を軸としながらも、関連する他分野の知識や技能を横断的に学ぶことで、幅広い視野と時代に即した複雑な課題への解決能力や創造的思考力を持つ人材の育成につながります。

この学院制の仕組みには、教育の質を保ちながら柔軟な学びを提供するという利点だけでなく、大学運営面でのメリットもあります。例えば、学生定員の管理では学院ごとに大括りにすることにより、管理の柔軟性をもたせることができるのです。

さらに、このシステムは学生の主体性を重視しています。学士課程から大学院課程まで見通し良く一貫したカリキュラムを示すことで、学生たちは自分の興味や将来のキャリアプランに基づいて、最適な学びの道筋を自ら設計することができます。これは、生涯学習の基礎となる自己主導型学習能力の育成にも繋がります。

なお、大学院において「系」と「コース」があることは、歴史的には1975年に総合理工学研究科を創設したことに端を発します。キャンパスも大岡山だけではなくすずかけ台にも拡張した時期です。新たな大学院を創るときに専門性、すなわちDisciplineは大事だけれども、学際性interdisciplinaryを重要視した大学院として設置しました。この学際性を重要視した発想は重要でしたが、その後、生命理工学研究科（１９９２）、情報理工学研究科（１９９４）、社会理工学研究科（１９９６）、イノベーションマネジメント研究科（２００５）が順次創設されたことなどにより、大学院が複雑になりすぎたことが、２０１６年の教育改革による組織再編につながったわけです。

東工大のこの独自の教育システムは、専門性と学際性、深さと広さのバランスを取りながら、今後も社会のニーズや学問の発展に応じて柔軟に進化していきます。

教育改革での主な変更点

東京工業大学の教育改革は、上述した学院制の導入だけでなく、従来の教育システムを大きく変革し、より柔軟で効果的な学びの環境を創出しました。学院制の導入以外で、この改革で変わった主要な点についてまとめます。

第一に、クォーター制を導入しました。これにより、より集中的かつ効率的な学習が可能になりました。また、３年次の第２クォーターには必修科目を配置しないことで、この期間および夏休み

＜赤実線枠が新設するコース、赤破線枠が廃止するコース＞

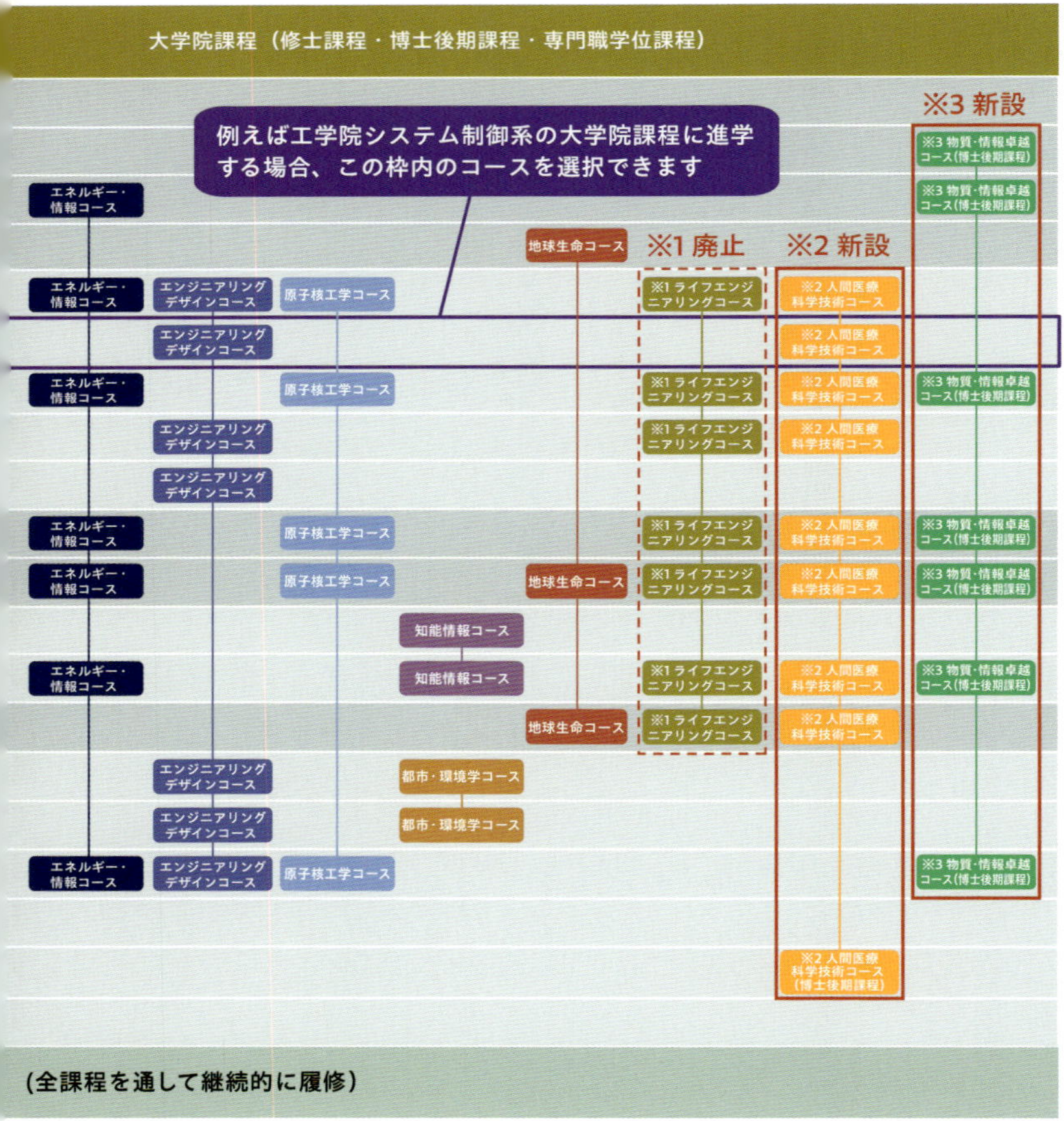

科学技術コース」(修士課程・博士後期課程のコース。ただし、イノベーション科学
の統合により、理工学系分野のみならず医歯学系分野を学修できるようになります。
ース）します。

■図表-11 学院、系及びコース等の関係

		学士課程（1年目）	学士課程（2～4年目）	
理学院	● 数学系	理学院	数学系	数学コース
	● 物理学系		物理学系	物理学コース
	● 化学系		化学系	化学コース
	● 地球惑星科学系		地球惑星科学系	地球惑星科学コース
工学院	● 機械系	工学院	機械系	機械コース
	● システム制御系		システム制御系	システム制御コース
	● 電気電子系		電気電子系	電気電子コース
	● 情報通信系		情報通信系	情報通信コース
	● 経営工学系		経営工学系	経営工学コース
物質理工学院	● 材料系	物質理工学院	材料系	材料コース
	● 応用化学系		応用化学系	応用化学コース
情報理工学院	● 数理・計算科学系	情報理工学院	数理・計算科学系	数理・計算科学コース
	● 情報工学系		情報工学系	情報工学コース
生命理工学院	● 生命理工学系	生命理工学院	生命理工学系	生命理工学コース
環境・社会理工学院	● 建築学系	環境・社会理工学院	建築学系	建築学コース
	● 土木・環境工学系		土木・環境工学系	土木工学コース
	● 融合理工学系		融合理工学系	地球環境共創コース
	● 社会・人間科学系			社会・人間科学コース
	● イノベーション科学系			イノベーション科学コース科学（博士後期課程）
	● 技術経営専門職学位課程			技術経営専門職学位課程
リベラルアーツ研究教育院				教養系科目

※１※２　2025年4月に「ライフエンジニアリングコースJを廃止し、「人間医療
　　　　系は、博士後期課程のみのコース）を設置します。東京医科歯科大学と
※３　　2025年4月に「物質・情報卓越コース」を設置（博士後期課程のみのコ

を利用した留学やインターンシップなどに容易に参加できるようにしました。

第二に、達成度評価システムを導入しました。具体的には、授業科目にナンバリングを行い、100番台から600番台までの体系を作りました。これにより、学生は自分の学修の進捗状況を明確に把握できるようになりました。また、「何をどれだけ学んだか」を評価する仕組みを導入し、学修成果の可視化を図りました。

第三に、初年次教育を充実しました。特筆すべきは、理工系人材として最低限必要な学びとして、数学、物理、化学に加えて、新たに生命科学を必修科目として導入したことです。これは、生命科学の重要性が増していることを踏まえた決断です。これら4科目を必修とすることで、理系の幅広い基礎知識をもつ理工系人材の育成を目指しています。また、科学技術への興味・向上心を喚起するための授業科目「科学技術の最前線」も用意しました。さらに多様な学生と学ぶ機会を増やすために、所属する学院に関係なく12―14名ごとの小グループを構成（ユニット制）し、ユニットごとに初年次科目を履修することで多様な視点や考え方に触れる機会を提供しています。このユニット制では、文系・理工系教養科目や「東工大立志プロジェクト」などを受講します。異分野の学生との交流は、幅広い視野の獲得と柔軟な思考力の育成に大きく寄与します。

第四に、くさび型教育のさらなる発展です。すでにくさび形教育については触れていますが、学士課程から博士後期課程までの文系教養カリキュラムを刷新し、修士課程、博士後期課程での本科目の履修を必修化しました。理工系の大学で、博士後期課程まで文系教養科目を必修としているケースは非常に珍しく、本学の教育に対する考え方を象徴しているといえるでしょう。リニューアルされた教養教育は、専門教育をサポートし、社会性・人間性を兼ね備えた、志ある人材の育成を目指しています。

第五に、英語による講義を充実させました。特に大学院では、２０１９年度以降、ほぼすべての専門科目の授業を英語で行うようになりました。学士課程の基礎科目の一部（必修科目）では、外国人教員による英語による授業も可能としました。これらにより、国際的に活躍できる人材の育成を強化しています。

第六に、ほぼすべての学生が修士課程修了までに国際経験ができるように、充実した留学プログラム等を用意しました。ただし、新型コロナウイルスの影響で一旦停滞していましたが、現在は再び力を入れているところです。

以下では、クォーター制、ナンバリングと達成度評価、初年次教育について順次、説明します。刷新した文系教養教育については別途、節を設けてその詳細を紹介します。

クォーター制の導入

これまでの2学期制（セメスター制）から、年間を四つの学期に分けるクォーター制度に変更しました。クォーター制の導入には、いくつかの重要な目的があります。

■図表-12 1年間を4つの期に分ける授業制度

第1クォーター	第2クォーター	夏休み	第3クォーター	第4クォーター	春休み
4月上旬～ 6月上旬	6月中旬～ 8月上旬	8月中旬～ 9月中旬	9月下旬～ 11月下旬	12月上旬～ 2月上旬	2月中旬～ 3月下旬

まず、集中的な学習を可能にすることです。1週間に2回同じ科目の授業を行うことで、学生はより集中して深く学ぶことができます。これにより、短期間で効果的に知識を習得することが可能になります。

次に、学生の自由度を高めることです。3年次の第2クォーターには必修科目を設けないようにしています。第2クォーターと夏休みを組み合わせれば、比較的長期の海外経験が容易に実現できるようになりました。これは、グローバル人材の育成を重視する本学の方針とも合致しています。

さらに、クォーター制は学生の自主的な学びを促進します。1年間ですべての期間を授業で埋めるのではなく、クォーターごとに学修の強弱をつけることで、学生が自分の興味や目標に応じて柔軟に時間を使えるようになりました。これは、2016年の教育改革の三本柱の一つである「学生の自主的な学びの促進」を実現するものです。

クォーター制の導入に伴い、授業時間にも変更を加えました。当初は90分授業（15回の授業で2単位相当）を予定していましたが、クォーター制にすることで試験期間の回数が増え、夏休み等の期間が短くなります。そのため、学生や教員からの意見を反映して、現在は１００分授業（14回の授業で2単位相当）を採用しています。これにより、クォーター制でも1日の授業時間が若干長くなる代わりに十分な授業回数を確保しつつ、夏休みなどの長期休暇も適切に設定でき、学生が自由に使える、まとまった時間を確保することができました。

私たちはいままでに述べた意図をもってクォーター制を導入しました。コロナ禍もあったので評価は固まっていませんが、クォーター制になったから学士課程においての留学が増えたという結果には結びついていないようです。

何をどれだけ学んだかを基本とする学びへ：ナンバリングと達成度評価

教育改革ではカリキュラムの全面刷新を行いましたが、その中でも特筆すべきは「ナンバリング」システムの導入です。改革前は科目のナンバリングはありませんでしたが、改革後は１００番台から６００番台までの体系的なナンバリングを導入しました。学士課程の初年次科目は１００番台、系所属した2年次からの科目は２００〜３００番台、修士課程の科目が４００〜５００番台、博士後期課程の科目が６００番台となっています。

ナンバリングシステムの重要な特徴の一つは、「達成度評価」との連携です。これまでの年次進行を基本にした学びから、何をどれだけ学んだかを基本にした学びへの変更を可能としました。このシステムにより、学士課程の学生でも一定の成績を収めれば、大学院レベルの科目（400番台）を先取り履修することができます。同様に、修士課程の学生も、一定の基準を満たせば博士後期課程の科目（600番台）を履修できます。このように、意欲的な学生がより早くより高度な学習に取り組むことが可能になりました。

また、学士課程の早期卒業制度の促進も本学の特徴の一つです。GPT（グレード・ポイント・トータル）という履修科目のGP（グレード・ポイント）と単位数の積の総和等に基づいた一定の達成度基準に基づいて半年間~1年間の短縮が可能な制度を導入しています。早期卒業が可能な学生数を成績上位5%以内といったように学生定員数の一定の比率で決めるのではないため、他大学と比較して、圧倒的に多くの学生が早期卒業を選択しています。具体的には、教育改革前の早期卒業者は学士課程の学生約1100人のうち、1~2%程度であったのに対して、6~7%（70~80人）が3年もしくは3年半で卒業しています。半年間の短縮の場合が多いですが、やる気がある学生が早期に修士課程に進学できる道を開いています。早期卒業制度の目的は、学生の能力に応じた柔軟な学習進度を可能にすることです。

ただし、早く大学院に進学し、より専門性を深めることは大切ですが、半年の余裕をより活用して欲しいという希望もあります。海外に留学する、あるいは企業に長期のインターンシップに行くといった選択肢があって良いはずです。そのようなキャリアの多様性を学生には認識して欲しいという気持ちもあります。早く卒業や修了するだけが目的化しないようにすることが大学にも求められています。早く修了した方が良い、早く修了した方が優秀であるといったアンコンシャスバイアスを感じざるをえないのが正直な気持ちです。多様な経験こそが、将来を築く能力の礎になるのだということをもっともっと伝えたいと思います。

このような達成度基準に基づく学修進行の特徴は、学生に多くの利点をもたらします。学生は自分の能力と意欲に応じて、より柔軟に学修を進めることができます。高い達成度を示した学生は、早い段階から高度な内容を学ぶことができ、自己の潜在能力を最大限に引き出すことができるわけです。

鉄は熱いうちに打て：科学技術への興味・向上心を喚起

東京工業大学では、「鉄は熱いうちに打て」という格言を教育理念の一つとして取り入れています。この考え方は、特に1年生を対象とした「科学・技術の最前線」という授業科目に顕著に表れています。この授業は、学生たちの科学技術への情熱を早期に喚起し、将来の研究者としての意欲を高めることを目的としています。

「科学・技術の最前線」の授業は、レクチャーシアターと呼ばれる特別な講義室で行われます。この講義室は単なる座学ではなく、実演や実験が可能な設備を備えています。ここでは、ノーベル化学賞を２０００年に受賞された白川英樹教授をはじめ、ノーベル賞級の卓越した業績をもつ理系の先生方をお招きし、学生たちの好奇心を刺激する最先端の研究成果や革新的な技術について講義していただきます。

先生方は単に講義をするだけでなく、可能な限り実演や実験を交えて説明します。これにより、学生たちは科学・技術の魅力を肌で感じ、「自分もこんな研究をしてみたい」「将来はこんな研究者になりたい」という具体的な目標や夢を抱くことができます。

この授業は必修科目ではありませんが、その魅力的な内容から、90％以上の1年生が自主的に受講し、学修意欲が高まりそうかの問いに90％以上の学生が肯定的に回答しています。これは、学生たちの科学・技術への興味と学習意欲の高さを示すものといえるでしょう。

このように、東工大の教育システムは、学生の知的好奇心を刺激し、自主的な学びを促進することを重視しています。「鉄は熱いうちに打て」の精神で、入学直後から最先端の科学・技術に触れる機会を提供し、クォーター制によって柔軟な学習環境を整えています。

これらの取り組みにより、学生たちは早い段階から研究者としての夢を描き、その実現に向けて主体的に学ぶことができます。また、留学や自主研究などの機会も増え、より幅広い経験を積むことが可能になりました。

知識を社会へ繋ぐ―ＬＡ・リベラルアーツ教育研究院の設立

リベラルアーツ研究教育院で未来の人材育成へ

すでに述べましたように、リベラルアーツ教育への取り組みの歴史は、第二次世界大戦直後の１９４６年の和田小六学長の時代にまで遡（さかのぼ）ります。和田小六学長のもとで決定された「東京工業大学刷新要綱」に基づく学制改革により、専門教育を主眼とする大学においても工学部内に人文科学系の組織が設置され、伊藤整、宮城音弥、川喜田二郎、江藤淳といった著名な学者たちが教鞭を執りました。これが東工大における教養教育の始まりであり伝統です。

その後、１９４９年に新制東京工業大学工学部が発足した際には、専門科目と並んで一般教養、外国語、体育、教職科目が設置されました。この科目構成は、１９９１年の大学設置基準の大綱化まで基本的に維持されてきました。

大綱化以降、大きな転換点を迎えます。東工大では１９９５年４月にくさび形教育を発展させるカリキュラム改革が行われ、一般教養や教職科目は全学科目として位置づけられました。その後も少しずつ改革が進められ、２００６年度には文系基礎科目が文系科目となり、２００７年度には総合系に文明科目が追加されるなど、時代のニーズに合わせた変更が加えられてきました。

一方で、1996年にそれまで工学部に所属していた文系の教員たちが、新設された社会理工学研究科に移籍しました。これにより、教員の関心が専門研究にシフトし、学部レベルの教養教育が相対的に弱体化するという課題が生じました。

この状況を改善するため、2011年にリベラルアーツセンターが設立されました。さらに、2012年10月に就任した三島良直学長のもとで、教育改革の検討が本格化します。2013年9月に発表された教育改革の三つの柱の一つとして、教養教育の重視が掲げられました。

2014年4月には、学士課程から博士後期課程まで一貫した教養教育を展開する方針が決定され、当初は「教養教育院」という名称で構想が進められました。その後、文化人類学者の上田紀行教授を中心に具体的な設置準備が進められ、2016年4月に「リベラルアーツ研究教育院」として正式に発足しました。

この組織の設立にあたって、学内の様々な部局から教員が集結しました。留学生センター、外国語研究教育センター、リベラルアーツセンター、社会理工学研究科の各専攻などから教員が集まり、さらに学外からも多数の専門家を採用しました。2017年8月1日時点で、専任教員数は55人でしたが、2024年5月時点での担当教員数は67人です。名称を「教養教育院」から「リベラルアーツ研究教育院」に変更した背景には、「教養」という言葉がもつイメージの問題がありました。「教養」は時として専門教育に比べて軽視されがちですが、東工大ではそのような認識はまったくありません。それでも、世間一般のイメージを払拭し、新しい取り組みであることを明確にするため、「リベラルアーツ」という言葉を採用しました。

「リベラルアーツ」は「自由に考える技」と解釈され、学生が自主的・主体的に考える力を育成することを重視しています。また、「研究」という言葉を付け加えたのは、教育方法自体も常に研究・革新していく必要があるという認識からです。

リベラルアーツ研究教育院が育成をめざす人材像は、「社会性」「人間性」「創造性」を兼ね備えた「志」のある人材です。具体的には、時代の課題を的確に把握し、その中での自らの役割を認識する能力、自己を深く探究する力、そして行動し、挑戦し、実現する力をもつ人材を育てることを目標としています。

そのため、リベラルアーツ研究教育院では、文系教養科目、英語科目、第二外国語科目、ウェルネス科目、日本語・日本文化科目、教職科目など、多様な科目を提供しています。これらの科目は、学士課程から博士後期課程まで一貫して学べるよう設計されており、学生の成長段階に応じた教育を実現しています。

リベラルアーツ研究教育院の教員の約7割は、大学院教育にも参画しています。各学院に置かれるコースを担当し、専門性を活かした教育を実施しています。特に、環境・社会理工学院の社会・人間科学系では、リベラルアーツ研究教育院の教員が主体となって運営しており、理工系の基盤的な教育を受けた学生が大学院で高度な人文社会的教育を受けられるカリキュラムを提供しています。

さらに、単に教育を行うだけでなく、大学全体の施策を考える上での重要なアドバイザー的役割も果たしています。シンクタンク的機能のひとつかもしれません。「研究」という言葉が組織名に含まれているのは、こうした多面的な機能を反映しているのです。「先進的リベラルアーツ教育のデザインおよび方法の研究」や「社会にコミットし、社会へ発信する研究」を推進しており、理工系の知識を社会に繋ぐ役割を果たしています。

余談になりますが、２０１５年８月、６学院、リベラルアーツ研究教育院、科学技術創成研究院体制になる準備会ができるまで、研究一辺倒の私は初代のリベラルアーツ研究教育院長を務めることになる上田紀行教授については名前しか知りませんでした。三島良直学長が意図したのかしなかったのかわかりませんが、会議においては上田紀行教授の隣に座ることが多くありました。私自身、東工大には3年生に編入学したのですが、専門ばかりと思っていた中、所謂文系教養科目を受講しました。同級生の多くも東工大の文系教養って特徴あるし面白いといっていたことは今でも覚えています。

ただ、研究者としてのことばかりに注力していた中、上田紀行教授がリベラルアーツ研究教育の重要性を常に強調していたことは、私にその重要性を再認識させました。今、東工大のリベラルアーツ教育が様々な注目を浴びている背景には彼の熱意とリーダーシップがあったことをお伝えしたいです。

このように、東工大のリベラルアーツ教育は、長い歴史と伝統の上に立ちながら、常に時代の要請に応じて進化を続けています。リベラルアーツ研究教育院の設立は、こうした歴史の延長線上にあり、同時に新たな時代に対応するための重要な一歩となっています。私たちは、この組織を通じて、高度な専門性と幅広い教養を併せもつ、真の意味でのグローバル人材の育成に尽力していきます。

立志からリーダーシップまで、東工大の実践型リベラルアーツ教育

リベラルアーツ研究教育院が提供する教育プログラムの中核となるのが、「教養コア学修科目」です。これは学士課程から博士後期課程まで一貫して設計された科目群で、学生の成長段階に応じた内容を提供しています。

学士課程の教養コア学修科目では、１年生を対象とした「東工大立志プロジェクト」と３年生を対象とした「教養卒論」が必修科目として設定されています。

「東工大立志プロジェクト」は、本学の教養教育の目玉ともいえる科目です。この科目では、週２回の授業が行われ、木曜日にはオンデマンド形式で著名な講師による講義を視聴し、月曜日にはその内容についてグループディスカッションを行います。

特筆すべきは、「ユニット制」で構成される、異なる学院の学生が混在するグループで議論を行うことです。これにより、多様な視点からの意見交換が可能となり、学生たちの視野を広げる効果が期待されています。

この取り組みの効果は、学生の態度や行動の変化にも表れています。例えば、学生が積極的に質問するようになったという報告があります。また、興味深いことに、生協の書籍販売データによると、人文社会系の書籍を購入する学生が大幅に増加しました。当初は75冊程度だった販売数が、現在では１３００冊を超えるまでに急増しています。

一方、３年生を対象とした「教養卒論」は、１年生から3年生までに学んだ教養教育と専門教育の集大成として位置づけられています。学生たちは、５０００字から1万字の論文を作成します。理系の学生にとっては、この文字数はかなりのチャレンジとなりますが、中には1万字を超える力作を書く学生もいます。時には「あなたは本当に理系ですか?」と思わせるような、文系的センスに溢れた論文を提出する学生もいるのです。

しかし、教養卒論の特徴は、単に論文を書くだけではありません。この取り組みには、学生同士の学び合いの要素が組み込まれています。具体的には、４人程度のグループを作り、お互いの論文を読み合い、批評し合います。このピアレビューのプロセスを通じて、学生たちはクリティカルシンキングの能力を磨きます。

さらに興味深いのは、このプロセスを修士課程の学生がファシリテーターとしてサポートするこ

■図表-13 東工大立志プロジェクト

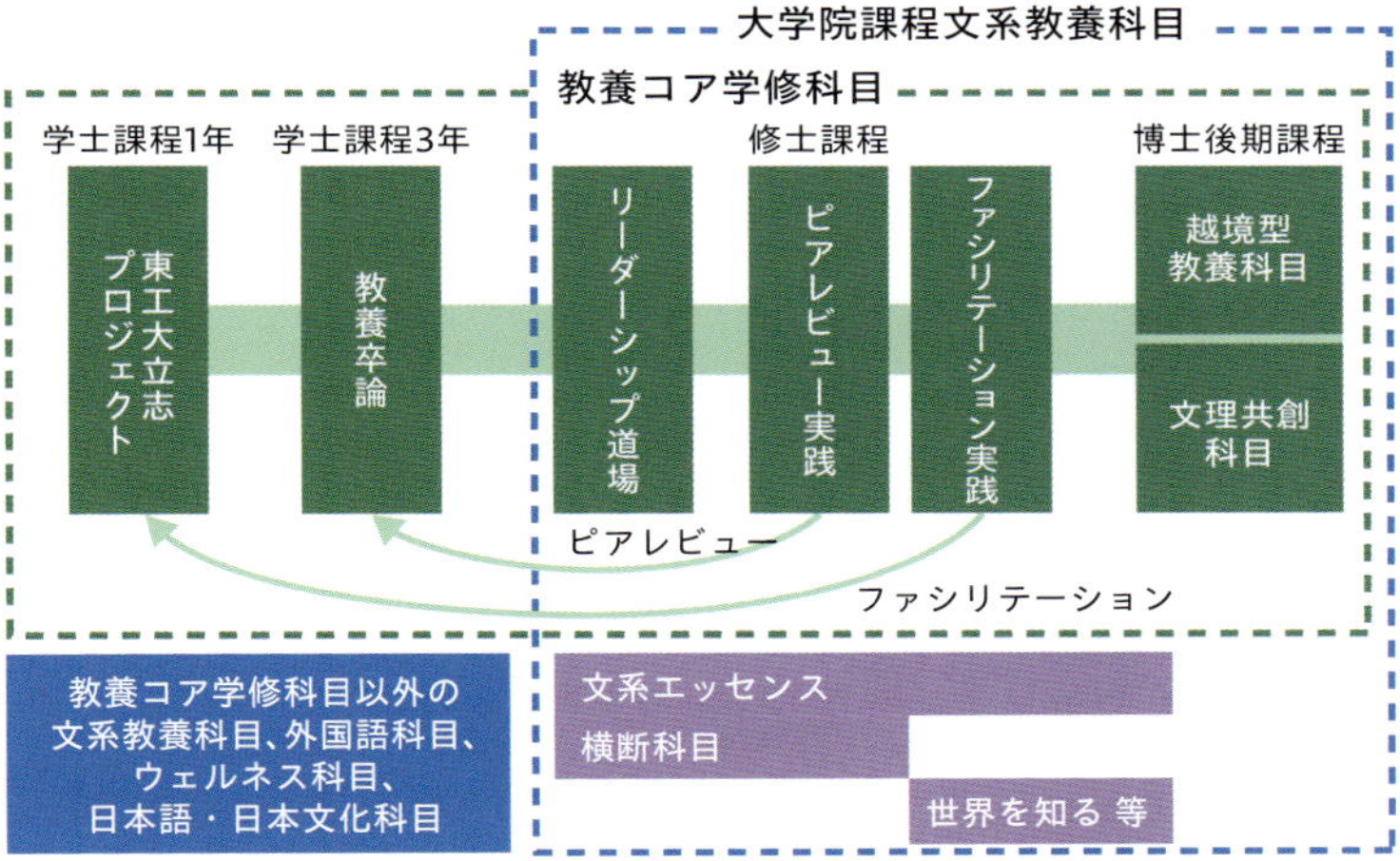

とです。修士課程の学生は、自身も教養卒論の経験者であり、ティーチングアシスタント（TA）として後輩たちの学びをサポートします。これにより、「教え合い、学び合い」の文化が醸成されるのです。

修士課程では、「リーダーシップ道場」「ピアレビュー実践」「ファシリテーション実践」といった科目が選択必修として設けられています。これらの科目は、専門知識だけでなく、社会で必要とされるリーダーシップやコミュニケーション能力の育成をめざしています。

博士後期課程になると、さらに高度な教養教育が提供されます。「越境型教養科目」と「文理共創科目」のうち2単位を取得する必要があります。

特に「越境型教養科目」では、４人チームで活動を行いますが、そのチーム構成にも工夫があります。東工大の博士後期課程には、40％を超える留学生と約20％の社会人学生が在籍しています。そのため、４人チームには必ず留学生が含まれ、多くの場合、社会人学生も加わります。この多様性に富んだチームで、食料問題や社会変動など、ＳＤＧｓに関連するグローバルな課題についてそれぞれの専門知識も活かしながら英語で議論し、発表を行います。

「越境型教養科目」による発表は、異なる専門の学生による議論の集大成です。非常に高い専門力を持った学生が社会課題解決の議論した結果ですので、そのままスタートアップを興せるレベルの発表もあります。専門力を備えた上でのリベラルアーツ教育の重要性を実感しています。

このように、高度な専門性をもつ博士後期課程の学生にも、異分野の研究者とともに学修することで、幅広い視野や柔軟な思考力、そして国際的な場でも通用するコミュニケーション力を身につけてもらうことが目的です。

しかし、博士後期課程での教養教育の実施には当初から課題がありました。「博士後期課程は研究に専念すべき時期」という従来の考え方と、「社会で通用する幅広い視野やスキルをもつことの重要性」という新しい教育理念との間で、意見の相違がありました。しかし、本学では「研究室における蛸壺的な専門教育だけでは不十分」という認識のもと、博士後期課程の学生にも、全学教育として、異分野の学生とのグループワークなどを通じて幅広い視野を養う機会を提供することにしました。

２０１６年の導入以来、博士後期課程の教養教育については、試行錯誤を重ねながら改善を続け、多くの議論を経て、現在のかたちに落ち着ています。

このようにリベラルアーツ研究教育院の教養教育は、単に教養科目を提供するだけではありません。それは学士課程から博士後期課程まで一貫した、そして段階的に発展する教養教育であり、高度な専門性と幅広い教養を併せもつ、真の意味でのグローバル人材を育成するための統合的なアプローチです。学生たちは、自らの専門分野を深く学びながら、同時に異なる分野の知識や考え方に触れ、多様な視点から物事を考える力を養います。

特に、グループワークやディスカッションを重視することで、コミュニケーション能力やチームワーク力の向上とともに、社会の急速な変化に対応できる柔軟な思考力と創造性を育むことも目指しています。

教育改革後の新たなる展開

図表‐14に、これまでの総括として、本学の現在における教育の全体像を示します。くさび型教育を示す柱を境に、左側が専門教育、右側がリベラルアーツ教育などそれ以外の教育を示します。これまで説明してきた各種の教育が組み込まれています。一方、２０１６年の大規模な教育改革以降も、東工大の教育システムは、学生の多様なニーズと社会の要請に応えるべく進化し続けています。ここでは、2020年度以降に導入された特徴的な教育プログラムとして、B2Dスキーム、データサイエンス・AI教育、アントレプレナーシップ教育について紹介します。

2020年度から開始した「B2Dスキーム」(Bachelor to Doctor)は特筆すべきプログラムです(図表-15)。これは、学士課程2年生後学期から博士後期課程まで一貫した研究指導を行うもので、早期から研究者としてのキャリアを見据えた学生を支援します。早い段階から目指したい研究が定まっている学生がいます。そうした学生には、やりたい研究を進めるために標準学修課程ではない特別な学修課程で学ぶことも可能とし、通常4年生で研究室に配属するところを2年生後期に配属し、尖った考えや能力を早い段階から磨くことを積極的に支援します。

2022年に設立されたデータサイエンス・AI全学教育機構では、学士課程から博士後期課程まで一貫したデータサイエンス(DS)とAIの教育プログラムを提供しています(図表-16)。現代社会においてデータサイエンスとAIの重要性が高まる中、東工大としてはこの分野の教育を全学的に推進することが不可欠であると考えました。

本プログラムには、リテラシーレベル(学士課程1年生)、応用基礎レベル(学士課程2年生)、エキスパートレベル及びエキスパートレベルプラス(大学院修士・博士後期課程)の4つのレベルがあります。この取り組みにより、すべての学生がデータサイエンスとAIの基礎を学び、それぞ

■図表-14 学院制による学修一貫教育～大学院出口を見据えた柔軟な選択～

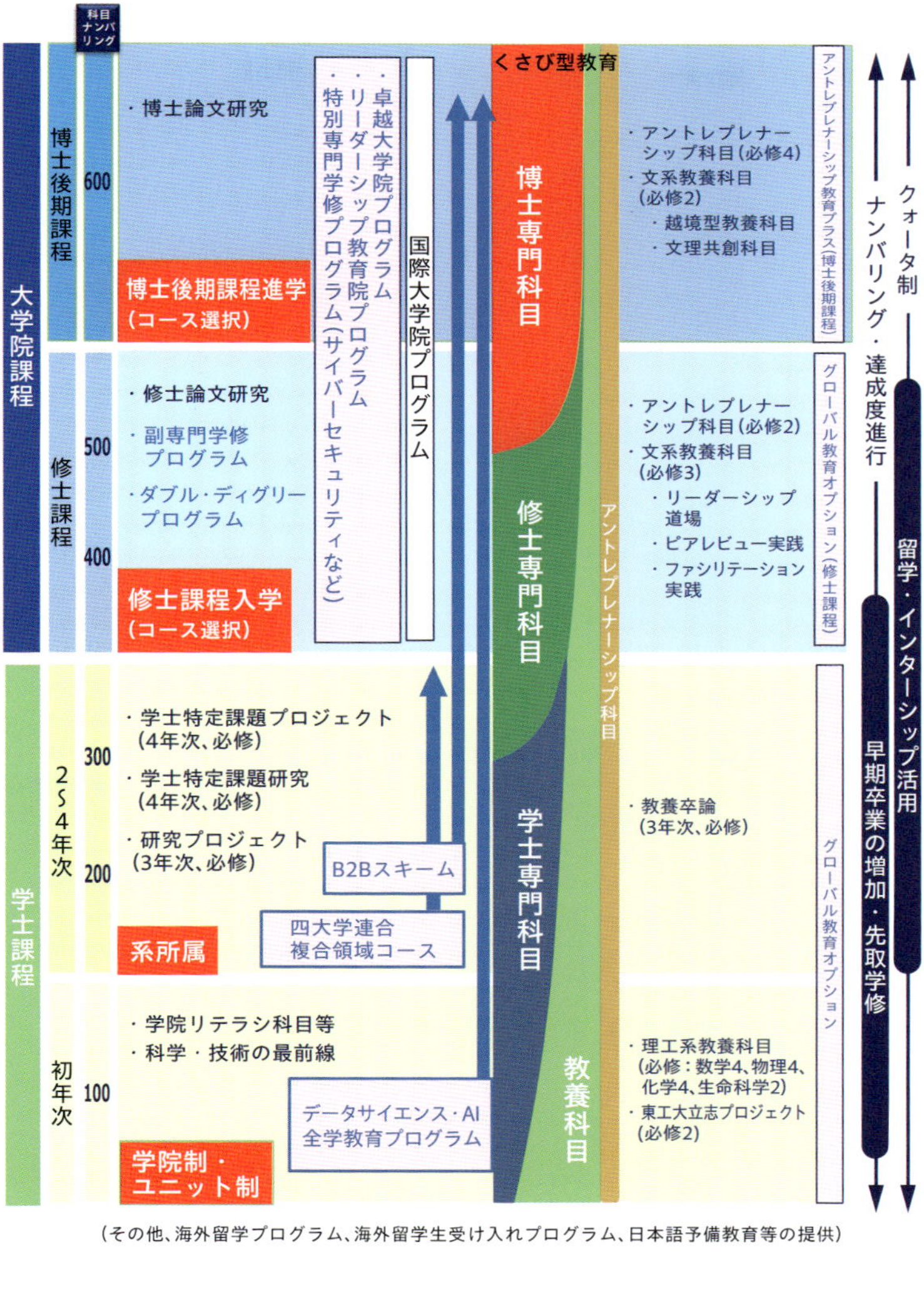

（その他、海外留学プログラム、海外留学生受け入れプログラム、日本語予備教育等の提供）

れの専門分野でこれらの技術を活用できる人材の育成を目指しています。

２０１０年代にその時代の要請に応じて、キャリア教育、グローバル教育、リーダーシップ教育といった様々な教育が独立に実施されてきました。さらに、近年ではＶＵＣＡ時代の国際社会を生き抜くためには、アントレプレナーシップ教育が重要視されています。こうした専門教育、教養教育以外の教育は、ともすれば重複する内容を含み、教育内容が複雑になっています。

そこで、本学では２０２３年度に、これまでキャリア教育を推進してきたイノベーション人材養成機構、グローバル理工人プログラムなどの国際教育を担ってきた国際教育推進機構、そして、リーダーシップ教育院の３組織を統合し

■図表-15 B2Dスキーム

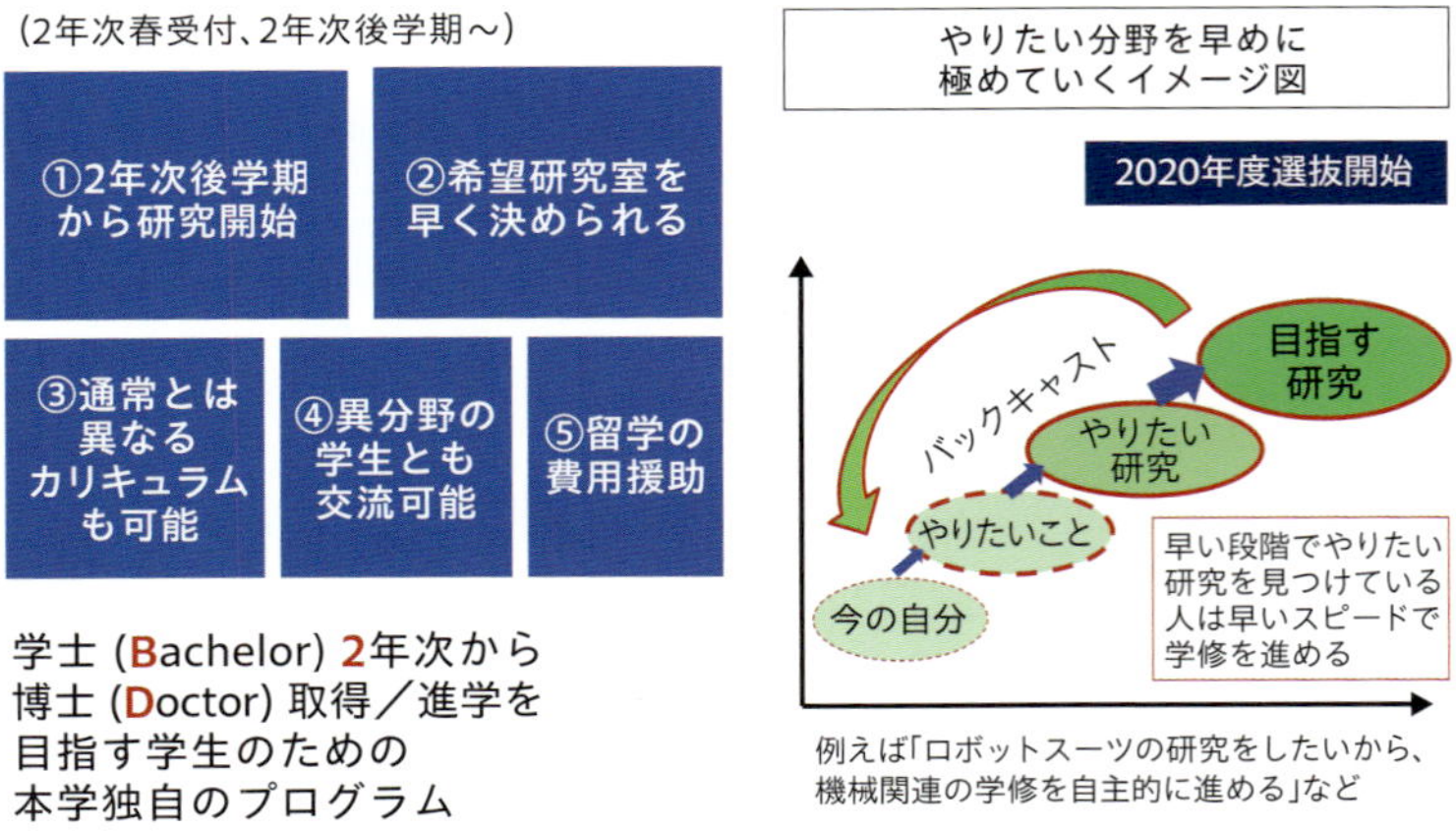
(2年次春受付、2年次後学期～)
①2年次後学期から研究開始
②希望研究室を早く決められる
③通常とは異なるカリキュラムも可能
④異分野の学生とも交流可能
⑤留学の費用援助
学士 (Bachelor) 2年次から博士 (Doctor) 取得／進学を目指す学生のための本学独自のプログラム
やりたい分野を早めに極めていくイメージ図
2020年度選抜開始
目指す研究
バックキャスト
やりたい研究
やりたいこと
今の自分
早い段階でやりたい研究を見つけている人は早いスピードで学修を進める
例えば「ロボットスーツの研究をしたいから、機械関連の学修を自主的に進める」など

登録生数（2024年2月現在）: 2020年度14名, 2021年度15名, 2022年度16名, 2023年度8名

てアントレプレナーシップ教育機構を設置し、２０２４年度には、専門教育、教養教育以外の、こうした学びを一元化し、見通しよく体系化したアントレプレナーシップ教育プログラムとして開始しました。そこでは、単に起業家を育成するだけでなく、すべての学生にアントレプレナーシップのマインドとスキルを身につけてもらうことを目的とし、学士課程から博士後期課程までアントレプレナーシップ科目を提供しています。

アントレプレナーシップというと、一般的にはスタートアップやベンチャー企業の創業を連想しがちですが、私たちが考えるアントレプレナーシップはそれよりも広い概念で、自ら新たな価値を開発・開拓し、それを社会に事業として設定する行動体系（マインドセット・スキル）であると定義しています。例えば、既存の大企業に就職した場合でも、「企業内起業家（イントラプレナー）」として新しい価値を創造する能力が求められます。また、政府機関などの公的セクターで働く場合でも、組織内で新しいアイデアを生み出し、実行に移す能力は非常に重要です。このように、起業に限らず、企業、大学、政府機関、国際機関、ＮＧＯ／ＮＰＯなどの多様な組織で、新しい価値を創造し、社会に定着することができる能力の養成を目指しています。

その際に、高いキャリア意識を持ち、国際性やチームワークやリーダーシップも重視します。現代のビジネス環境では、多様性のあるグローバルなチームで協働することが不可欠です。そのため、留学生や外国人を含む多様なバックグラウンドをもつメンバーと共に、新しい価値を創造する経験を提供しています。同時に、グローバルなコミュニケーションスキルの向上も狙っています。

このように、専門力や教養を社会で活かすためのトランスファラブルスキルとしてアントレプレナーシップを捉え、教育プログラムとして再構築しています。このような取り組みにより、東工大は単に専門知識を教えるだけでなく、変化の激しい現代社会で活躍できる人材の育成をめざしています。学生たちは、高度な専門性を身につけると同時に、データサイエンスやAIの基礎知識、起業家精神、グローバルな視点など幅広いスキルと知識を獲得したり、型に拘らず自身の夢を実現することができます。

また、これらのプログラムは学士課程から博士後期課程まで一貫して提供されているため、学生たちは自身の興味やキャリアパスに応じて、長期的な視点で学習を進めることができます。

最後に、教育の体系図の大学院課程にある「卓越大学院プログラム」や「リーダーシップ教育院プログラム」も、高度な研究能力や国際競争力をもつ博士人材の育成をめざすプログラムで、2018年度から始まった重要な取り組みの一つです。これらについては別項目で紹介します。

なお、大学院レベルでは、「国際大学院プログラム」を提供しています。これは主に留学生向けのプログラムで、すべての授業を英語で行います。ただし、実際には日本人学生の修士課程、博士後期課程の授業もすべて英語で行われているため、国際大学院プログラムは主に留学生の入学窓口としての役割を果たしています。現在、修士課程で20%、博士後期課程では40%を超える留学生がいて、国際共修を推進しています。

■図表-16 データサイエンス・AI教育プログラム

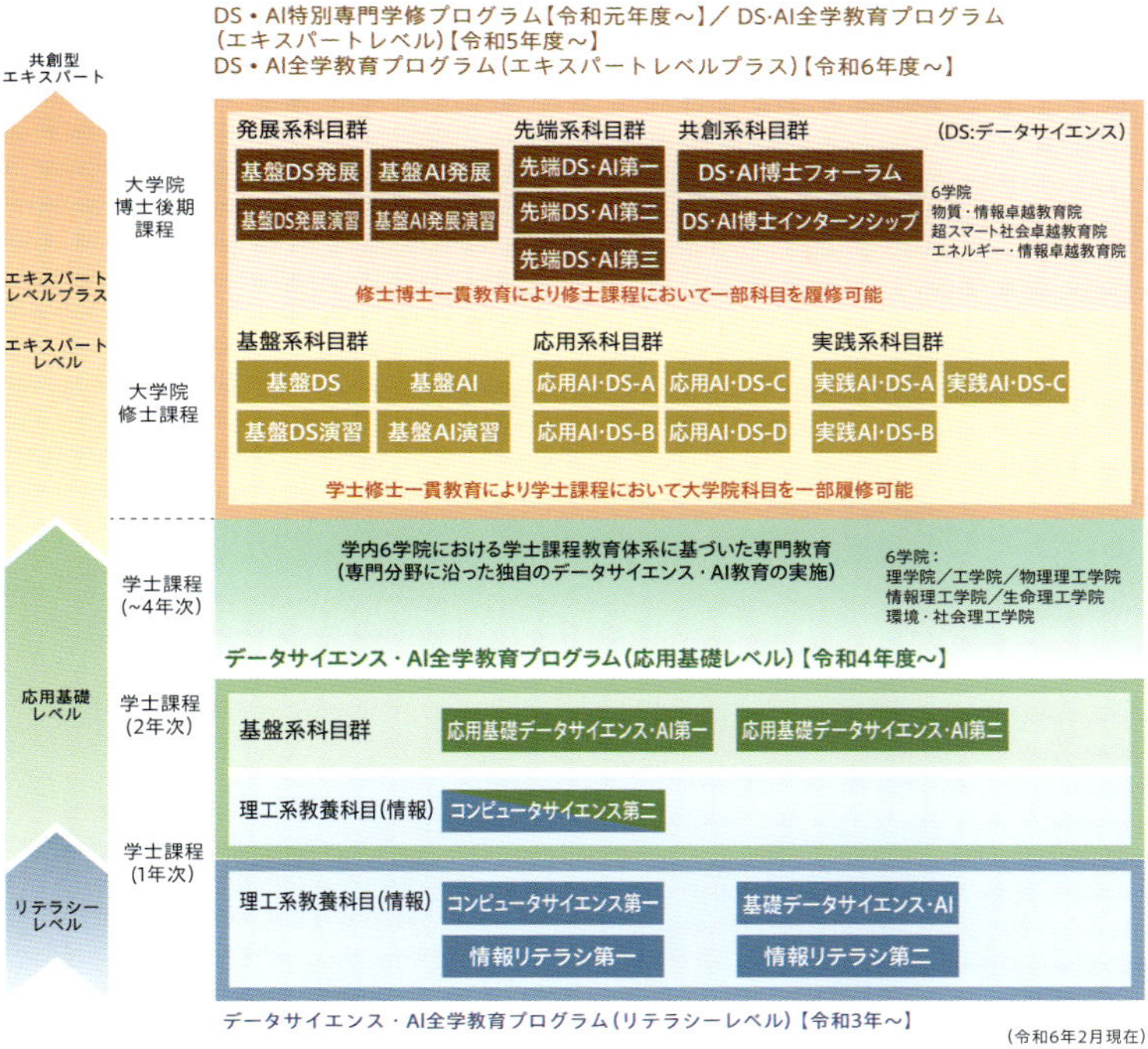
DS・AI特別専門学修プログラム【令和元年度～】／ DS·AI全学教育プログラム（エキスパートレベル）【令和5年度～】
DS・AI全学教育プログラム（エキスパートレベルプラス）【令和6年度～】
共創型エキスパート
エキスパートレベルプラス
エキスパートレベル
応用基礎レベル
リテラシーレベル
大学院博士後期課程
大学院修士課程
学士課程（~4年次）
学士課程（2年次）
学士課程（1年次）
発展系科目群
基盤DS発展
基盤AI発展
基盤DS発展演習
基盤AI発展演習
先端系科目群
先端DS·AI第一
先端DS·AI第二
先端DS·AI第三
共創系科目群
DS·AI博士フォーラム
DS·AI博士インターンシップ
(DS:データサイエンス)
6学院
物質・情報卓越教育院
超スマート社会卓越教育院
エネルギー・情報卓越教育院
修士博士一貫教育により修士課程において一部科目を履修可能
基盤系科目群
基盤DS
基盤AI
基盤DS演習
基盤AI演習
応用系科目群
応用AI·DS-A
応用AI·DS-C
応用AI·DS-B
応用AI·DS-D
実践系科目群
実践AI·DS-A
実践AI·DS-C
実践AI·DS-B
学士修士一貫教育により学士課程において大学院科目を一部履修可能
学内6学院における学士課程教育体系に基づいた専門教育
(専門分野に沿った独自のデータサイエンス・AI教育の実施)
6学院：
理学院／工学院／物理理工学院
情報理工学院／生命理工学院
環境・社会理工学院
データサイエンス・AI全学教育プログラム（応用基礎レベル）【令和4年度～】
基盤系科目群
応用基礎データサイエンス·AI第一
応用基礎データサイエンス·AI第二
理工系教養科目（情報）
コンピュータサイエンス第二
理工系教養科目（情報）
コンピュータサイエンス第一
基礎データサイエンス·AI
情報リテラシ第一
情報リテラシ第二
データサイエンス・AI全学教育プログラム（リテラシーレベル）【令和3年～】

（令和6年2月現在）

DS·AIを
駆使する
駆使できる
理論的な基盤を身につけ、
「共創型エキスパート」人材
DS·AIで
交わる
専門の現界を越えて
多様な人々と交わり、
DS·AIを
教える
未来を担う若者を
教えられるトップ人材

DS & AI
Center of Data Science
and Artificial Intelligence

東工大の博士後期課程人材育成の戦略

学士課程の各学年は約1100名ですが、その90％程度が大学院に進学します。修士課程では、約半数が学外からの進学者で占められ、全体は各学年で約2000名になります。女子学生の割合も20％程度まで上昇します。しかし、修士課程から博士後期課程への進学率は14％にとどまっており、この数字の向上が今後の課題となっています。気になっていることは、学士課程から博士後期課程まで一貫して学ぶ学生の割合が7～8％程度と低いことです。これは10人に1人にも満たない数字であり、修士課程から入学する学外からの学生のほうが、むしろ博士後期課程への進学意欲が高い傾向にあります。

このような状況を改善し、より多くの学生が博士後期課程に進学するために、本学では様々な取り組みを実施してきました。後述するつばめ博士学生奨学金などの経済的支援を強化するとともに、卓越大学院教育プログラム、B2Dスキーム、社会人博士早期修了制度、達成度進行による早期卒業制度などの新設により、そしてなによりも各学院において学生に直接働きかける精力的な活動により、2018年に底を打った博士後期課程の学生数は回復傾向にあります。現在では、収容定員に対する充足率が常に90％を超えるまでに回復しています。本学の教職員による各種の取組みが、学生の研究意欲を刺激し、より多くの学生を博士後期課程へと導いているのです。

■図表-17 博士後期課程の学生数

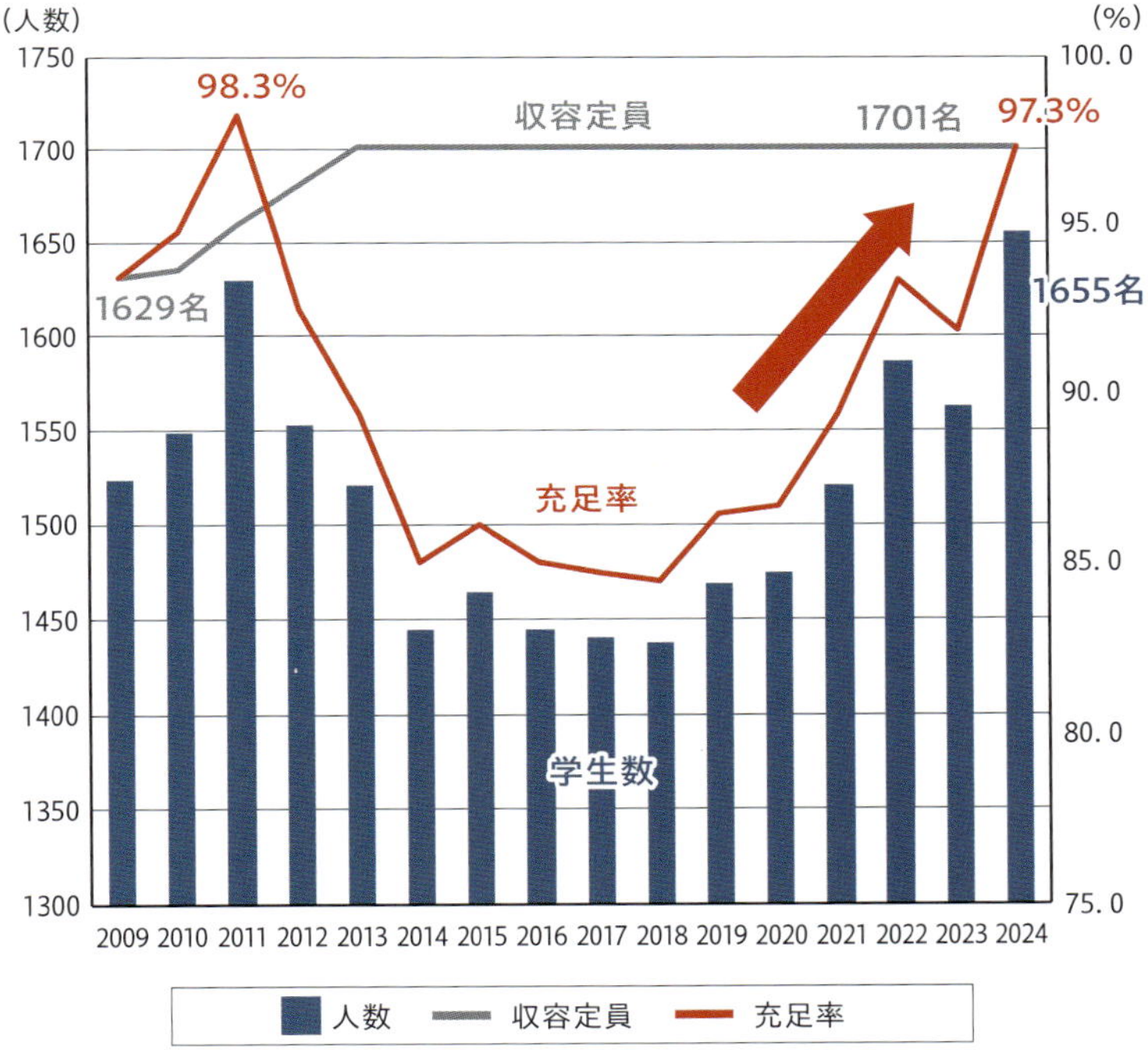

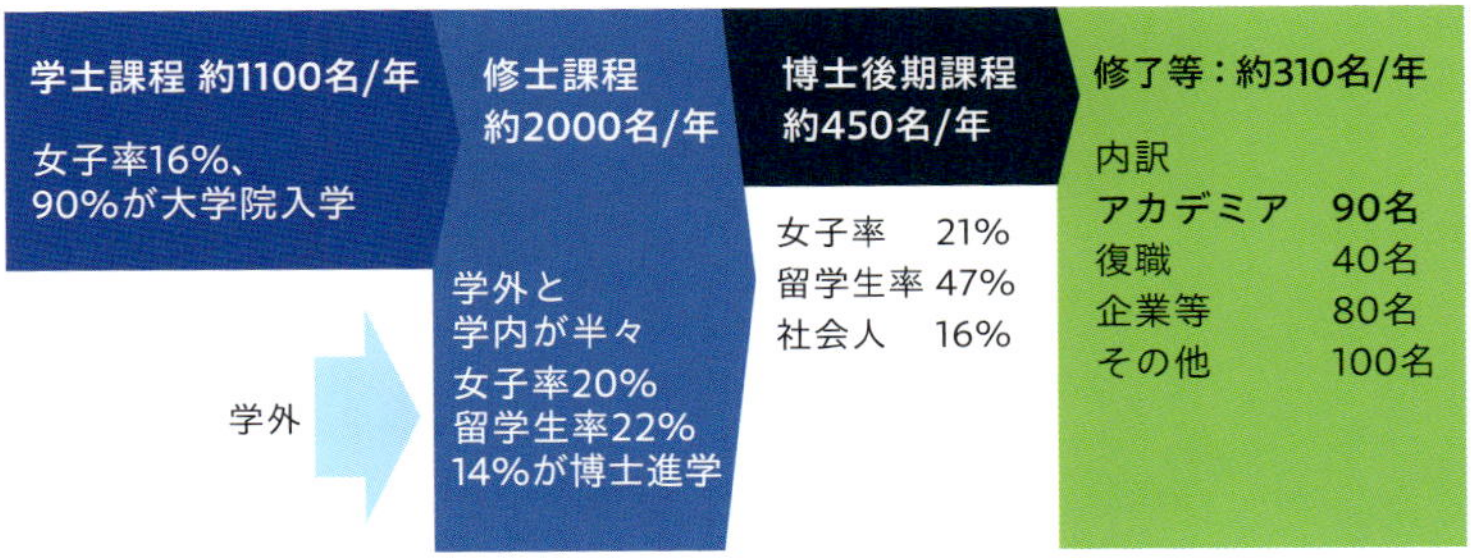

学生・教員の両者に対するサポートを行い、より良い教育の環境を生み出す

経済支援から社会変革へ、東工大の奨学金戦略

東京工業大学では、学生と教員の両者に対するサポートを充実させ、より良い教育環境の創出に努めています。私が学長に就任した2018年度以降、特に学生に対する財政的支援、とりわけ奨学金制度の拡充に力を入れてきました。ここでは、その具体的な取り組みについて紹介します。

まず、2018年度から開始した「大隅良典記念奨学金」は、本学の誇るノーベル賞受賞者である大隅良典栄誉教授からの多額の寄付を原資としています。この奨学金は、学士課程から修士課程までの6年間、年間60万円を支給するという非常に手厚いものです。当初は地方出身の学生を支援する目的で始まりましたが、その後「ファーストジェネレーション枠」を追加しました。これは、親が大学を卒業していない、いわゆる大学進学第一世代の学生を支援するものです。さらに2024年度からは「女子学生枠」も設け、現在は三つの枠で合計30人の学生を支援しています。6年間で360万円という大きな支援は、学生たちの経済的負担を大きく軽減し、学業に専念できる環境

を提供しています。

次に、２０１９年度から始まった「つばめ博士学生奨学金」は、博士後期課程の学生数減少への危機感から生まれました。この奨学金は、年間48万円（実際には63万５４００円）を支給するもので、他の奨学金を受けていない学生が対象となります。約４００人規模で実施されており、大学が年間約２億円という大きな額を投じています。これは、高度な研究人材の育成に対する本学の強い意志を示すものです。

２０２０年度からは科学技術創成研究院と生命理工学院で「リサーチフェロー制度」も開始しました。これは博士後期課程の学生を対象に年間84万円を支給するもので、一部の優秀な学生を対象としています。

さらに、文部科学省も博士後期課程学生の支援に乗り出し、２０２１年度と２０２２年度に大規模な補助金制度を導入しました。本学もこれに応募し、「高度人材育成博士フェローシップ制度」と「殻を破るぞ！越境型理工系博士人材育成プロジェクト」という二つのプログラムを獲得しています。前者は年間１８０万円の奨学金と30万円の研究費を、後者は１８０万円の奨学金と40万円の研究費を提供する非常に手厚い支援制度です。

そして２０２４年度からは、これらの制度を統合した新ＳＰＲＩＮＧ制度が始まりました。この制度では、年間２１６万円の奨学金と30万円の研究費が支給されることになり、博士後期課程学生への支援がさらに強化されました。

博士後期課程学生への経済支援の強化は、日本の研究力向上という国家的課題とも直結しています。高度な研究人材の育成は、科学技術立国を標榜する日本にとって喫緊の課題であり、本学の取り組みはその一翼を担っています。

また、これらの奨学金制度の拡充は、単なる経済的支援以上の意味をもっています。例えば、大隅良典記念奨学金の地方枠は、本学の学生構成の偏りを是正する役割も果たしています。現在、本学の学生の75%が関東圏出身者で占められており、地域における多様性という観点からは課題があります。この地方枠の設置は、地方出身の優秀な学生を引きつけ、大学の多様性を高めることを目指しています。

また、ファーストジェネレーション枠の設置は、社会的流動性の向上や機会の平等という観点から非常に重要です。親の学歴にかかわらず、意欲と能力のある学生に高等教育の機会を提供することは、社会全体の発展にも繋がります。

女子学生枠の新設は、理工系分野における女性の参画を促進するという社会的要請に応えるものです。科学技術分野でのジェンダーバランスの改善は、イノベーションの促進や多様な視点の導入という観点から非常に重要です。

このように、東工大の奨学金制度は、単なる経済的支援にとどまらず、大学の多様性向上、社会的公平性の実現、科学技術分野での人材育成など、多面的な目的をもっています。

施設と支援の両輪で挑む、東工大の教育環境革新

東京工業大学では、学生と教員の両者に対するサポートを充実させ、より良い教育環境の創出に努めています。私が学長に就任した2018年度以降、特に施設面での改善と学生支援体制の強化に力を入れてきました。

まず、施設面での大きな進展として、2021年4月にグランドオープンした「Hisao & Hiroko Taki Plaza」があります。これは、本学卒業生で株式会社ぐるなび取締役会長・創業者の滝久雄氏からの寄付を受け、著名な建築家である隈研吾氏の設計のもと、約4年の歳月をかけて完成しました。この施設は「留学生を巻き込んで学生が主体的につながる場」をコンセプトとしており、学生たちが自ら企画したイベントを開催したり、日常的な交流の場として活用したりしています。4人掛けのテーブルを自由に組み合わせられる設計になっており、学生たちの創造的な使い方を促しています。コロナ禍が明けてからは、常に学生で賑わう人気スポットとなっています。

図書館の整備も進めました。大岡山キャンパスにはすでに立派な図書館がありましたが、すずかけ台キャンパスの図書館は老朽化が進んでいました。そこで、2021年7月にすずかけ台図書館を全面改修し、リニューアルオープンしました。

さらに、2023年10月には新食堂「つばめテラス」がオープンしました。626席（屋内542席、屋外84席）という大規模な施設で、特に女子学生にも配慮した設計となっています。例え

ば、メニューの品数を増やしたり、女子トイレを充実させたりするなど、きめ細かな配慮を行いました。

学生支援体制の面では、２０２０年に学生支援センターを大幅に改組しました。従来の６部門体制から2部門体制（学生相談部門と未来人材育成部門）に再編し、より効率的で連携の取れた支援を可能にしました。

学生相談部門では、学生の悩み相談やバリアフリー支援を行っています。特にバリアフリー支援室の設置は、多様性を重視する本学の姿勢を示すものです。一方、未来人材育成部門では、学習サポートやキャリア支援、就学・国際交流支援などを行っています。

特筆すべき取り組みとして、学士課程新入生ガイダンスがあります。これは新入生全員を対象とした小グループでのガイダンスで、学びの方法や学生生活のアドバイスなどを行います。私自身、このガイダンスの全セッションに出席し、学生たちと直接対話する機会を設けています。約１１００人の新入生を20グループほどに分け、それぞれのグループと対話を行うのは非常に時間のかかる作業ですが、学生たちの声を直接聞き、彼らの期待や不安を理解する貴重な機会だと考えています。

このような取り組みは、他の大学ではあまり例がないかもしれません。しかし、私は学長として学生たちと直接触れ合い、彼らの声を聞くことが非常に重要だと考えています。これにより、大学の運営方針や支援体制をより学生のニーズに合ったものにすることができると信じています。

■図表-18 学生支援センターの仕組み

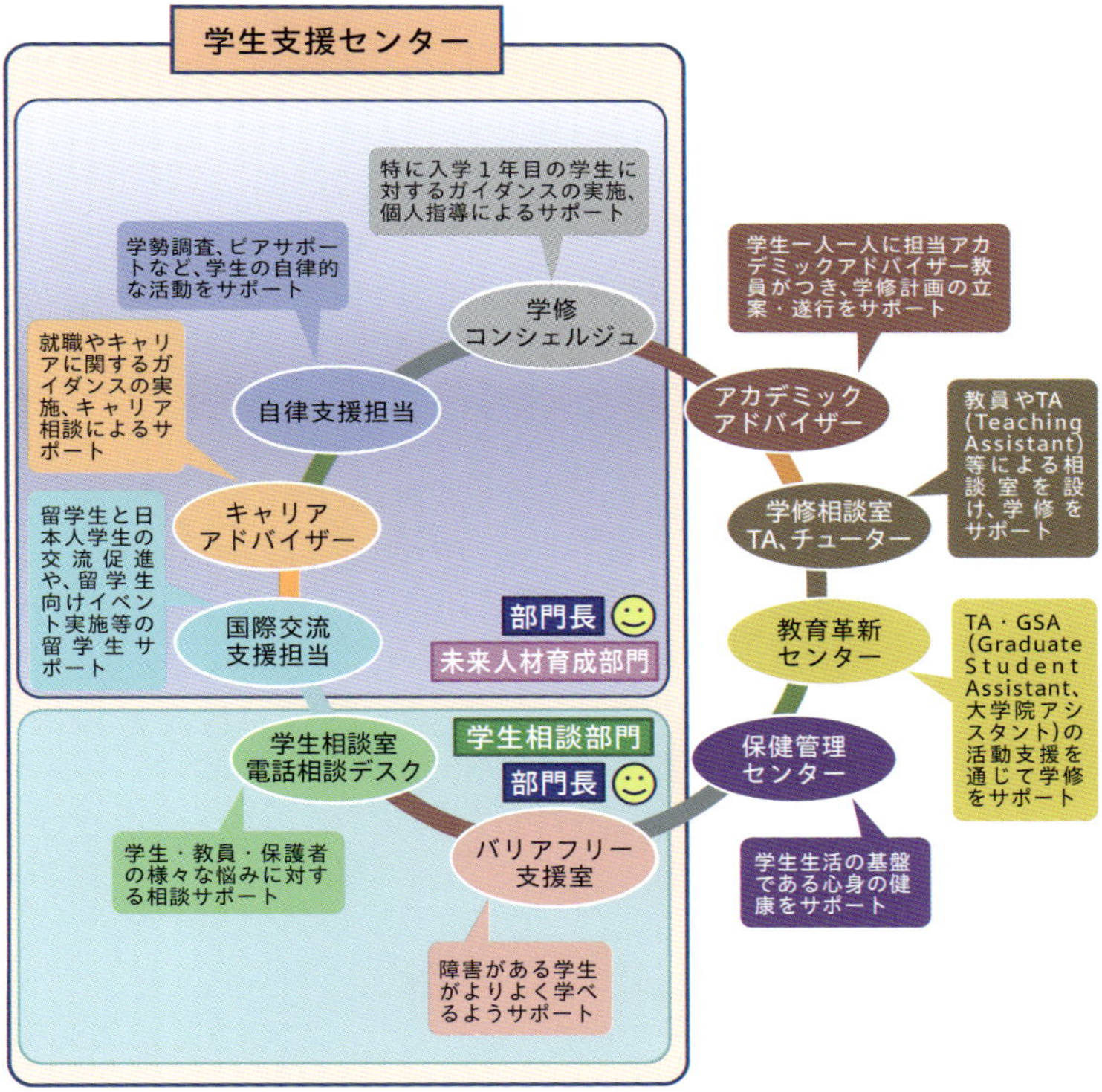

●修学環境の整備…学修ポートフォリオ、TOKYO TECH OCW、T2SCHOLA、MOOC (SPOC)、図書館、アクティブラーニング教室、レクチャーシアターなど、大学として修学環境の整備実施

また、「学修コンシェルジュ相談窓口」の設置も、学生支援の重要な取り組みの一つです。ここでは、学生一人ひとりの学習上の悩みや疑問に対して、きめ細かなアドバイスを提供しています。

これらの施設面での改善と支援体制の強化により、東工大はより良い教育環境の創出を実現しています。学生たちが快適に学び、交流し、成長できる場を提供することで、彼らの潜在能力を最大限に引き出すことが可能になります。同時に、教職員にとっても、これらの施設や支援体制は、より効果的な教育・研究活動を行う上で大きな助けとなっています。

今後も、学生と教職員の声に耳を傾けながら、常に改善を重ね、世界トップレベルの教育・研究環境を整備していく所存です。東工大は、これからも日本の、そして世界の科学技術の発展に貢献できる人材を育成し続けていきます。

卓越大学院プログラムが実現する、より高度な研究人材の育成

東工大卓越大学院、産学連携で育てる次世代イノベーター

東京工業大学では、より高度な研究人材の育成をめざし、「卓越大学院プログラム」を実施して

います。このプログラムは、文部科学省の主導のもとで、産業界との連携を強化した博士教育を行うことを特徴としています。本学では、本学の重点分野に対応して、三つの卓越大学院プログラムを展開しています。

これまでも文部科学省は博士人材育成プログラムとして、２００２年度からの21世紀ＣＯＥプログラム、２００７年からのグローバルＣＯＥプログラム、２０１１年からのリーディング大学院プログラムなどの支援をおこなってきました。博士人材育成に注力している東工大はすべてのプログラムにおいて複数の提案をし成果を挙げてきました。それぞれに博士人材育成に向けて大変重要な施策ではあるのですが、たとえ素晴らしく、かつ成果が挙がっていたとしても同じ形でのプログラムの実施は非常に難しく、大学に対する要求はどんどんと高くなり変化します。また、採択数も減っているのが実情です。

それぞれのプログラムの採択件数ですが、21世紀ＣＯＥは全国で２７４件（国立大２０５件、東工大12件採択）、グローバルＣＯＥは全国で１４０件（国立大１１３件、東工大９件）、リーディング大学院は62件（国立大54件、東工大４件）です。

２０１８年度からの卓越大学院プログラムでは、産業界のコミットが求められ、かつ予算も年次進行とともに減少しました。全国での採択数は30件（国立29件、東工大３件）と非常に厳しいものでした。実施する大学にとっては非常にハードルが高く、東工大も従来のようにボトムアップを主体に提案、応募することは無理だろうということで、丁度私が学長に就任した時期であったことから、大学として分野を定め、戦略的に毎年1件づつ提案することにしました。幸い毎年採択されることになりました。大学として戦略的に提案できたのは、2016年からの三島改革により、大学執行部そして部局間風通しが良くなり、腹をわっての議論ができたことによると思います。

卓越大学院プログラムとして最初に採択されたのは、2018年度の「物質・情報卓越教育院」です。このプログラムは、物質科学と情報科学を融合させた教育を行い、「物質×情報のプロフェッショナル」の育成をめざしています。特筆すべき取り組みとして、「物質情報プラクティススクール」があります。これは、学生が企業に6週間滞在し、教員と共に企業の重要課題に取り組むというものです。企業は通常の共同研究では開示しないようなデータも提供し、学生と共に新しい価値の創造をめざします。このプログラムは中間評価でS評価を獲得するなど、高い評価を得ています。

二つめは、2019年度に採択された「超スマート社会卓越教育院(SSS)」です。このプログラムは、データサイエンスを活用して超スマート社会の実現に貢献する人材の育成をめざしています。スマート農業、スマートモビリティなどの複数の教育研究フィールドを構築するとともに、産業界とのコンソーシアムを形成し、学生と企業間の異分野融合マッチングワークショップ等の機会を設けることで共同研究を開拓するなど、企業と連携した教育を行っています。こちらのプログラムも中間評価でS評価を獲得しています。

三つめは、2020年度に採択された「エネルギー・情報卓越教育院」です。このプログラムは、エネルギー分野と情報分野を融合させた教育を行っています。特徴的なのは、一橋大学の教員も参画し、経営的センスも養成している点です。エネルギーマネジメントなど、より広い視野をもつ人材の育成を目指しています。

これらのプログラムに共通する特徴として、以下の点が挙げられます。

●産業界との密接な連携：各プログラムとも25〜30社程度の企業と連携し、実践的な教育を行っています。

●国際性の重視：海外の大学や研究機関との連携、国際フォーラムの開催、海外メンター制度の導入など、グローバルな視点を養う取り組みを行っています。

●分野融合型の教育：従来の専門分野の枠を超えて、情報科学や経営学など、複数の分野を横断的に学ぶことができます。

●実践的な教育：企業との共同研究や長期インターンシップなど、実際の課題に取り組む機会を多く設けています。

これらのプログラムは、文部科学省からの資金援助が年々減少していく設計になっているため、産業界からの支援を得ながら自立的に運営していく必要があります。そのため、企業にとってもメリットのある Win-Win の関係を構築することが重要です。例えば、企業は優秀な人材の早期発掘や、新しいアイデアの獲得などのメリットを得ることができます。

各プログラムの定員は年間約25人程度と少数精鋭で、志願倍率は2倍を超えるときもあります。これは、博士一貫教育という特性上、早い段階から高い志をもった学生を選抜しているためです。現状では、学士課程からの博士後期課程への進学率は約7％程度にとどまっていますが、これらのプログラムを通じて、より多くの学生が博士後期課程に進学し、高度な研究人材として活躍することを期待しています。

卓越大学院プログラムは、東工大がめざす「科学技術の新たな可能性を掘り起こし、社会に貢献する」という理念を体現するものです。産業界との密接な連携、国際性の重視、分野融合型の教育アプローチにより、次世代の科学技術イノベーションを牽引する人材の育成に取り組んでいます。これらのプログラムを通じて、本学は日本の、そして世界の科学技術の発展に貢献していきたいと考えています。

その他の教育課程

東京工業大学では、より高度な研究人材の育成をめざし、「卓越大学院プログラム」に加えて、「リーダーシップ教育院」という独自のプログラムを実施しています。このリーダーシップ教育院は、文部科学省の「博士課程教育リーディングプログラム」の後継として、２０１８年度にスター

■図表-19 博士課程教育リーディングプログラム

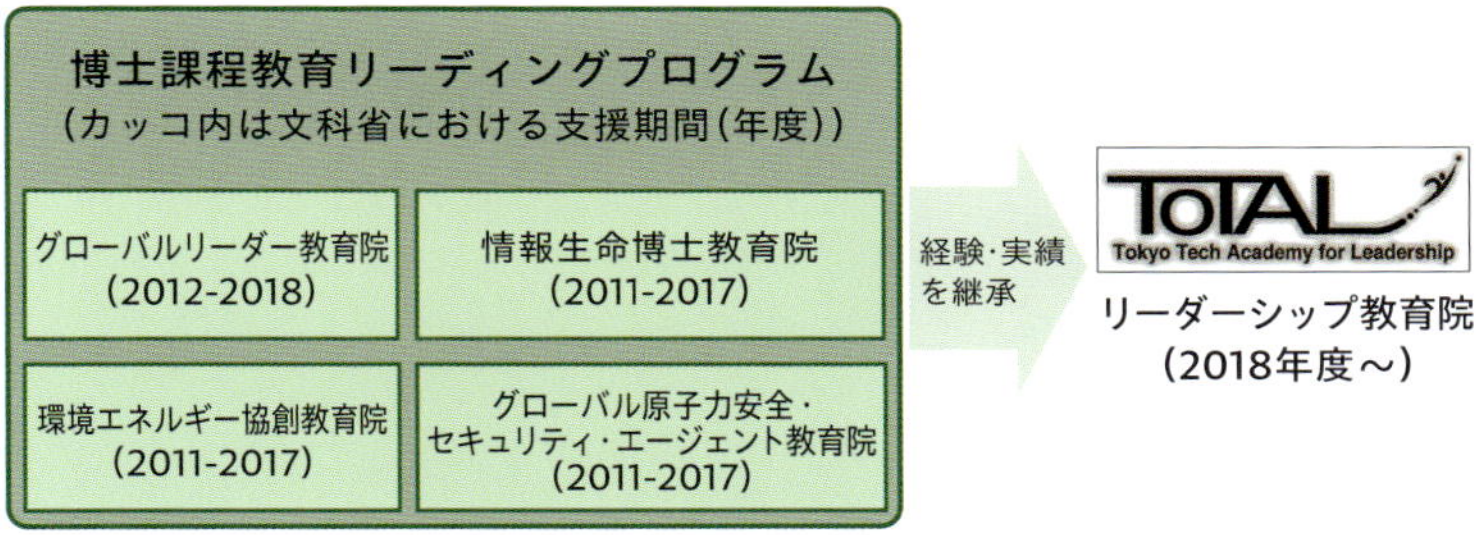

トしました。

リーダーシップ教育院は、過去に実施された４つの教育プログラム（グローバルリーダー教育院、情報生命博士教育院、環境エネルギー協創教育院、グローバル原子力安全・セキュリティ・エージェント教育院）のエッセンスを凝縮し、リーダーシップ教育に特化したかたちで再構築されました。英語名称は「Tokyo Tech Academy for Leadership（TOTAL）」といい、毎年約20人の学生を受け入れています。

このプログラムの特徴は、従来の授業形式とはまったく異なるアプローチにあります。チームワークとグローバルコミュニケーションを重視し、社会課題の認知能力を養成することに力を入れています。カリキュラムには、「リーダーシップ・フォロワーシップ養成、合意形成」科目群が含まれており、３日間程度の集中ワークショップ形式で実施されます。

例えば、「ＥＧＡＫＵ」という科目では、絵を見て感じ取ったことから創造性を鍛えるという、一見すると特殊に思える取り組みも行っています。これは、リーダーとして直感的な判断力を養うことも重要だという考えに基づいています。

また、アントレプレナーシップ教育も重要な要素として組み込まれています。チームで価値を創造するプロセスは、まさにアントレプレナーシップの本質であり、リーダーシップ教育と密接に関連しているのです。

特筆すべきは、スタンフォード大学のDスクール（デザイン思考を学ぶプログラム）の関係者を毎年招聘し、泊まり込みのワークショップを実施していることです。これは学生たちに非常に人気のあるプログラムとなっています。これらの教育プログラムは、私が「スーパー授業」と呼んでいるものです。通常の授業を超えた、より実践的で挑戦的な内容となっているからです。

さらに、「オフキャンパスプロジェクト」として、海外での修業も重視しています。学生たちは世界各地に赴き、3カ月以上滞在し、実践的な経験を積むことができます。

教育改革の自己評価について

三つの柱で評価、東工大が挑む教育改革の真価

東京工業大学では、２０１６年４月に実施した大規模な教育改革の成果を検証するため、２０２３年度に「教育改革の評価報告書」を公表しました。この報告書は、２０１６年度に学士課程に入学した第１期生が２０２２年３月に修士課程を修了したことを踏まえ、学生アンケート調査等の結果に基づいて作成されたものです。

教育改革の評価にあたっては、改革のエッセンスを三つの柱として定義しました。これらは、学生主体の学び（Student-Centered Learning）が達成されているかを評価する指標となっています。

●基盤強化：国際力・教養力など学力基盤を向上させ、知性の自由度を増す改革
●縦の柔軟性：学年別・時間方向の学びの制約を緩和し、学びの自由度を増す改革
●横の柔軟性：分野別・空間方向の学びの制約を緩和し、学びの自由度を増す改革

基盤強化の面では、リベラルアーツ教育、科学技術の最前線に関する授業、英語教育の強化、生命科学の必修化などを実施しました。

縦の柔軟性については、ナンバリング制度の導入による達成度評価、クォーター制の実施、B2Dスキームの導入による早期研究開始などにより、時間的な自由度を高めました。

横の柔軟性に関しては、学院制の導入により幅広い分野から専門を絞り込む仕組みや、複数の学院をまたぐ複合系コースの設置などを行いました。

これらの改革の成果について、学生アンケートを通じて評価を行いました。例えば、授業の理解度や外国語能力の向上について調査しました。授業の理解度は専門分野だけでなく、文系教養科目も向上しています。外国語能力については、学士、修士、博士と段階を経るごとに向上が見られましたが、年度間の向上は見られず、これは今後の課題となっています。

クォーター制については、導入当初は賛否が分かれていましたが、年を追うごとに満足度が増加しています。学生たちは、集中的な学習の利点を理解し、徐々にこのシステムに適応してきたと言えるでしょう。

また、複合系コースも、時代のニーズに合致した教育の実現するために、教育改革以降で3コー

■図表-20 東工大教育改革の評価ポイント

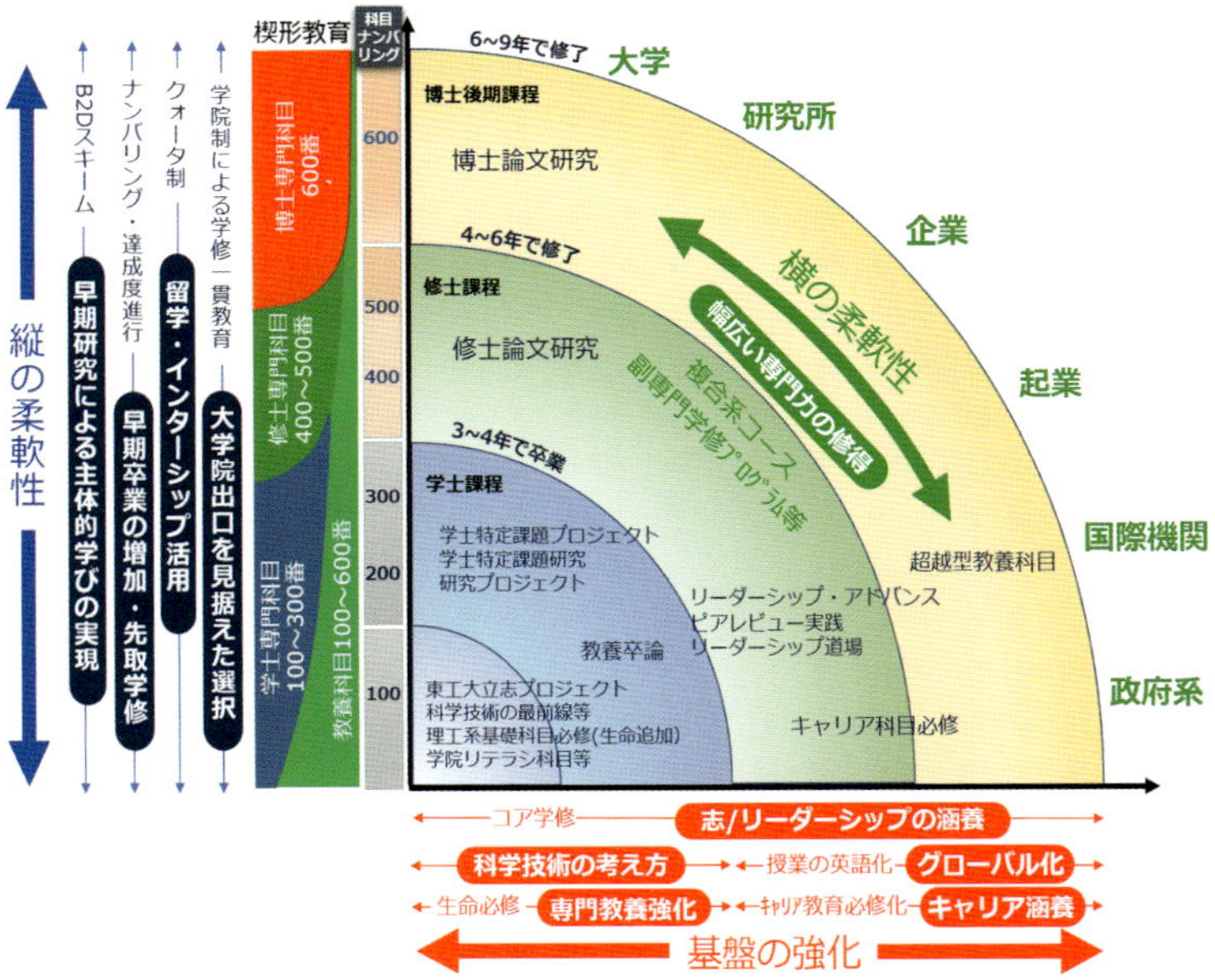

東工大HP　2023年10月公表

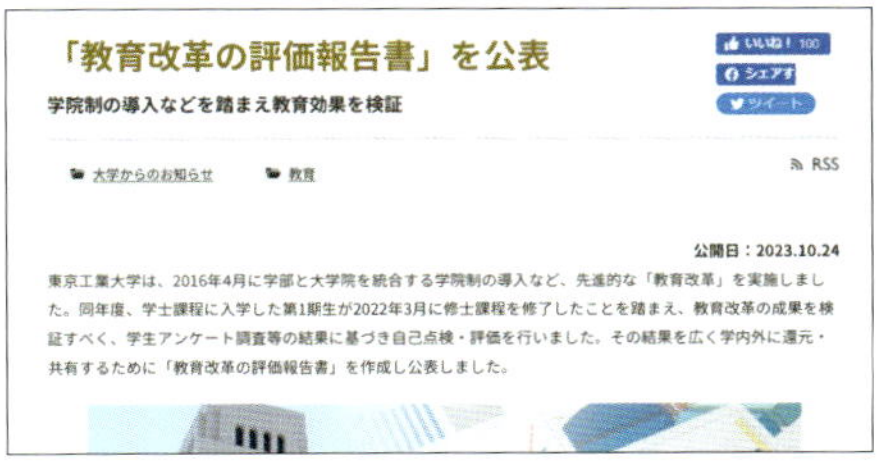
「教育改革の評価報告書」を公表

学院制の導入などを踏まえ教育効果を検証

大学からのお知らせ　教育　RSS

公開日：2023.10.24

東京工業大学は、2016年4月に学部と大学院を統合する学院制の導入など、先進的な「教育改革」を実施しました。同年度、学士課程に入学した第1期生が2022年3月に修士課程を修了したことを踏まえ、教育改革の成果を検証すべく、学生アンケート調査等の結果に基づき自己点検・評価を行いました。その結果を広く学内外に還元・共有するために「教育改革の評価報告書」を作成し公表しました。

評価のポイント

1. 学生視点から検証
2. ３つの軸で評価
   - 基盤の強化
   - 縦(時間)の柔軟性
   - 横(分野)の柔軟性

スを新設し、1コースが拡張、1コースが廃止されました。従来の学問分野の枠にとらわれない、時代の流れに即したより柔軟な教育プログラムが重要性を増していることがわかります。

総括すると、教育改革で掲げたディプロマ・ポリシーについての成長実感では、教育改革後の学生たちは、アイデアを生み出し、知識やスキルを活用して実践的な問題を解決する能力が向上したと感じています。また、グローバルな問題への認識も向上しているという結果が得られました。ほとんどの評価項目で毎年、右肩上がりの改善が見られ、本教育改革の効果の一端が読み取れる結果となっています。

しかし、この評価結果に満足することなく、さらなる改善をめざしていく必要があります。例えば、外国語能力の向上については、より効果的な教育方法の検討が必要です。また、クォーター制についても、その利点を最大限に活かすための工夫を続けていく必要があります。

教育改革の評価は一度きりで終わるものではありません。今後も定期的に学生へのアンケート調査を実施し、教育の質の向上に努めていきます。また、この評価結果を広く学内外に共有することで、他大学や社会全体の教育改革にも貢献していきたいと考えています。

■図表-21 授業の理解度向上

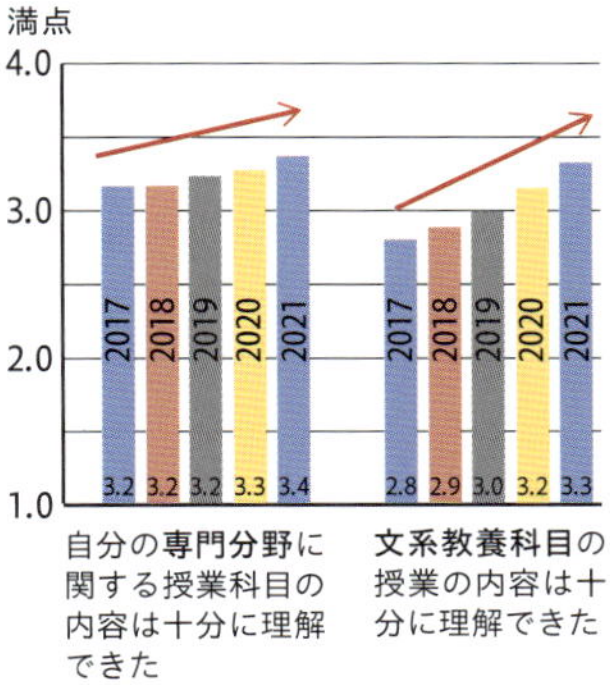

・修士課程だけでなく
学士課程、博士後期課程も向上

■図表-22 外国語能力の年ごとの向上

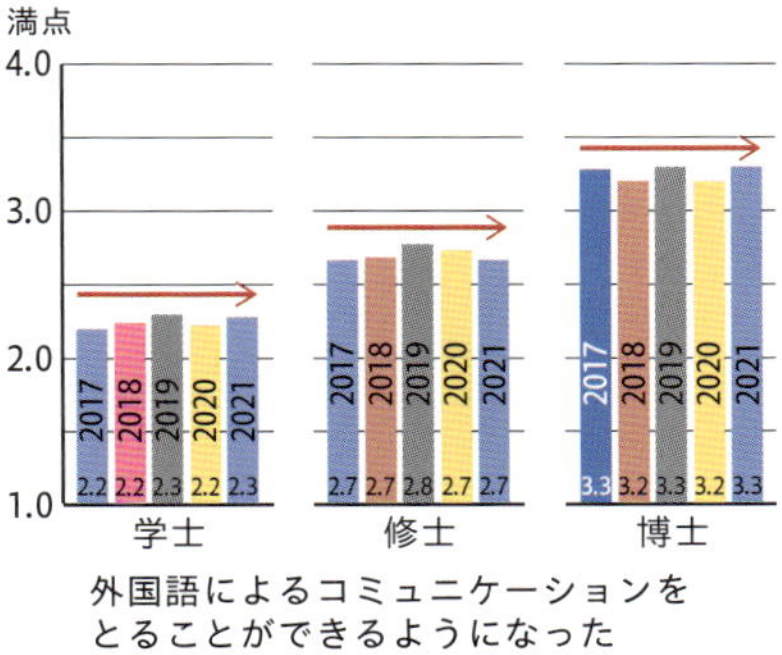

・大学院専門科目の英語化：30%→ 96%
・各課程で成長傾向が見られない
・学士のレベルが2.2程度で低い

■図表-23 クォーター制の満足度向上

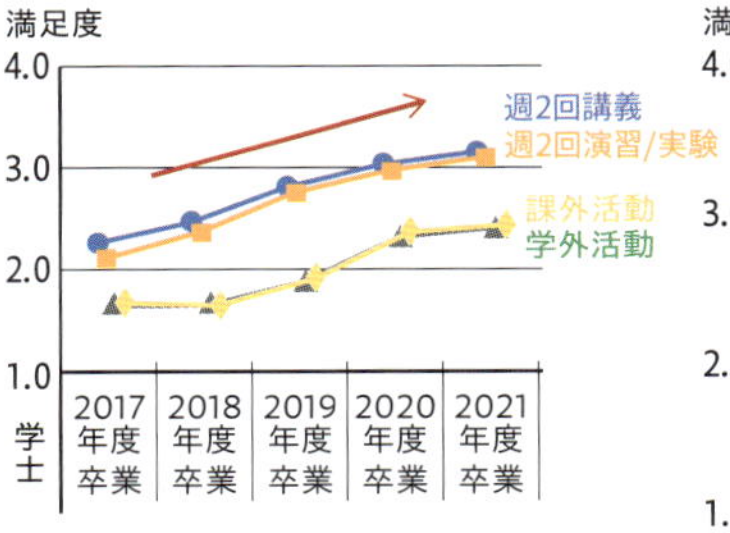

横(分野)の柔軟性

複合系コースの拡張

3コース新設＋１コース拡張

・地球生命コース（新設）
・エネルギー・情報コース（拡張）
・人間医療科学技術コース（新設）
・物質情報卓越コース（新設）

■図表-24 ディプロマポリシーについて

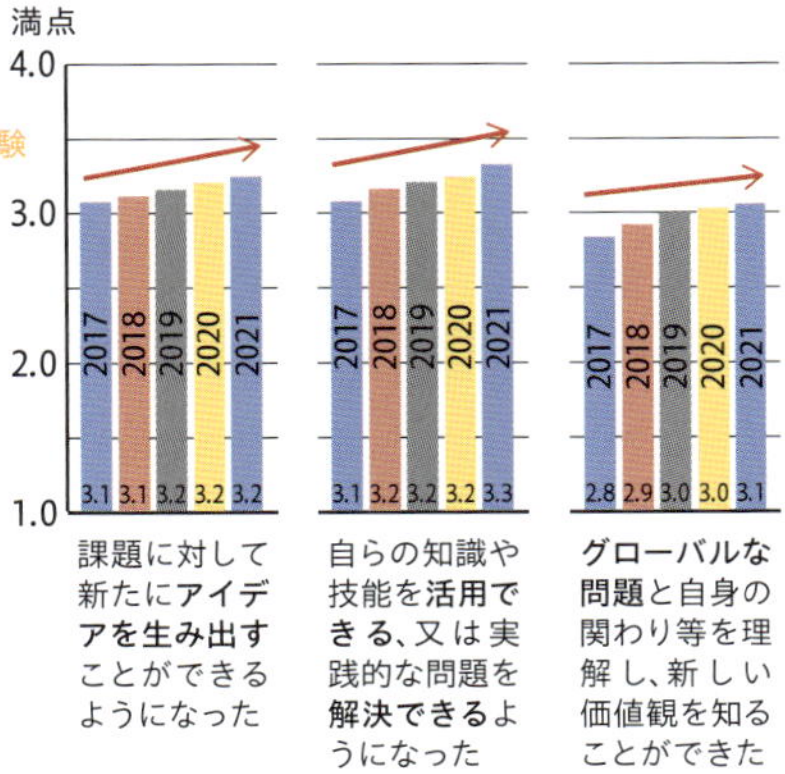

・他の項目も同様の上昇傾向
・学士・博士後期課程もほぼ同様

今と未来を生きる学生からの意見を集める学勢調査

アンケートから提言まで、学生がつくる東工大改革

東京工業大学では、2年に1度、全学的なアンケート調査「学勢調査」を実施しています。この取り組みは、学生の声を大学運営に反映させ、より魅力ある大学をつくることを目的としています。「学勢調査」という名称は、国勢調査になぞらえて名付けられたもので、学生が主体となって行う調査であることを示しています。

この調査の特徴は、単なるアンケートにとどまらず、学生自身が調査の企画から結果の分析、提言書の作成まで行うという点にあります。「東工大をこうしたい!」「もう少し、こうなってくれればいいのに」といった学生の声を集め、それを実現可能なかたちに昇華させる過程そのものが、学生にとって大学運営に参画する貴重な経験となっています。

学勢調査は2004年に試行され、2005年から本格的に実施されています。全国の大学でも類を見ない、東工大独自の取り組みとして注目されています。

調査の実施にあたっては、公募に応じたサポーター学生が中心的な役割を果たします。彼らは調

査結果の集計、解析、提言書作成を主導的に行います。学生の視点でアンケート結果を読み解き、建設的な提言を作成する過程は、学生たち自身の成長にも繋がっています。

２０２２年に実施された第９回学勢調査では、２６７１人の学生から回答が寄せられました。この年の調査は、新型コロナウイルス感染対策としてオンライン講義が中心だった時期から、対面講義が増えてきた時期にかけて行われました。そのため、キャンパス内での課題とともに、オンライン学習から得られた新たな講義の在り方など、多様な意見が集まりました。

学生スタッフたちは、オンラインと対面の両方の会議を重ねながら、これらの意見を基に提言をまとめました。提言書の完成後、学生スタッフの代表８人が大岡山キャンパスにて、私と井村順一理事・副学長（教育担当）に調査概要と各提言を説明しました。

この面談では、各提言について実現可能性のあるもの、理想的ではあるが実現が難しいものなど、大学の現状を踏まえた意見交換を行いました。学生たちの熱意溢れる提言に対し、大学側の立場から現実的な課題や可能性について説明し、参加者全員で東工大の将来像について活発な議論を交わしました。

また、学生の代表には教育研究評議会で調査内容や提言について発表してもらっています。役員、部局長や評議員と直接のやり取りを通じて、学生の声の理解に努めてもらいます。

学勢調査の結果と学生からの提言は、大学の各組織にフィードバックされ、可能な限り対応策が検討されます。これまでにも、この調査を通じて多くの改善が実現してきました。もちろん、慎重な検討を要するものや大きな予算を伴うものなど、即座に対応できない提言もありますが、学生の声を大学運営に反映させる重要な機会となっています。

この学勢調査の取り組みは、学生と大学の協働による大学改革の好例といえるでしょう。学生たちは、自分たちの意見が大学を変える可能性をもっていることを実感し、大学への帰属意識や当事者意識を高めています。一方、大学側にとっても、学生の生の声を聞く貴重な機会となっており、学生のニーズや時代の変化を敏感に捉えた大学運営に役立っています。

今後も、この学勢調査を継続し、発展させていくことで、学生と大学が一体となって、より良い教育環境の創出に取り組んでいきたいと考えています。学生の皆さんには、この調査に積極的に参加し、自分たちの声を大学に届けてほしいと思います。

公休制度からキッチンカーまで、学生の声が変える東工大

この調査を通じて、学生たちは様々な提言を行っています。例えば、公休制度の導入を求める声がありました。これは、インフルエンザなどで登校したくてもできない場合に公的な休暇として認めてほしいという要望でした。大学側はこの提案を真摯に受け止め、実際に制度を導入しました。

また、キャンパス内へのキッチンカー導入や、授業アンケート結果の学生へのフィードバックなど、学生の視点から見た大学生活の改善点が数多く提案されています。

学勢調査の独自性は、その運営方法にあります。多くの大学でも学生アンケートは実施されていますが、一般に大学側が管理・運営しています。しかし、東工大の学勢調査は、学生が主体的に運営しているため、大学側が予期していない質問や提案が含まれることもあります。

例えば、大学が東京医科歯科大学との統合や女子枠入試の導入など、重要な方針を発表した際、学生たちは迅速に追加のアンケート項目を設け、学生の意見を集めました。これにより、大学の方針に対する学生の率直な反応を知ることができました。女子枠入試の導入に関しては、賛否が半々に分かれるなど、興味深い結果が得られました。

三島良直学長が主導した教育改革、当時の丸山俊夫理事・副学長（教育担当）や水本哲弥副学長（当時、２０１８年～２０２２年までは理事・副学長（教育担当））の貢献は極めて大きいです。水本哲弥先生は２０２２年から請われて日本学術振興会理事に転出しますが、重要な点は基本的な考え方だけではなく、人が継続している点ではないかと思います。水本哲弥理事・副学長の後は、井村順一副学長がその任を継続するのですが、自然と人の育成ができており、次の世代へバトンを渡せる。あまり意識はしてなかったのですが、東工大の伝統のように思います。この伝統はこれからも大切にして欲しいと願っています。

Column

躍進と進化のキャンパスをつくるために①

女子枠入試の導入から始まる、多様性をもったキャンパスの創造

——井村順一・理事

数合わせではない、東工大女子枠入試がめざすイノベーション

東京工業大学では、2022年11月10日に女子枠入試の導入を発表しました。当初は2025年4月入学の入試において143人の女子枠を設けることを公表しましたが、情報理工学院の40名の入学定員増に伴い、149人に拡大することになりました。

この大胆な施策の発端は、2018年に益一哉学長が就任した際、Tokyo Tech Commitments 2018として「多様性と寛容」「協調と挑戦」「決断と実行」という三つの指針を掲げたことにあります。

多様性には様々な側面がありますが、益学長は、まずジェンダーバランスの改善に着手することにしました。この背景には、長年にわたる日本の経済停滞とイノベーション不足があります。科学技術の発展には多様な視点が不可欠であり、女性の参画なしては真のイノベーションは生まれないという認識が世界的に広まっています。一方、OECDの調査によると、日本は組織における女性の割合が加盟国中最下位に近い状況にあり、これが日本のイノベーション力低下の一因であると考えられています。

理工系大学である本学でも、一日東工大生に代表される女子高校生のための理工系の啓蒙と大学紹介を兼ねたイベント、高校への出張講義、小中学生を対象にした理科教室など、理工系分野の魅力を伝える広報活動などを精力的に実施してきましたが、長年、女子学生の比率が低い状態が続いていました。Tokyo Tech Commitments 2018のもとに作成したアクションプラン2018-2023の中で「創造性を育む多様化の推進」を掲げ、2022年1月にダイバーシティ＆インクルージョン（D＆I）推進宣言を行い、女性活躍応援フォーラムや本学HPなどによる多様性推進

井村 順一
（いむら じゅんいち）

制御工学者　博士（工学）
東京工業大学・理事・副学長（教育担当）

［略歴］
1992年　京都大学 工学部 助手
1996年　広島大学 工学部 助教授
1998年　Twente University, Visiting Researcher（1999年まで）
2001年　東京工業大学 大学院 情報理工学研究科 准教授
2004年　東京工業大学 大学院 情報理工学研究科 教授
2018年　東京工業大学 副学長（教育運営担当）
2022年　東京工業大学 理事・副学長（教育担当）

に向けた様々な取り組みを本格化させました。

しかしながら、こうした努力にもかかわらず、１９８５年に制定された男女雇用機会均等法に呼応して徐々に増加してきた学士課程における女子学生の割合は２０００年以降はほとんど増加していません。２０２１年の時点で約13％にとどまっており、この傾向は日本の国立大学全体でも同様です（図表‐27）。

一方、世界に目を向けると、ＭＩＴでは学士課程の女子学生比率が48％に達しています。ＭＩＴは１９７０年代から女子学生の受け入れに本格的に取り組み始め、１９８０年代には30％程度まで増加させました。現在では世界の理工系のトップ大学では、女子学生比率が30％を超えるのが一般的になりつつあります（図表‐28）。

■図表-25 女子枠

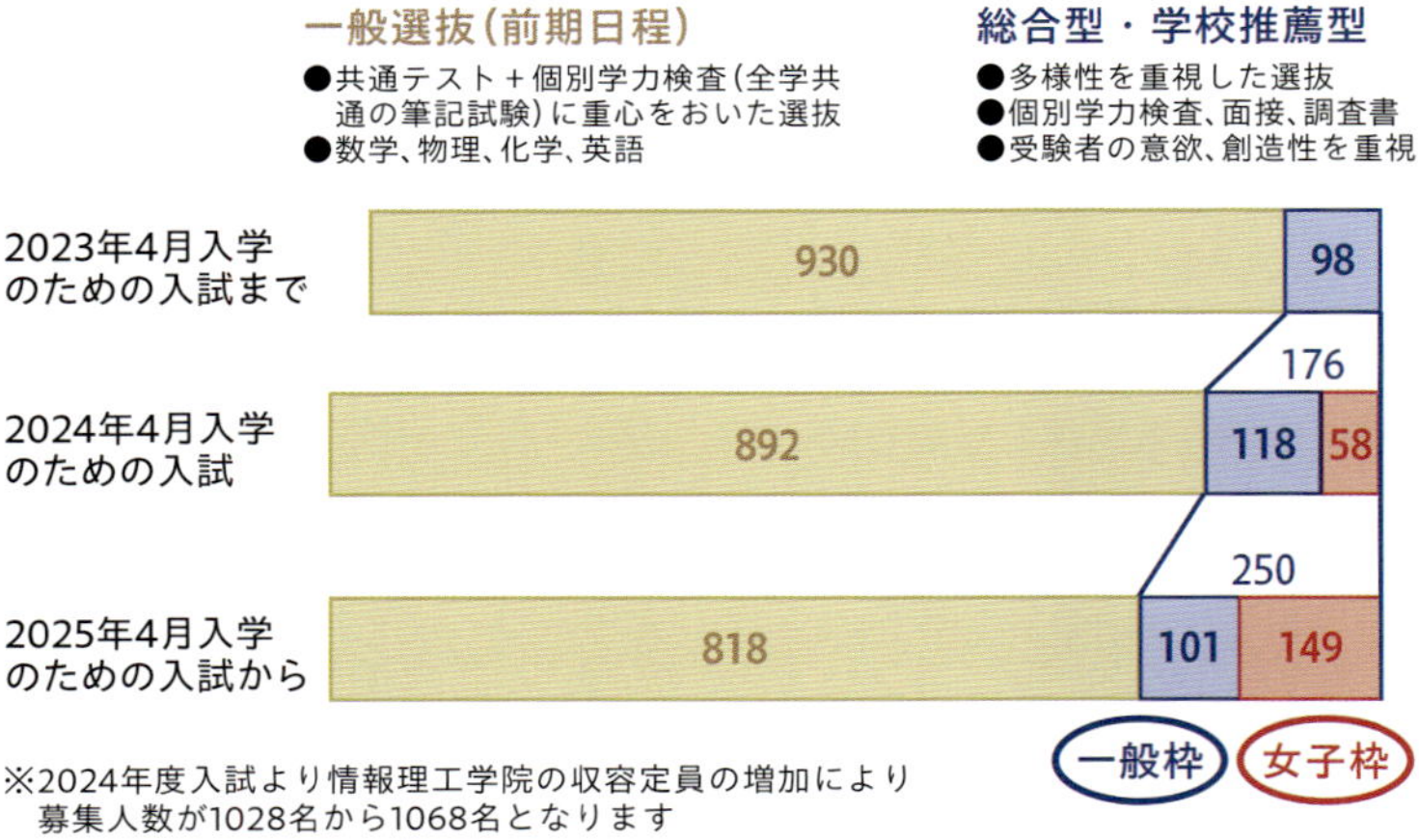

※2024年度入試より情報理工学院の収容定員の増加により募集人数が1028名から1068名となります
※女子枠が143名から149名に増加します

現在18歳の学生が44歳となる２０５０年には、彼らが社会の中核を担うことになります。そのため、今行動を起こさなければ、日本の未来に大きな影響を与えかねません。これまでの取り組みでは十分な効果が得られなかったことから、ポジティブアクションとしての女子枠の導入を、益一哉学長の強いリーダーシップのもと、批判があることも覚悟の上で実行に移すことにしたのです。女子枠の導入は、単に現在の状況を改善するだけでなく、過去からの経緯を踏まえ、そして、未来を見据えた決断です。

女子枠導入に際しては、日本全体に波及効果をもたらし、全国の理系の女子高校生を増やし、真に多様性を受容する環境になっていくことが重要であると考えました。つまり、潜在的には理工系を志す女子学生は多いにもか

■図表-26 東工大の女子学生の推移

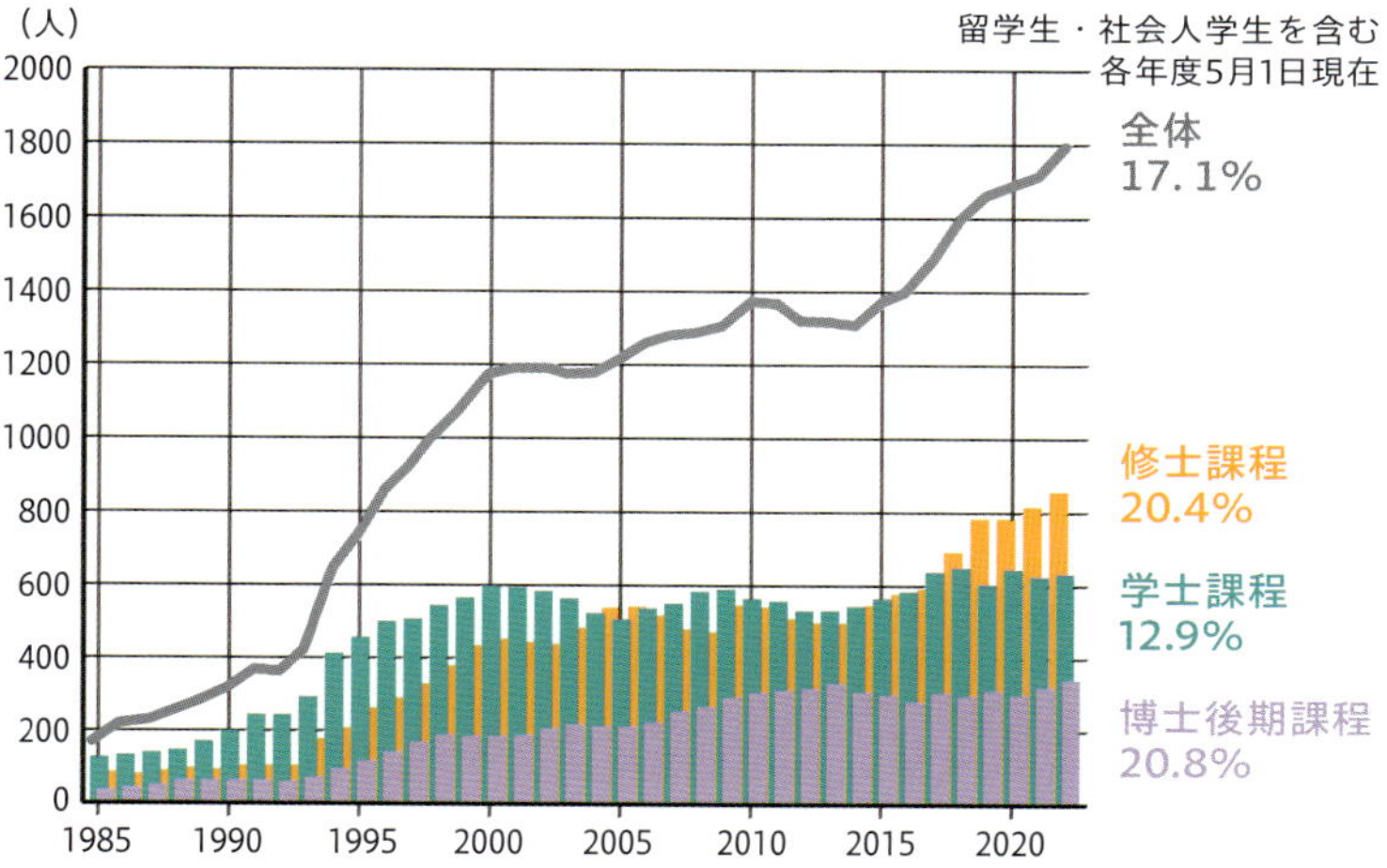

かわらず、大学進学の段階でアンコンシャスバイアス（無意識の偏見）など、何らかの理由により理工系離れが起こっているのです。社会全体を巻き込んで、この状況を打破し、より多くの優秀な女子学生に理系に進んでもらうことが、この施策の主な目的です。そのため、当初１４３人、その後１４９人という大規模な女子枠を設定しました。この決断は社会的に大きく取り上げられ、２０２４年度以降で33の大学が女子枠入試を導入する、あるいは導入を検討中であるなど他大学にも少なからず影響を与えることができたのではないかと感じています。

　益学長から女子枠入試について、検討するように強く依頼されたのは、２０２２年２月頃だったと思います。議論は半年で行い、方向性を示して欲しいということでした。これまで女子枠入試は一部の理工系大学でそれも限られた

■図表-27 国立大学の理工系の女子学生数の推移

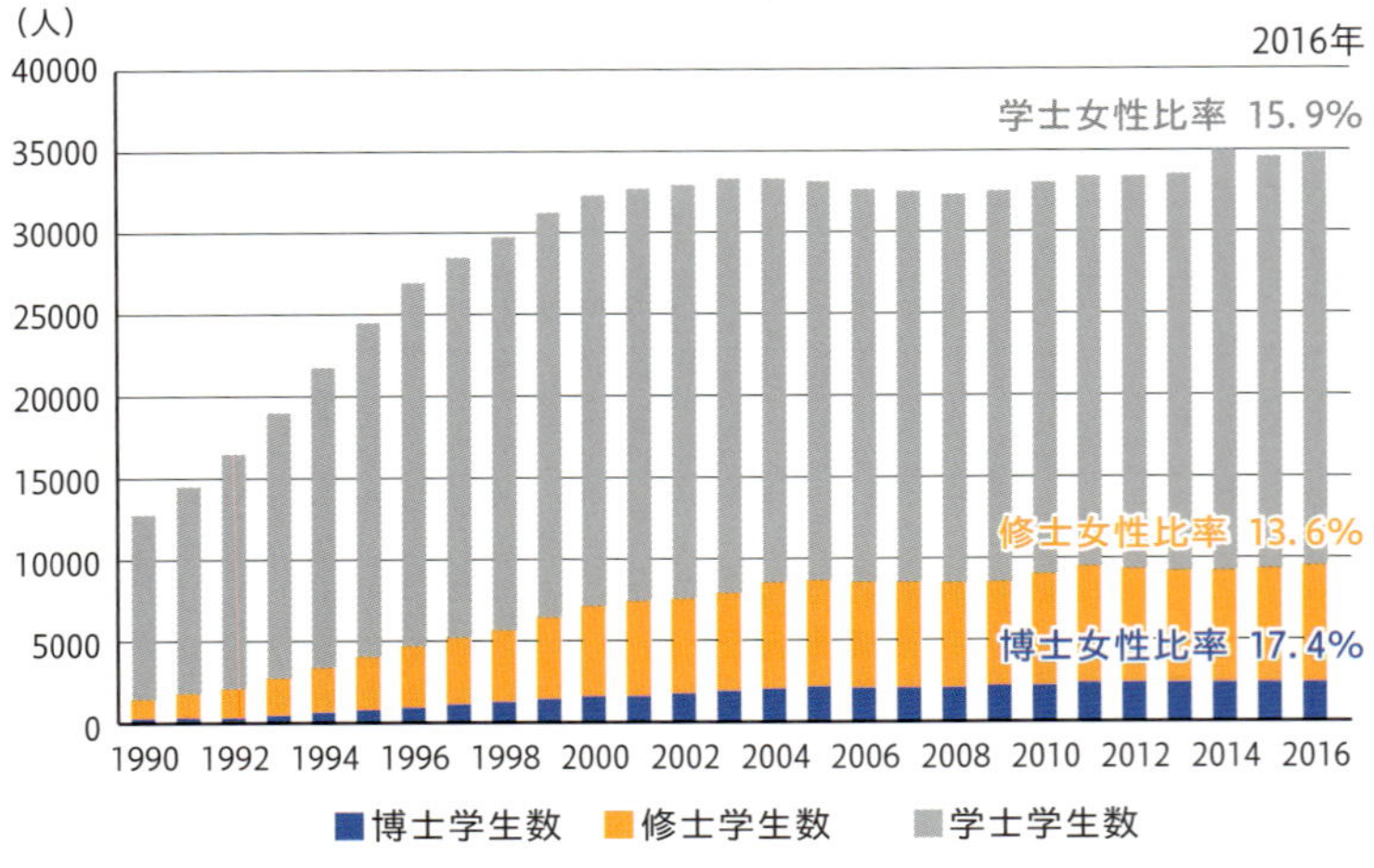

数での実施はありましたが、当然様々な考えがありますので、一筋縄ではいかないと思いました。また、当時、生命理工学院からは、多様な学生を集めるために学士課程の一般選抜に関する別の強い要望がありました。女子枠入試と同時に議論することは難しかったため、益学長と相談し「女子枠入試」についての議論を優先することとしました。

半年と限ったにも関わらず、公平性を担保した形での総合型・学校推薦型選抜に女子枠を導入するといった具体案、同じ実施するならば中途半端な人数ではなく思い切った人数の設定、女子枠入試の公表方法など、女子枠導入について様々な知恵を絞ることができたのは、各学院での危機感、本設計に関わったすべての担当者の熱意など様々な要因があると思います。また、実際の導入検討に当たっては、文部科学省の担当者の方々とは様々な議論をさせていただきました。ここに感謝いたします。こうして２０２５年度入試では１４３名（現在は１４９名に変更）という女子枠の答申を出しました。この数は他の大学では想像を超える数であると思いますが、やはり何事にも挑戦してみようという東工大 Spirit なのでしょう。

２０２４年度入試は58名の女子枠で実施しましたが、女子枠入試の志願者数が全体で４．６倍、物質理工学院は６．４倍、情報理工学院は１．９倍、環境社会理工学院は６．９倍、生命理工学院は３．２倍と適切な倍率で入試を実施することができました（理学院と工学院は２０２５年入試から開始）。これも関係者によるアウトリーチ活動の賜物と言えると思います。入学者の女子学生比率は２０２３年度の10．５％から２０２４年度は15．１％になりました。

ただし、女子枠の導入は手段であって目的ではありません。真の目的は、女子学生を増やすことで多様性に富んだキャンパスを創造し、より創造的で革新的な研究環境をつくり出すことであり、そこから生まれる新たなイノベーションを通じて、日本の科学技術力を向上させることです。多様な背景をもつ学生たちが互いに刺激し合うことで、新たなアイデアや発想が生まれ、それが科学技術の進歩に繋がると確信しています。もちろん、女子枠の導入だけですべての問題が解決するわけではありません。彼女たちが活躍できる環境づくりも同時に進めていく必要があります。

東工大では、キャンパス環境の整備や、女子学生向けの支援プログラムの充実など、ソフト面での取り組みも同時に進めています。例えば、女子学生向けのメンタリングプログラムの導入や、女性研究者のロールモデルを積極的に紹介するなどの施策を実施しています。

さらに、この取り組みは女子学生だけでなく、男子学生にとっても大きな意味があります。多様性に富んだ環境で学ぶことで、将来社会に出た際により柔軟な思考と対応力を身につけることができるでしょう。

東工大は、この女子枠入試の導入を皮切りに、さらなる多様性の推進をめざしています。留学生の増加や、地方出身学生の確保など、様々な側面から大学の多様性を高める取り組みを進めていきます。我われは、この多様性こそが、次世代の科学技術を牽引する人材を育成する鍵だと確信しています。

女子枠入試で変わる東工大、偏見を超えた新たな学びの場へ

女子枠入試の導入には賛否両論があります。学内でも議論が分かれ、学生の間でも意見が半々に分かれました。女子枠の導入に対しては、学力低下や男子学生への逆差別、女子学生へのスティグマ（劣性の烙印）などの懸念が示されました。しかし、これらの懸念は誤解に基づくもので対話による丁寧な説明を継続して実施していく必要があると考えています。

まず、女子枠入試は総合型選抜（ＡＯ入試）や学校推薦型選抜で実施しており、合否判定の評価軸が通常の入試とは異なります。基礎学力の担保はもちろんのこと、将来社会で何をしたいのか、そのために本学でどのような学びをしたいのか、といった高い目的意識や意欲があること、そして、それを論理的に説明することができることを重視します。

これまで本学に入学した女子学生の成績は平均を超えており、各種のイベントに参加する比率も男子学生に比べて高く、また、本学で実施している学生リーダーシップ賞の受賞率も女子学生の方が高くなっています。総合型選抜や学校推薦型選抜で入学した女子学生も同じ傾向にあります。これは、目的意識の高い学生が入学していることの表れだといえるでしょう。

逆差別という指摘に対しては、歴史的な文脈を考慮する必要があります。日本では１９４５年に女性参政権が認められ、１９８５年に男女雇用機会均等法が制定されました。さらに１９９７年頃には、ポジティブアクションとして女性限定の雇用も認められるようになりました。しかしなが

■図表-28 世界の理工系大学との女子学生比率の比較

	MIT	Georgia Tech a)	CalTech	ETH Zurich	Imperial College London	Tokyo Tech	日本の大学（理・工・農）b)
学士課程	48%	40%	45%	34%	40%	13%	22%
大学院課程	39%	26%	35%	33%	44%	21%	18%
学生全体	40%c)	33%c)	37%c)	33%c)	40%c)	17%	---

2020-2022年数値
a)新入生の比率、b)令和3年学校基本調査より、c)THE世界大学ランキング2023より

ら、本節の冒頭に述べたように、ＯＥＣＤの加盟国の中で低いジェンダーバランスとなっているのが現実です。このような歴史的経緯を踏まえ、いまだにジェンダーにおいて実質的な平等にはなっていない社会を変えるために、将来を見据えた取り組みとして女子枠入試の導入を位置づけています。

男子学生に対しても、多様性のある環境で学ぶことが将来の社会生活において重要になることを説明しています。グループディスカッションなど、様々な場面で多様な視点が生まれることは、学びの質を高めることに繋がります。

女子学生に対するスティグマの問題に関しては、アンコンシャスバイアス（無意識の偏見）の解消に全学を挙げて取り組んでいます。「女性は理系のセンスがない」「女性は論理的思考ができない」といった偏見を取り除くため、研修を実施しています。誰もが無意識のバイアスをもっていることを認

識し、それに気づいたときに修正していく姿勢が重要です。

学力が下がるといった批判の中に、偏差値が下がるという批判もありました。正直言いますと大変残念な批判です。大学を入学者の偏差値で評価しているということでしょうか？　大学はその研究力や研究成果、あるいは卒業生の社会での活躍で評価されるべきではないでしょうか。現代の日本の大学入試の歪を見たような気がします。

女子枠入試の導入は、まだ課題も残されていますが、時代の流れに沿った取り組みだと考えています。ＡＩ技術の発展やコロナ禍を経て、学びの在り方も大きく変化しています。従来の黒板を使った一方向の授業から、グループワークやＰＢＬ（課題解決型学習）へと移行し、さらなる進化を遂げようとしています。

この書籍を通じて、多様性をもったキャンパス創造の重要性を、学生や社会に広く知っていただければ幸いです。社会全体で取り組まなければならない課題です。東工大は、これからも時代の要請に応えるかたちで、教育環境の改善と多様性の促進に取り組んでいきます。

第3章

大学での研究を活性化して、ありたい姿に保つ

組織的な研究推進

重点分野と戦略分野で研究力強化

東京工業大学では、研究の重点分野と戦略分野を設定しています。これは、大学の強みを活かしつつ、将来を見据えた研究戦略を立てるために非常に重要な取り組みです。

まず、重点分野の設定について説明しましょう。これは東工大の強みや研究者の厚みを分析し、特に優れた実績がある分野を三つ抽出したものです。具体的には、「新元素戦略」「デジタル社会・デバイスシステム」「統合エネルギー科学」が挙げられます。これらの分野には、本学の約1000人の教員のうち、各分野に100〜200人程度の研究者が関わっています。もちろん、複数の分野に関わる研究者もいるため、単純な合計では1000人を超えてしまいますが、それだけ多くの研究者がこれらの重点分野に携わっているということです。

最近では、「量子化技術」も重点分野の一つとして考えられるようになってきました。これは、急速に発展する量子技術の重要性を踏まえてのことです。

一方、戦略分野の設定には少し異なるアプローチを取っています。これは2017年に策定されたもので、当時はまだ実績や厚みは薄いものの、今後進めていくべき分野として選定されました。具体的には、「ホリスティックライフサイエンス（Holistic Life Science, HLS）」「サステナブルソーシャルインフラストラクチャー（Sustainable Social Infrastructure, SSI）」「サイバーフィジカルソーシャルシステム（Cyber Physical and Social Systems, CPS2）」の３分野です。

これらの戦略分野は、かなり広範囲をカバーしています。例えば、ホリスティックライフサイエンスは、生命科学全般を包括するような幅広い分野です。サステナブルソーシャルインフラストラクチャーは、持続可能な社会インフラの構築をめざす分野です。サイバーフィジカルソーシャルシステムは、サイバー空間と物理空間、そして社会システムを融合させる新しい概念を表しています。

重点研究分野、戦略的研究分野を定めるには躊躇がありました。何故ならば、大学では個々の研究者がその信念に基づいて自由な発想のもとに研究をするという考えが根強くあります。従って、大学が研究の方向性を決めることに違和感を覚えるかもしれないと思いました。

重点分野、戦略分野が産まれた背景を少し説明しておきます。２０１７年指定国立大学法人構想を練る中で産まれました。もともとの構想の中では重点的な研究分野を定めるとしか書いていなかったのですが、再申請にあたっての議論の中で具体化を迫られました。その中で、当時完成していたリサーチマップが非常に役に立ちました。東工大の教員の専門分野別の割合などが一目でわかりました。

学長就任予定であった私、桑田薫特任教授（当時）、梶川裕矢教授（当時、現在東大教授）の3人での議論から産まれ、その後、多くの方々の賛同を得たというものです。大括りしただけなのですが、それまで大学全体の研究力という視点をもって議論したことがなかったので、非常に新鮮でした。その後の研究の方向性を考えるきっかけになりました。

研究の重点分野や戦略分野の設定は、大学の研究戦略を立てる上で非常に重要です。しかし、同時に柔軟性も必要です。研究の世界は日々進化しており、新たな分野が生まれたり、既存の分野の重要性が変化したりします。そのため、定期的に見直しを行い、必要に応じて修正や追加を行うことが大切です。

実際、現在、私たちは東京医科歯科大学との統合を見据え、今後必要となる研究分野について議論を重ねています。それだけでなく、今後も、本学の強みを活かしつつ、社会のニーズや科学技術の進展に応じて、研究の重点分野と戦略分野を適切に設定し、更新していく必要があります。これにより、本学の研究力を最大限に発揮し、社会に貢献できる成果を生み出していけると確信しています。

研究力可視化へ、東工大が挑む独自のリサーチマップ

東京工業大学では、研究の重点分野と戦略分野を設定していますが、これらは単なる方針にとど

まらず、実際の研究活動に大きな影響を与えています。特に、重点分野の設定は、大型の研究プログラムへの応募や採択において戦略的な役割を果たしています。

例えば第２章でも紹介しましたが、２０１８年から始まった文部科学省の卓越大学院プログラムへの応募の際、私たちは重点分野ごとに一つずつプログラムを提案しました。これにより、学内での競合を避け、大学として一致団結して応募することができました。結果として、毎年一件づつ採択される成果を上げることができました。卓越大学院プログラムは２０１８年から２０２０年までの3年間に全国で30件の採択がありましたが、東工大は3件の採択となりました。このように、重点分野の設定は、大学全体の研究戦略を明確にし、外部資金の獲得にも大きく貢献しています。

研究力の分析とリサーチマップの策定も、本学の研究戦略において重要な役割を果たしています。これは、教員の論文、受賞歴、研究費獲得状況などの指標を基に、2年に1回のペースで作成しています。特に、分野ごとに適切な評価指標を設定するために、各学院長（部局長）と協議を重ね、それに基づいた調査・分析のもとに作成しています。この協議・調査・分析では、研究分析担当のＵＲＡが重要な役割を果たしています。最初のリサーチマップは２０１７年、当時の安藤真理事・副学長（研究担当）のもと作成されました。

このリサーチマップは、本学の研究力を視覚的に表現する強力なツールとなっています。30人の代表的な研究者を1枚のマップに表すことで、大学全体の研究分野の多様性と深さを一目で示すこ

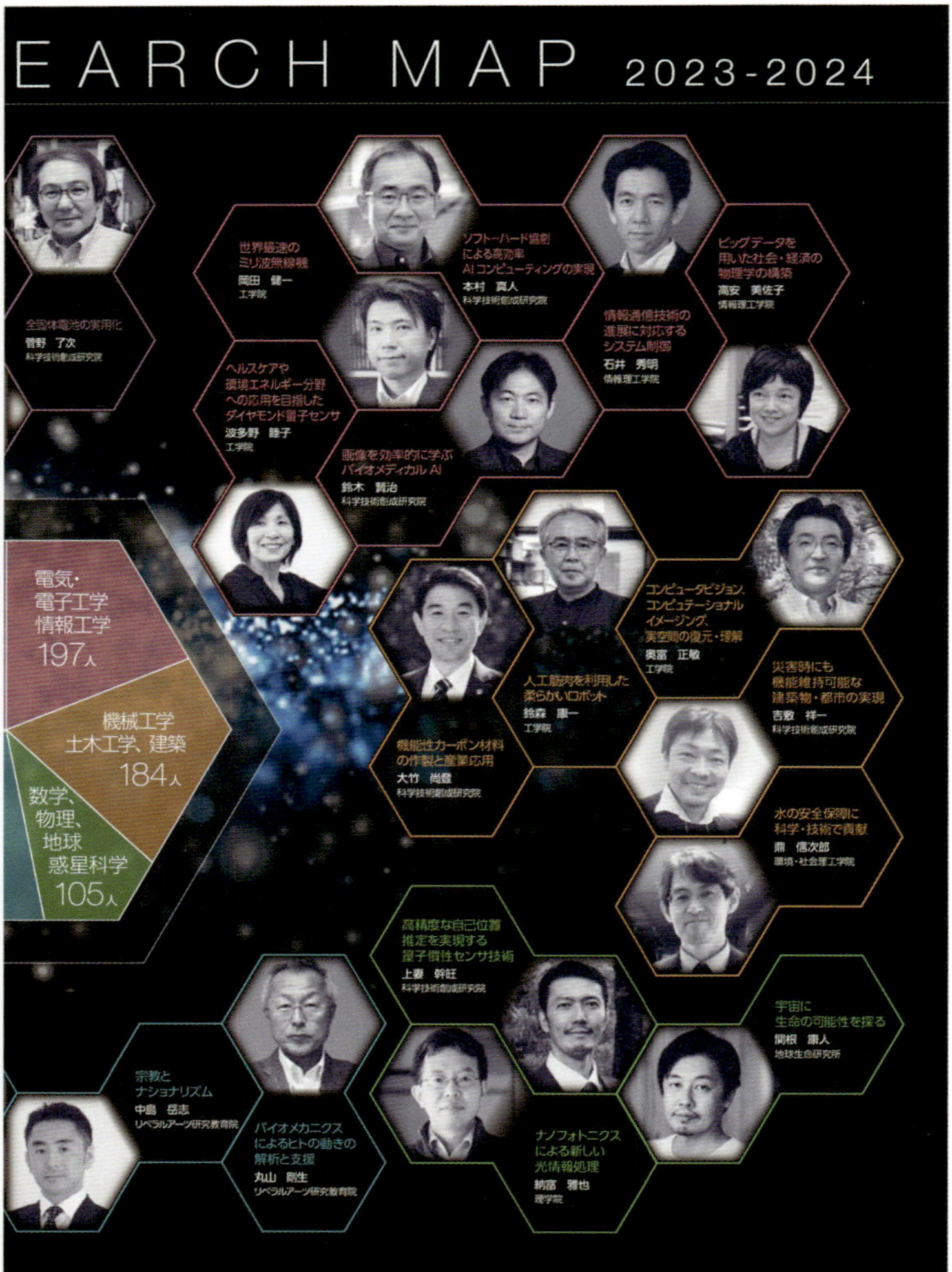
EARCH MAP 2023-2024
全固体電池の実用化
菅野　了次
科学技術創成研究院
世界最速の
ミリ波無線機
岡田　健一
工学院
ソフトーハード協創
による高効率
AI コンピューティングの実現
本村　真人
科学技術創成研究院
ビッグデータを
用いた社会・経済の
物理学の構築
高安　美佐子
情報理工学院
情報通信技術の
進展に対応する
システム制御
石井　秀明
情報理工学院
ヘルスケアや
環境エネルギー分野
への応用を目指した
ダイヤモンド量子センサ
波多野　睦子
工学院
画像を効率的に学ぶ
バイオメディカル AI
鈴木　賢治
科学技術創成研究院
電気・
電子工学
情報工学
197人
機械工学
土木工学、建築
184人
数学、
物理、
地球
惑星科学
105人
コンピュータビジョン、
コンピュテーショナル
イメージング、
実空間の復元・理解
奥富　正敏
工学院
人工筋肉を利用した
柔らかいロボット
鈴森　康一
工学院
災害時にも
機能維持可能な
建築物・都市の実現
吉敷　祥一
科学技術創成研究院
機能性カーボン材料
の作製と産業応用
大竹　尚登
科学技術創成研究院
水の安全保障に
科学・技術で貢献
鼎　信次郎
環境・社会理工学院
高精度な自己位置
推定を実現する
量子慣性センサ技術
上妻　幹旺
科学技術創成研究院
宇宙に
生命の可能性を探る
関根　康人
地球生命研究所
宗教と
ナショナリズム
中島　岳志
リベラルアーツ研究教育院
バイオメカニクス
によるヒトの動きの
解析と支援
丸山　剛生
リベラルアーツ研究教育院
ナノフォトニクス
による新しい
光情報処理
納富　雅也
理学院

■図表-29 東工大のリサーチマップ

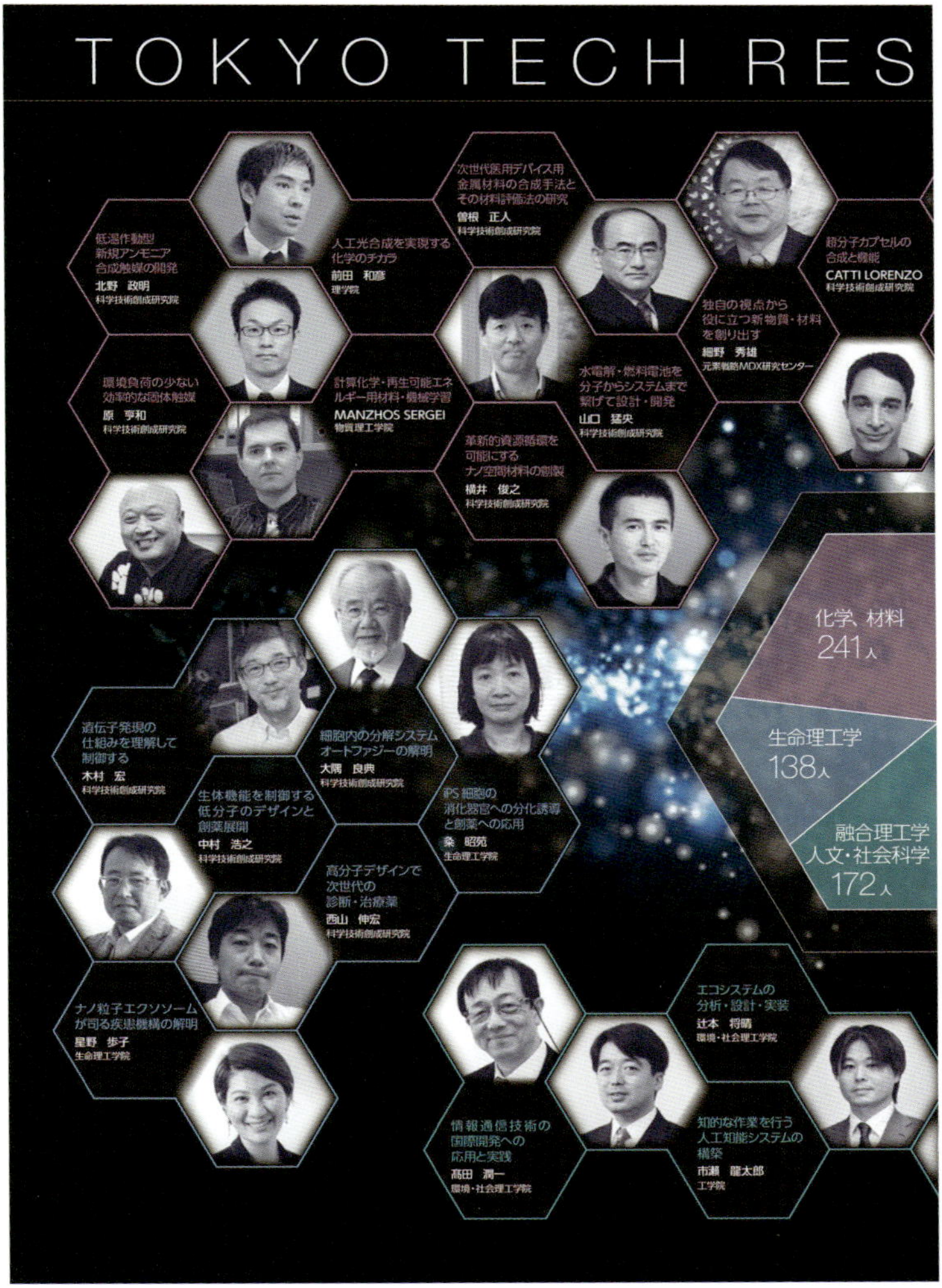

とができます。これは、対外的なアピールだけでなく、学内でも大きな影響力を持っています。

リサーチマップの作成過程では、時に戦略的な配慮も行っています。例えば、女性研究者や外国人研究者の割合を考慮して、意図的に調整を行うこともあります。これは、大学の多様性を示すとともに、さまざまな研究者にスポットライトを当てる機会にもなっています。

このようなリサーチマップの存在は、本学の強みの一つといえるでしょう。多くの大学では、このような包括的なマップの作成は難しいとされていますが、私たちはこれを実現しました。結果として高く評価され、本学の研究力の豊かさを示す証しとなっています。

リサーチマップは2年ごとに更新されるため、掲載される研究者も入れ替わります。これにより、より多くの優秀な研究者にスポットライトが当たる機会が生まれています。また、このマップを通じて、産業界や他の研究機関とのコンタクトが生まれることも少なくありません。このように研究の重点分野・戦略分野の設定とリサーチマップの策定は、単なる学内の方針や広報ツールにとどまりません。これらは、本学の研究戦略の根幹をなし、外部資金の獲得や優秀な研究者の可視化、さらには産学連携の促進にも大きく貢献しています。

研究で社会へ貢献

攻めの基礎研究：社会をゆたかにする文化としての科学をめざす

東京工業大学では、「攻めの基礎研究」という概念を掲げ、研究活動の新たな方向性を示しています。「攻めの基礎研究」、最初聞いたときには違和感をもつかもしれません。この言葉は、渡辺治理事・副学長（研究担当）が言い出しました。基礎研究は大事だ、だけではなく、私は基礎研究こそ意識して、戦略的に行うことの重要性を端的にあらわしている言葉だと思っています。さらに、研究そのものを、社会をゆたかにする文化として捉え、その価値を社会に広く認識してもらうことをめざした取り組みでもあります。

まず、私たちが重視しているのは、研究者自身が「第一級の研究」とは何かを認識し、それをめざすことです。ただし、これは分野によって大きく異なります。例えば、論文の引用数（サイテーション）が重視される分野もありますが、大学のランキングにも使用されるこの指標の問題点には、注意が必要です。具体的には、エルゼビア社のデータベースを利用して調査したところ、たとえば、ある分野のトップ１％とされる論文の中に、実際にはこの分野とはいえない論文が多数含まれていることがわかりました。これは、論文誌の分類方法に起因する問題です。つまり、サイテーション数だけでは研究の質を正確に評価できないということです。そのため、各分野で何が「第一級」なのかを見極め、それぞれの基準に基づいて研究を推進することが重要です。同時に、なぜその研究が面白いのか、重要なのかを研究者自身が認識し、それを社会に伝えていく努力も必要です。

基礎研究には、将来的な応用を見据えた「基盤研究」と、純粋に知的好奇心に基づく「本質的な基礎研究」があります。近年のノーベル賞は基盤的研究に偏りがちです。もちろん、基盤的研究も重要ですが、社会的インパクトが見えにくい純粋な基礎研究にも大きな価値があります。これは芸術と同様、文化そのものとして捉えるべきだと考えています。

確かに、純粋な基礎研究は一見すると「利己的」に見えるかもしれません。研究者が自分の興味だけを追求しているように映るからです。しかし、そのような研究こそが予想外の発見や革新的な成果をもたらす可能性があります。重要なのは、研究の面白さや素晴らしさを社会に伝え、感動を与えることです。

さらに、「攻めの基礎研究」を推進するためには、研究者が自身の専門分野だけでなく、他の研究にも好奇心をもち、互いの研究を尊重し合う文化を醸成することが重要です。これにより、大学全体の研究レベルが向上し、より多様で創造的な研究環境が生まれると考えています。

このような「攻めの基礎研究」の姿勢は、後述する「攻めの産学連携研究」と並んで重要です。両者を両立させることで、短期的な成果と長期的な科学の発展の両方を追求できるのです。

東工大は、この「攻めの基礎研究」を通じて、研究の多様性を尊重し、純粋な知的探求の価値を社会に発信していきます。それによって、研究が単なる実用的な成果だけでなく、文化として社会に根付き、人々に感動と希望を与える存在となることをめざしています。

攻めの産学連携研究：産業界とともに大学の知で新たな産業をめざす

「攻めの基礎研究」が長期的な視点での科学の発展を目指したものであるとすれば、大学の知で、まさに今の産業を大きく変えていくような展開を目指すのが「攻めの産学連携研究」です。

本書の最初から何度か述べてきたように、私たちは、大学こそが、日本の経済と産業を発展させるための鍵となると考えています。そして私は、「人を育てて、工業を興す」という建学の精神を持つ本学こそが、その模範となるべきだと考えています。その活動の中心となるのが「攻めの産学連携研究」です。

これまでの産学連携研究は、企業の個別課題を大学の研究力を用いて解決する、という形がほとんどでした。それは、どちらかと言うと、企業側のエンジニアと個々の教員との間の個人対個人の共同研究です。もちろん、それは今でも大切な産業貢献ですし、そうした個々のつながりも非常に重要です。けれども、大学の知を活かして新たな産業を築く、という大きな目標のためには、組織対組織、さらには産業界対アカデミアといった大きな枠組みでの共同研究が必要です。約10年ほど前から、政府でも組織対組織の大型共同研究の推進を勧めるようになり（「産学官連携による共同研究強化のためのガイドライン（２０１６）」）、そのための組織作りを支援するための「オープンイノベーション機構整備事業」が始まりました。本学でも、その事業での支援校に採択され、オープンイノベーション機構（以下、ＯＩ機構）を組織し、企業との組織対組織の大型共同研究の企画・構築・運営の支援を始めました。

本学のＯＩ機構での共同研究の単位となるのが「協働研究拠点」です。協働研究拠点では、企業の執行部やその直下で研究企画を担当する方々と拠点の主となる教員、そしてＵＲＡが研究の方向性やテーマ設定から議論を始めます。その上で企業のニーズに合わせて研究テーマを設定し、関連する教員を全学的に探索し、最適な教員群による研究チームを構成します。例えば、エネルギー系企業がＳＤＧｓやカーボンニュートラルの観点からバイオ分野に進出したい場合、適切な教員を見出して、新たな研究プロジェクトを立ち上げることができます。

このプロセスは、まるでコンサルティングのようです。ＵＲＡが企業と大学の橋渡し役となり、両者のニーズをマッチングさせます。これにより、企業にとっては大学との連携のハードルが低くなり、お互いの信頼関係のもとに共同研究の幅が広がります。協働研究拠点は原則として3年間を区切りとして見直しされますが、現在のところほぼすべての協働研究拠点が更新されており、更新の度に規模が拡大することも多々あります。また、そうした丁寧なコンサルティングの対価として戦略的産学連携経費（間接経費と合わせて直接経費の40％の経費）を頂くことにも同意して頂いています。

こうした新たな共同研究の枠組みは、学内でも理解してもらうのに時間がかかりましたが、ＵＲＡ機構を統括する大嶋洋一副学長を始めＵＲＡの人たちの丁寧な説明と積極的な営業・支援活動が学内外で理解を得て、現在20の協働研究拠点が設立され、年間約10億円の研究費を獲得しています。私のトップセールスもいくつかの拠点の設立や拡大化に少なからず寄与していると自負しています。

攻めの産学連携研究の取り組みの成果は確実に表れていると思います。例えば、企業からの研究資金の額は、２０１７年度に比べ６年後の２０２３年度は倍以上に伸びています。また、最近の国内大学ランキングによれば（「ファクトブック２０２４」）、研究者一人当たりの企業からの共同研究受け入れ額は第二位と大差で

■図表-30 民間企業との受託研究・共同研究の推移

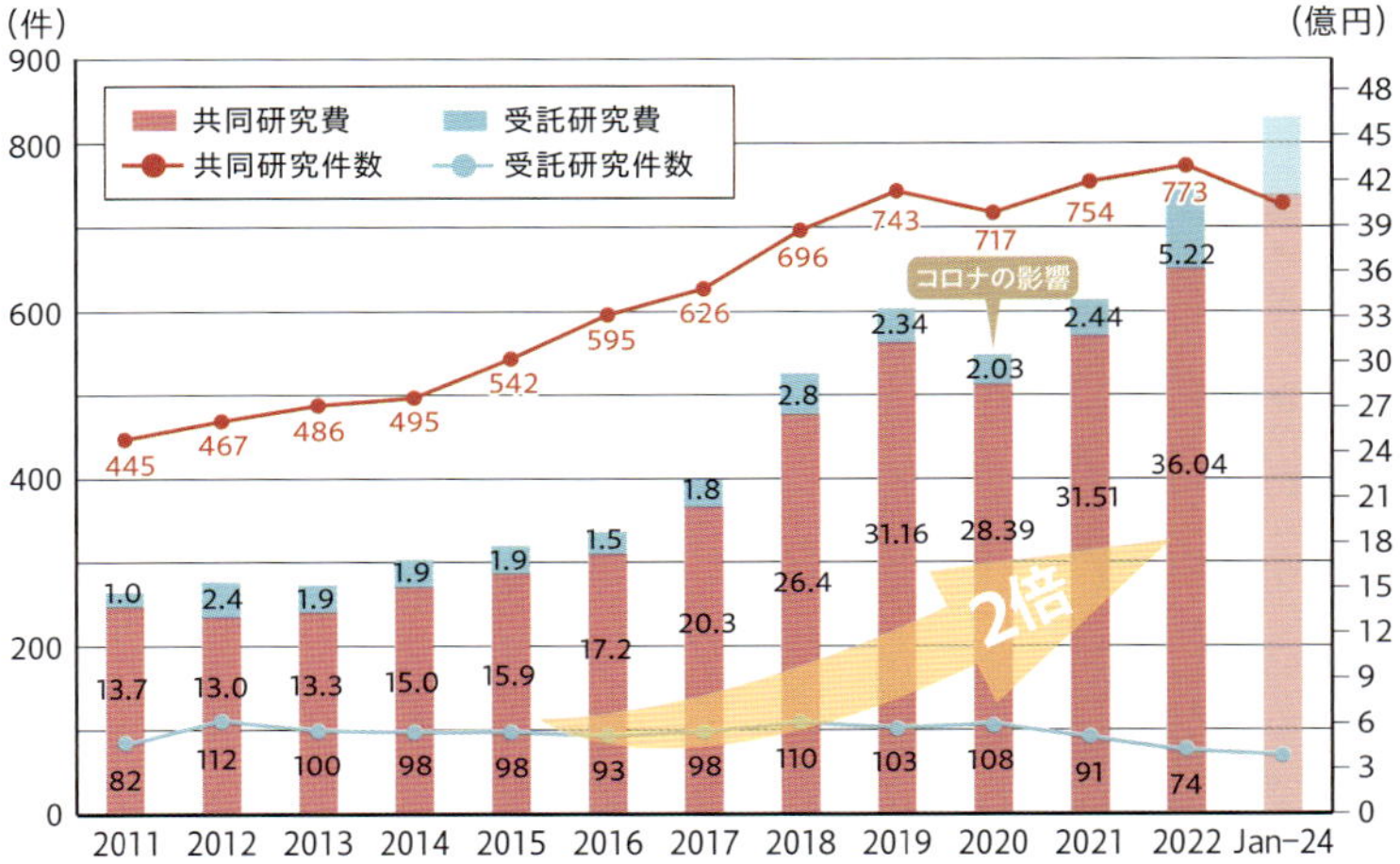

第一位となっています。

もちろん、私たちはそれで満足はしていません。こうした企業との組織的な連携の中から、新たな産業の元となる技術革新を産み出してこそ、真の貢献となるのです。また、日本の産業界が再び世界をけん引するようになるためには、一企業×一大学の連携の枠組みを超えて、産業界×アカデミアといったより大きな連携が必要な場合もあります。実際、私自身、自分の専門分野である半導体産業において、こうした大きな連携を仕掛けようとしているところですが、その成果については、またの機会にご報告させて下さい。

ありたい未来をめざしての研究

大学統合が生む新しい知、人類の幸福を科学する

ありたい未来をめざしての研究のうち、ごく近未来の研究の話からはじめます。すなわち、もうすぐ間近に迫った東京工業大学と東京医科歯科大学の統合から生み出される研究の話からです。

両大学の統合は、まさに文明開化のような新しい可能性を秘めています。かつての藩がそれぞれ

独自の産業を発展させていたように、両大学もこれまで独自の研究分野を深化させてきました。統合によって、これらの知識や技術が交わることで、新たな研究領域や産業が生まれる可能性が高まっています。このエネルギーを適切に活用することが、今後の融合研究推進において非常に重要です。

また、現代社会では「人」を中心に考える傾向が強まっています。ＡＩの発展に伴い、「人間とは何か」という根本的な問いが再び注目されています。環境問題についても、「地球に優しい」というよりも「人に優しい環境」を維持することが本質的な目的です。このような人間中心の視点は、今後の研究方針を考える上で重要な指針となるでしょう。

特に注目すべきは、人間の幸福に関する総合的なアプローチです。医学の分野では従来、病気の治療や予防に重点が置かれてきました。しかし、人間の幸福は健康だけでなく、生きがいや社会参加など、多様な要素から成り立っています。例えば、老年学（ジェロントロジー）の分野では、単に長生きすることだけでなく、いかに充実した生活を送るかが重要な研究テーマとなっています。

このような人間中心の研究アプローチは、医学と工学の融合によってより効果的に推進できます。医学的知見と工学的技術を組み合わせることで、人々の生活の質を総合的に向上させる研究が可能となります。例えば、高齢者の生きがいを支援するための技術開発や、ＡＩを適度に活用しつつ人間の自立性を維持するシステムの研究など、新たな研究領域が広がっています。

私たちは、この人間中心の研究アプローチを、新大学で進める研究分野として考えるだけでなく、新たな科学技術の分野として社会に見せて行くことが重要だと考えています。戦略的には、両学の強みに基づいて、政策立案者に、この人間中心の研究アプローチを提言することが考えられます。例えば、前述の老齢学の重要性を政府高官に説明し、新たな研究プロジェクトの立ち上げに繋げるような活動です。これは欧米の大学ではしばしば見られる手法ですが、日本の大学ではまだ一般的ではありません。

両大学の統合直後においては、このような戦略的なアプローチも視野に入れつつ、人間中心の研究を軸に、医学と工学の融合研究を推進していきたいと考えています。

未来の研究を考えるとき、東工大流アプローチ

未来の研究を考えるときに、科学技術の進歩が社会に与える影響について考えることは重要です。そしてそれは、大学の重要な役割の一つです。東京工業大学では、この課題に対して独自のアプローチを取っています。

まず、大学の最も基本的な使命は、人材育成と知の創造です。大学人は、社会で活躍する人材を育成し、学問を極めて得られた知識を社会に提供することで、社会の豊かさに貢献しています。この循環は、国立大学の基本的な役割といえるでしょう。

しかし、東工大は「実学の大学」としての特徴をもっています。私たちは、単に知識を提供する

だけでなく、その知識の社会実装にも力を入れています。これにより、社会からの適切な評価と支援を受け、それを大学の基盤強化に投資するという好循環を生み出しています。私たちが提供する学知は、人々の好奇心を満たすものから実際のビジネスに繋がるものまで、非常に幅広い領域をカバーしています。特に理工学分野において、この幅広さは東工大の大きな特徴です。

東工大の研究者は大きく二つのタイプに分けられます。一つは、純粋に自身の興味関心を追究する「キュリオシティドリブン」の研究者たちです。もう一つは、社会システムを見据えつつ、自身の学知を活用して社会に貢献しようとする研究者たちです。前者は理学や人文社会科学に近く、後者は工学やエンジニアリングに近いアプローチを取ります。東工大では、これら二つのアプローチがバランスよく共存しています。どちらのアプローチを取るにせよ、研究成果が社会にどのような影響を与えるかを常に意識することが、大学人としての責任です。このような考え方に基づき、東工大ではすべての研究者が未来社会の在り方を考えることを重視しています。科学技術の進歩が社会に与える影響を予測し、望ましい未来の実現に向けて研究を進めることが、私たちの使命だと考えています。

同時に、私たちは社会との対話も重視しています。研究成果を一方的に社会に押し付けるのではなく、社会のニーズや懸念を理解し、それに応えるかたちで研究を進めることが重要です。このような双方向のコミュニケーションを通じて、科学技術と社会の調和的な発展をめざしています。

さらに、私たちは未来の不確実性にも注目しています。科学技術の進歩は予期せぬ結果をもたらす可能性があります。そのため、柔軟な思考と迅速な対応能力をもつ人材の育成にも力を入れています。

結論として、東工大は、科学技術の進歩が社会に与える影響を常に考慮しながら、研究と教育を進めています。私たちは、知の創造と人材育成を通じて、よりよい未来社会の実現に貢献することをめざしています。そして、この過程で生まれる社会との好循環が、大学のさらなる発展に繫がると確信しています。

ＤＬａｂが描く「ありたい未来」、社会との対話から生まれる科学

「未来社会ＤＥＳＩＧＮ機構」（ＤＬａｂ）は、社会のニーズを的確に捉え、望ましい未来の実現に向けた研究開発の方向性を示す重要な役割を担っています。

先にも述べた通り、私たちの大学では、大学の強みを活かしつつ、将来を見据えた研究戦略を立てるため、重点分野と戦略分野を設定しています。しかし、これらの分野設定だけでは不十分です。社会が何を求めているのか、次の戦略分野は何になるべきかを考える必要があります。そこで設立されたのがＤＬａｂです。この機構は、社会との対話を通じて人々の要望や「ありたい未来」を探り、それを実現するために必要な技術や研究の方向性を示す役割を果たしています。

ＤＬａｂの特徴は、「あるべき未来」ではなく「ありたい未来」を描くことにあります。つまり、

大学人から見た理想論の押し付けではなく、社会との対話を通じて人々が本当に望む社会の姿を創造し、それに向けた研究開発を進めることをめざしています。２０１８年９月に発足したＤＬａｂでしたが、２０２０年からのコロナ禍により、社会との対話が制限されたことは大きな痛手でした。しかし、その経験を踏まえ、より強固な組織づくりを進めています。２０２４年４月からは「未来社会デザイン研究センター」へと改組し、より大きな規模と明確な位置づけで活動を展開しています。

この取り組みは、単なる研究開発の方向性を定めるだけではありません。科学技術の進歩が社会に与える影響を常に意識し、望ましい未来の実現に向けて大学全体の活動を導くものです。私たちは、社会との対話を通じて得られた洞察力を研究に反映させ、その成果を再び社会に還元するという好循環を生み出すことをめざしています。

同時に、この取り組みは大学の社会的責任を果たすものでもあります。科学技術の発展が時として予期せぬ影響を社会に与えることがあります。そのため、常に社会のニーズや懸念に耳を傾け、研究の方向性を適切に調整していく必要があります。ＤＬａｂを中心とした私たちの取り組みは、こうした責任ある研究開発の実現をめざすものです。

さらに、この取り組みは次世代の研究者育成にも大きく貢献します。未来社会の在り方を考え、社会との対話を重視する姿勢は、研究者としての幅広い視野と社会的責任感を養います。これは、将来の科学技術の発展を担う人材の育成にとって極めて重要です。

東工大は、このような取り組みを通じて、科学技術の進歩と社会の調和的な発展をめざしています。私たちは、常に社会との対話を重視し、「ありたい未来」の実現に向けて研究開発を進めていきます。そして、この過程で生まれる新たな知見や技術が、より良い社会の実現に貢献することを確信しています。

ＤＬａｂが描く２２００年の未来、24のシナリオから始まる研究

ＤＬａｂの特徴的な取り組みの一つが「未来年表」の作成です。これは、現在から２２００年ごろまでの間に人々が実現を望む未来社会のイメージである24の「未来シナリオ」を年表形式で表したものです。この未来年表は、大岡山キャンパスの百年記念館やすずかけ台キャンパスに掲示されており、誰もが閲覧できるようになっています。

この未来年表を構成する未来シナリオには、２０３０年ごろに実現するものから２２００年ごろのものまで、様々な時期の未来像が含まれています。興味深いことに、「おうち完結生活」というシナリオは２０４０年ごろの実現を予想していましたが、新型コロナウイルスの流行により、想定よりも早く現実のものとなりました。これは、人々が真に求めているものは、適切なきっかけがあれば急速に実現される可能性があることを示しています。

■図表-31 東工大が描く未来シナリオ

2020年１月21日から
大岡山キャンパス百年記念館１階で公開

これらの未来シナリオは、１００人規模のワークショップを通じて作成されました。参加者には東工大の教員や学生だけでなく、高校生や地域の方々も含まれており、多様な視点が反映されています。ワークショップでは「ボーダーを超えよう」というテーマのもと、国境や人々の間の壁だけでなく、個々人の限界という壁を超えるアイデアが議論されました。このワークショップで特筆すべきは、高校生の参加が非常に重要な役割を果たしたことです。高校生は固定観念にとらわれず、大胆な発想を提案します。これは、既存の枠組みにとらわれがちな大人たちに新たな視点を提供し、議論を活性化させる効果がありました。

ワークショップの進行は以下のような流れです。まず、４人一組のグループに分かれ、約25チームが形成されます。各チームが10個程度のアイデアを出し、全体で２００個ほどのアイデアが集まります。これらを整理・統合し、最終的に24個の未来シナリオにまとめあげていきます。この過程には約１年半の時間を要しました。

現在の24の未来シナリオは、「ボーダーを超えよう」というテーマに基づいて作成されたものです。そのため、国境や人々の間の壁、人間としての限界を超えることに関連したシナリオが多くなっています。本来であれば、異なるテーマでのワークショップも計画されていましたが、新型コロナウイルスの影響でしばらく中断せざるを得ませんでした。今後１~２年の間に、新たなテーマでのワークショップを開催し、次の未来年表を作成したいと考えています。

このような未来シナリオの作成と、それに基づく研究の推進は、東工大の将来の研究方向性を定める上で極めて重要だと考えています。社会のニーズを的確に捉え、それに応えるかたちで研究を進めることで、真に社会に貢献する科学技術の発展が可能となるからです。同様のコンセプトでイノベーションを推進する仕組みとして国が推進する「ムーンショット型研究開発制度」がありますが、ＤＬａｂの未来シナリオの取り組みは、この「ムーンショット型研究開発制度」よりも早く始まっていたことを強調しておきたいと思います。また企業の中では、トヨタ自動車が早くからこのような未来年表を作成していたようですが、彼らの目的が主に次のビジネスを考えるためだったのに対し、私たちはより純粋に科学技術の視点から、人々の反応を踏まえて必要な科学技術は何かを考えるための基盤としているとご理解ください。

ＤＬａｂでは、これらの「ありたい未来」を設定した後、実際にその実現に向けた研究も行っています。「ＤＬａｂチャレンジ」と呼ばれる研究支援制度を通じて、小規模ながら助成金を提供し、未来シナリオの実現に向けた初期段階の研究を支援しています。

東工大流「ボーダーを超える」研究、異分野協働で未来を創造

東京工業大学では、「ありたい未来」を自ら設定し、その実現に向けた研究を進めています。この取り組みは、研究者、特に若手研究者にとって、非常に具体的で実践的な意味をもっています。

私たちが作成した未来シナリオは、社会がどうありたいかを示すものです。研究者たちは、これ

らのシナリオを自分事として捉え、自身の能力をどのように活かせるか、また不足している部分を補うためにどの分野の専門家と協力すべきかを考えるようになります。これは、次世代の研究テーマを生み出す原動力となっています。こうした研究者の異分野協働での研究を後押しする仕組みが「DLabチャレンジ」と呼ばれる研究支援制度です。提供される資金は限られていますが、この支援は研究の初期段階、いわば「種まき」の役割を果たしています。研究者たちはこの支援を基に集まり、初期の試験的研究を行います。その後、より大規模な国の研究資金の獲得や企業との連携へと発展させていくことをめざしています。現在、12～13のテーマがこの制度で支援されています。

例えば、サンゴや褐虫藻が地球環境に与える影響を、材料科学や情報科学の視点から研究するプロジェクトがあります。これは、未来シナリオの22番や24番の実現に向けた研究の一つです。

もう一つ例を上げれば、最近注目されているPFOS（ペルフルオロオクタンスルホン酸）による環境汚染の問題があります。この問題に対して、社会学者と材料科学の研究者が協力して取り組んでいます。社会学者が米軍基地周辺の環境汚染の実態を調査し、材料科学の研究者がPFOSを吸着する物質の開発を行っています。このような異分野協働により、環境問題の解決に向けた新たな技術開発が進んでいます。

これらの研究は、私たちが設定した「20年から50年後の望ましい社会」というシナリオの実現をめざすものです。具体的には、「人類が地球全体の生態系や自然現象を理解しながら把握し、地球への配慮が進むような社会」の実現をめざしています。

このような取り組みは、単に科学技術の発展をめざすだけでなく、研究者の視野を広げ、社会との対話を促進する効果もあります。異分野の専門家や一般市民との交流を通じて、研究者たちは自身の研究の社会的意義を再認識し、より幅広い視点から研究に取り組むようになります。また、DLabの活動は、大学の研究者だけでなく、学生や社会の様々なステークホルダーを巻き込んで行われています。これにより、多様な視点や意見を取り入れ、より包括的で実現可能性の高い未来シナリオの作成と、それに基づく研究開発が可能となっています。この過程で生まれる新たな協力関係や研究テーマは、イノベーションの源泉となります。異なる分野の知識や技術が融合することで、これまでにない解決策や新たな価値が創出される可能性が高まるのです。

さらに、この取り組みは次世代の研究者育成にも大きく貢献しています。学生たちは、未来社会の在り方を考え、社会との対話を重視する姿勢を学ぶことで、研究者としての幅広い視野と社会的責任感を養っています。

東工大は、DLabを中心としたこれらの取り組みを通じて、科学技術の進歩と社会の調和的な発展をめざしています。私たちは、常に社会との対話を重視し、「ありたい未来」の実現に向けて研究開発を進めていきます。

24

2200

物質と生命の根源が理解され、持続可能な社会が実現する

素粒子レベルで物質と生命進化過程の解明が進み、地球全体をより理解できるようになることで、人類を含む生命はさらに進化し、現代をはるかに凌ぐ科学・技術をつくりだす。

そして地底・深海・南極・空中・宇宙などあらゆる環境に進出しそれぞれの場所で生活することが可能になる。

また、活動範囲が飛躍的に拡大することで、多様な場所での食料生産、資源採掘が可能になるため、食料問題、資源枯渇問題が解決される。

変化のポイント（これまで）	地球の部分的な理解にとどまった、非持続的社会	▶	変化のポイント（これから）	地球の網羅的な理解を通じた、全体最適な持続型社会

技術的・社会的な課題（研究課題を含む）

- ●素粒子レベルでの、物質と人類・生命進化の解明。
- ●人が生命の進化に関わることについての科学技術倫理。
- ●極限環境下で必要な高強度材料などの開発。
- ●素粒子レベルでの精度の高い測定技術や解析技術の開発。

大学に期待される役割（研究以外）

- ●地球と生命を関連付けた学問を振興するとともに、多様な専門家が集まって生態系の理解を深める活動を持続的に行う。
- ●進化すべき方向性の明示。
- ●技術に対する、抑制の仕組み作りや教育。

■図表-32「DLabチャレンジ」の一例

22　2100

人類が地球全体の生態系や自然現象を把握し、地球軸での共生が進む

地球軸での共生が重要であるという人々の意識が醸成されるとともに、モニタリングシステムやAIの発達により自動で巨大システムの全体最適化ができるようになる。そして、これまで人間本位の開発が行われてきたのに対し、人間と自然とのボーダーを超えて、自然環境や動物など地球環境本位の開発が行われるようになる。

さらに、国単位ではなく、地域や国境を超えた、地球全体での最適化を図ることが当然になる。

変化のポイント（これまで）	人間本位・個別最適	▶	変化のポイント（これから）	地球本位・全体最適

技術的・社会的な課題（研究課題を含む）	●地球全体の生態系や自然現象を把握できるモニタリング・データ統合システム。 ●自然エネルギーの包括的利用システム。　●ゴミからの再生産システム。 ●SDGsの徹底推進と国を超えた情報共有の推進。 ●地球本位の開発を実行するための技術の開発。　●地球軸での最適解の明示。
大学に期待される役割（研究以外）	●ビッグデータの解析・分析結果をもとに、個人軸・国軸・地球軸での環境の最適化について、議論と教育を行う場として活用される。 ●利害を超えた中立的な第三者機関としての役割。

ＳＤＧｓの先を見据える東工大、２００年先の未来像を描く

東京工業大学では、未来社会の在り方を考える上で、独自のアプローチを取っています。その特徴的な点の一つは、ＳＤＧｓ（持続可能な開発目標）に対する姿勢です。

実は、東工大の研究者たちは、ＳＤＧｓに対してあまり強い関心を示していません。その理由は、ＳＤＧｓのゴールである２０３０年が、私たちの研究成果が実際に社会実装される時期と重なっているからです。つまり、ＳＤＧｓの目標があまりにも近すぎるのです。これでは、研究者たちの創造性や挑戦的な姿勢が制限されてしまう恐れがあります。

そこで私たちは、もっと大胆に未来を見据えることにしました。２１００年や２２００年といった、誰も正確に予測できない遠い未来を想像し、そこでの「ありたい姿」を描くのです。このアプローチにより、研究者たちはより自由に、創造的に未来を構想することができます。

この考え方は、国連のＳＤＧｓ推進者との対話を通しても補強されました。彼らと未来予測の難しさについて議論する中で、私たちは「人々がありたいと思う未来は必ず実現される」という信念をもつに至りました。重要なのは、「〜べき」という規範的な未来ではなく、「〜たい」という願望に基づいた未来像です。後者は、人々の共感を得やすく、実現に向けた力強い動きを生み出します。

この長期的視点は、大学の社会的責任とも深く結びついています。大学は短期的な成果も求められますが、同時に長期的なビジョンをもち、社会が望む未来の実現に向けて努力する責任がありま

す。ただし、現実的な大学の経営の観点からは、短期的な成果と長期的なビジョンのバランスを取ることが課題となっています。

一方で、私たちの取り組みは、単なる研究のショーケースにとどまりません。実際に、企業からの要請を受けて、未来構想のためのワークショップを開催することもあります。これは「ＤＬａｂメソッド」と呼ばれ、企業の将来ビジョン策定に活用されています。このメソッドは、もともと(株)博報堂が開発したものをベースにしていますが、大学の文脈に合わせて発展させてきました。このようなアプローチは、産学連携の新たなかたちを示しています。企業は自社のビジネスの将来像を描くために、大学の知見を求めています。私たちは単に技術や知識を提供するだけでなく、未来を構想する方法論そのものを提供しているのです。

また、この取り組みは研究者の育成にも大きく貢献しています。遠い未来を想像し、そこから現在の研究テーマを逆算するという思考プロセスは、研究者の視野を広げ、より革新的な発想を促します。

さらに、このアプローチは社会との対話を促進します。１００人規模のワークショップでは、大学関係者だけでなく、高校生や地域住民も参加します。これにより、多様な視点が研究に反映され、より社会のニーズに即した研究テーマの設定が可能となります。

東工大は、このような取り組みを通じて、科学技術の進歩と社会の調和的な発展をめざしています。未来は予測するものではなく、創造するものです。私たちは、この信念のもと、これからも挑戦的な研究に取り組んでいきます。

研究を支える人たち

以上、紹介してきたような東京工業大学の素晴らしい研究は、研究者（教員や学生）だけではできません。大学運営を担う事務職員も含め、様々な人々の支えが必要です。本学の優秀な事務職員についてはすでに何度か述べて来ましたので、ここでは特に、研究を支援する人たちについて述べます。

ＵＲＡが牽引する東工大の研究推進、40人の専門家集団

まず、これまでも何度か登場したＵＲＡから始めます。ＵＲＡ（University Research Administrator）とは、大学などの研究組織において事務・技術職員とともに、研究の支援を行う専門職であり、教員・研究員や事務・技術職員ではない、新しい職種とも言われています。東京工業大学でも、２０１３年度頃からＵＲＡの雇用を始めましたが、現在では約40名のＵＲＡが渡辺治理事・副学長が統括する研究・産学連携本部ならびに関連組織で雇用され、研究力分析、研究の社会への発信、あるいは産学連携だけでなく、研究資金獲得、知財管理、契約等の法務、国際的な研究連携、そしてスタートアップ創出など、実に多岐に渡る分野で研究支援を行っています。その他にも、部局やプロジェクトで雇用され、各々の部署に密接に関連した研究支援を行っているＵＲＡ

もいます。

　URAの大きな特徴は、その専門性にあります。通常の事務職員が3年程度で異動するのに対し、URAは長期的に同じ分野に携わることができます。これにより、企業との継続的な関係構築や、専門知識の蓄積が可能となります。ただ、URAは新しくできた職種であるため、通常の雇用形態ではなく、任期付きの有期雇用職員という雇用形態です。そのため、安定した雇用環境の整備が課題でした。そこで本学では、教員のテニュアトラック制度を参考にした新たな無期登用制度を導入し、URAの雇用の安定化とキャリアパスの確立に努めています。

　こうしたURAの重要な活動の一つが、研究者としての教員間の連携構築です。OI機構が担当する組織対組織の産学連携では、企業が希

■図表-33 研究・産学連携本部の組織とURAの配置状況

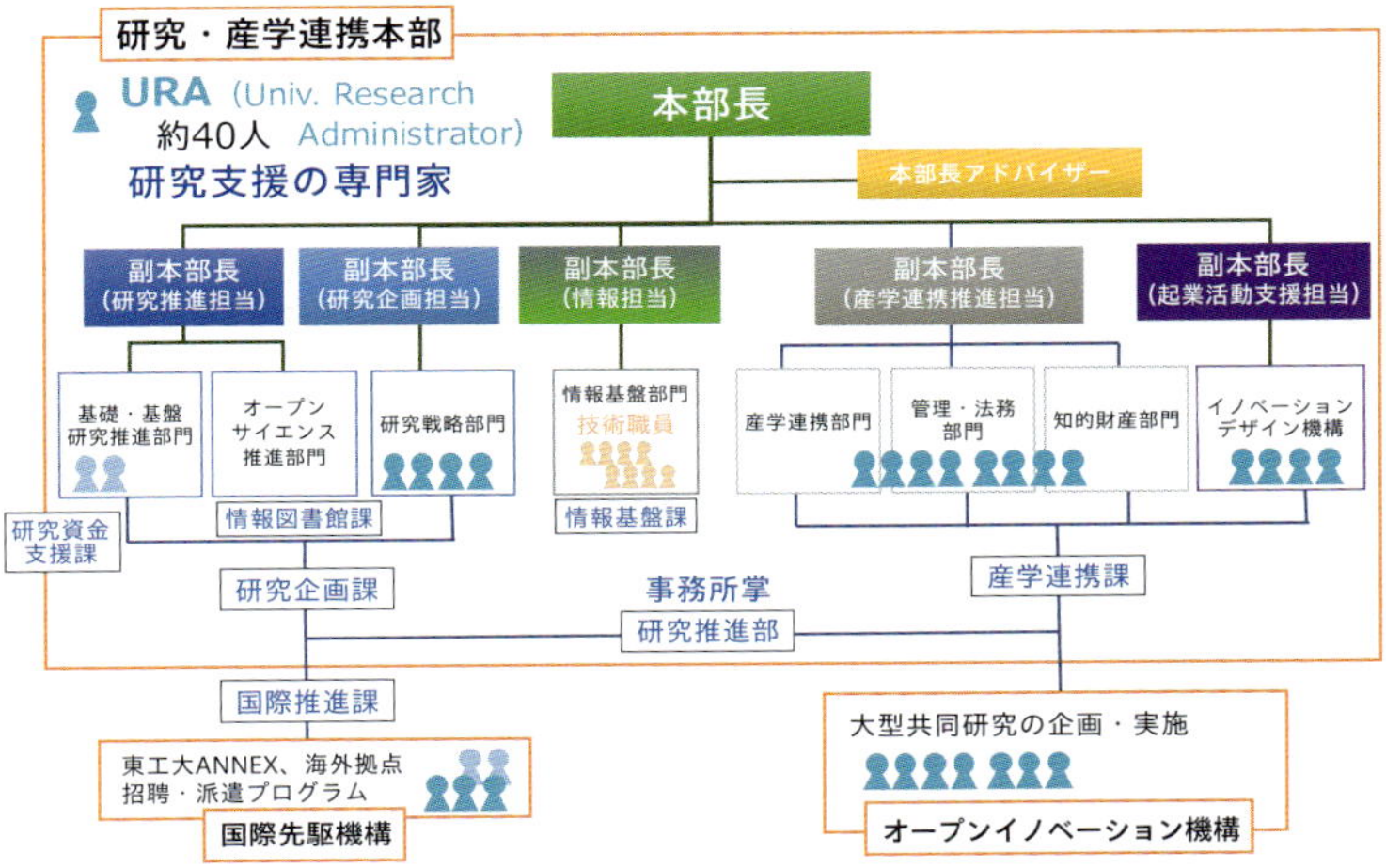

望された研究テーマに対して、それに取り組むのに適切な研究者を選び研究チームを構成するのをＵＲＡが支援します。政府系のプロジェクト（いわゆる国プロ）にしても、大型の国プロでは、多岐に渡る研究分野からの総合的な取り組みが求められます。その際に、中心となる教員が研究チームを編成するのをＵＲＡが支援します。国際的な研究連携においても同様です。海外からの魅力的な研究プロジェクトの話に対し、学内の教員に声かけをし、研究への参画を支援するのもＵＲＡの役割です。また逆に、本学の海外拠点を活用し、ワークショップを開くなどして、本学の魅力的な研究を海外で紹介し、国際的な研究連携の進める支援をしているＵＲＡもいます。

大学の教員は研究においては重要なタレントです。ＵＲＡは、そうしたタレントを発掘し、適切なチームを構成し、産連、国プロ、国際連携などの舞台での活躍を演出します。つまり、芸能プロダクションのマネージャーであり、研究劇場の演出家でもあるのです。

今後も、こうした取り組みだけでなく、知財戦略や国際広報などの専門的な分野でも、ＵＲＡの活動をさらに充実させ、本学の研究力向上と、研究に基づいた社会貢献の実現に向けて取り組んでいきます。

ＵＲＡの研究連携支援の一例：梅とつばめのプラットフォーム

ＵＲＡの研究連携支援の一例として、東京工業大学と東京医科歯科大学の統合を見据え、両学の

ＵＲＡで立ち上げた「梅とつばめの研究マッチングプラットフォーム」についても紹介しておきます。

統合発表直後から、両大学の研究者から共同研究への強い関心が寄せられました。そこで、まず昨年5月にマッチングフォーラムを開催しました。このフォーラムでは、約80人の研究者がバーチャル環境でポスター発表を行い、互いの研究内容を紹介し合いました。

フォーラム後、研究者たちにペアを組んで共同研究の提案を募集したところ、70件もの応募がありました。予算の制約から30件を採択し、各大学から研究資金を提供しました。今年４月には、１年間の研究成果の中間発表会を開催し、非常に興味深い結果が報告されました。

この成功を踏まえ、「梅とつばめの研究マッチングプラットフォーム」を常設化しました。これにより、一過性のイベントではなく、継続的な研究マッチングの機会を提供しています。

この取り組みを通じて、従来の「医工連携」に加え、「工医連携」という新しい概念も生まれています。例えば、工学系の研究者が開発した技術や装置が、医学系の研究者によって新たな用途を見出されるケースがあります。

しかし、このマッチングプロセスには課題もあります。医学系の研究者は目の前の患者を救うための即時的な解決策を求める傾向がありますが、それが必ずしも工学的な研究テーマとして適切でない場合もあります。時には、既存の技術や企業の製品で解決できる問題もあります。

そこで、このプラットフォームでは単なるマッチングだけでなく、適切なスクリーニングとコーディネートを行っています。URAが中心となり、提案された共同研究のアイデアが真に研究として価値があるか、あるいは他の解決方法がないかを慎重に検討しています。

例えば、医学系からの要望が単なる「便利屋」的な依頼に近い場合、URAがそれを適切に判断し、場合によっては企業を紹介するなどの対応をしています。一方で、工学的にも興味深い研究テーマとなりうる提案については、積極的にマッチングを進めています。

このようなスクリーニングプロセスは、両大学の研究者間の直接的な対話を制限するものではありません。むしろ、より効果的で意義のある融合研究を促進するためのものです。URAがクッションとなることで、研究者同士のミスマッチを防ぎ、真に価値のある共同研究を生み出すことができます。このような、一手間かけた支援が、研究者の強みを最大限に活かすためには重要だと考えています。

医工連携に限らず、異分野融合研究が将来抱えるであろう課題もあります。異分野融合研究は、「おもしろいかもしれない」「やってみましょう」から始まりますが、実は上手く成果が産みだされる時のことも考えておく必要があります。例えば、論文を書く時のオーサーシップをどうするのかといったことを決めておかなければなりません。米国で先行している異分野融合研究におけるオンブス制度などを学ぶ必要があります。

オープンファシリティセンター：設備共用の中枢となる技術職員組織

多くの研究に不可欠なのが研究設備、いわゆる研究用の装置や施設です。特定の研究のための研究設備は研究者が各々、予算を獲得し導入しますが、全学で共通に使える基盤的な研究設備については大学が中心となって「設備共用」を進めています。基盤的な研究設備と言っても、数千万円以上もする設備など、独自資金では導入できない設備も多数提供しています。これらを利用できることは、本学の多くの教員にとって重要です。特に若手教員、そして着任直後や新たな研究に取り組もうとしている教員には必須と言ってもよいでしょう。この設備共用で中心的な役割を担っているのが、本学に約90

■図表-34 OFCの組織図（2024年度版）と学内の設備共用連携組織

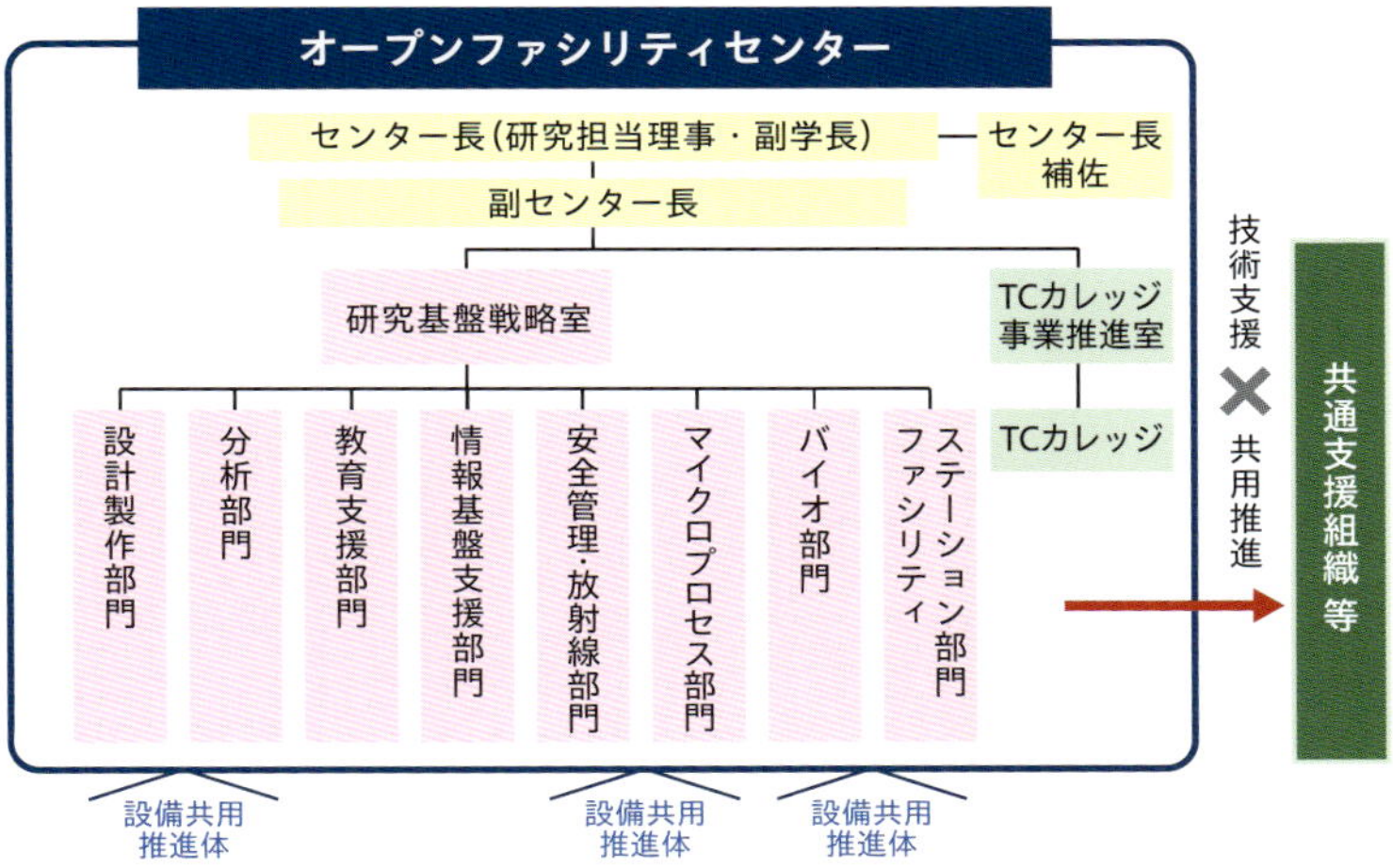

名いる技術職員です。

技官と呼ばれていた頃の技術職員の多くは、学科や研究室に配置され、そこでの研究設備の面倒をみる仕事をしてきました。しかし、設備共用を全学的にかつ組織的に進めるため、本学では2007年に全技術職員を技術部に実質的に集約化し、全学で共用する研究設備の整備と運用を本務とすることとしました。今でこそ多くの大学で技術職員の集約化が進み始めましたが、その当時としては画期的なことでした。

一方で、共用設備として配置する設備の充実化・高度化を進めるために、本学経営の中枢となる戦略統括会議下に「設備共用推進部会」を設置し、代々の研究担当理事・副学長のリーダーシップのもと，学内の研究設備の共用化を進めてきました。さらに、国のナノテクノロジープラットフォーム事業や先端研究基盤共用

■図表-35 OFC整備構想

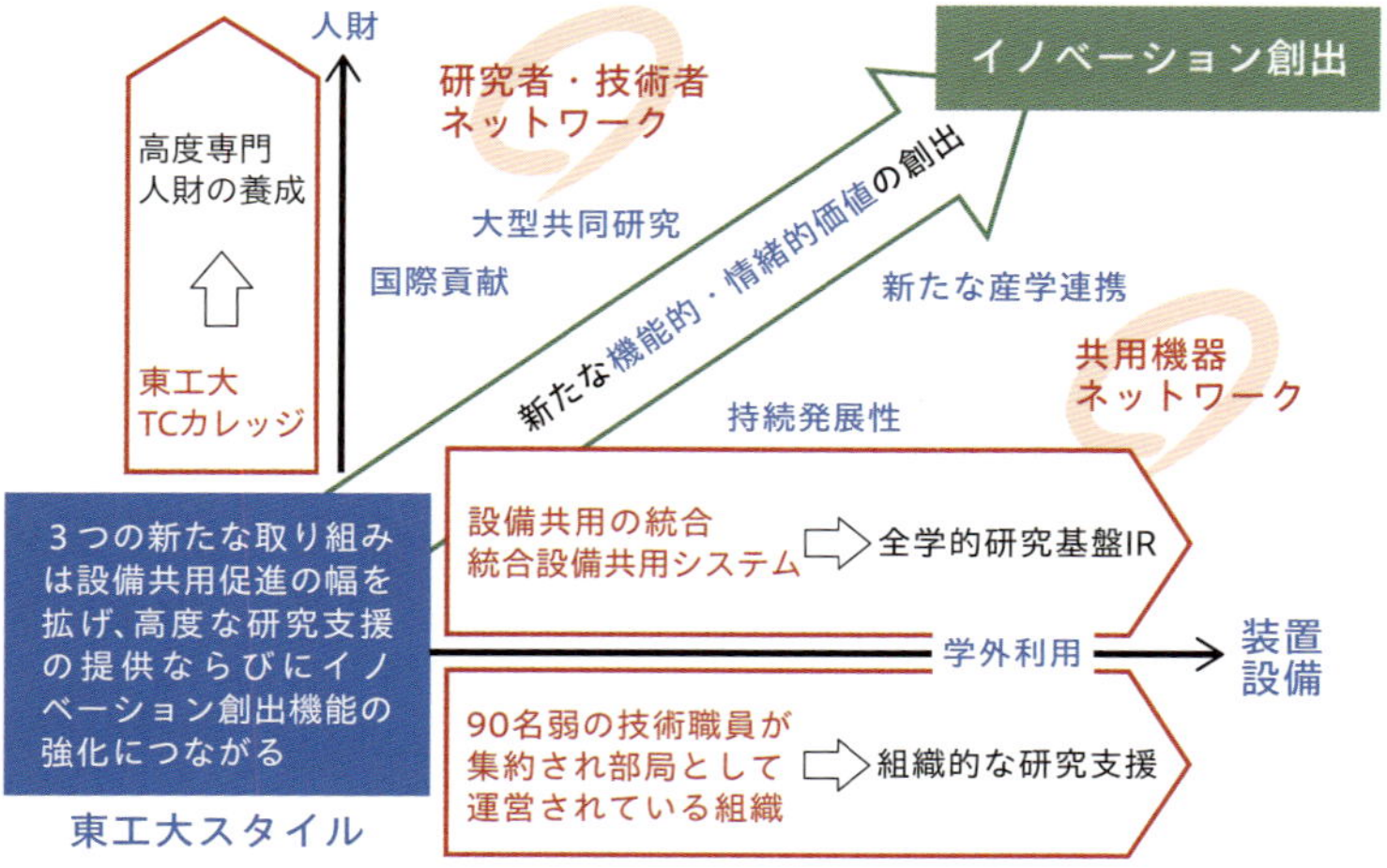

促進事業を活用して、先端設備の導入や設備の集約化を教員・技術職員・事務職員が共に進めてきました。

以上のような設備共用の取り組みの中では、技術職員はどちらかというと脇役的な存在でした。けれども、技術職員こそが設備共用の中心となるべきだ、という考え方のもと、２０２０年に技術部を発展的に再編し，全学の共用設備の導入計画・維持管理・運用を担う組織として「オープンファシリティセンター」（以下、ＯＦＣ）を設置しました。ちょうどその年度に国の委託事業としてコアファシリティ構築支援プログラムが始まり、本学では、ＯＦＣの整備構想を提案し、第一期支援対象５大学の一つとして選ばれました。

本学の提案で特徴的だったのは、高度専門技術支援人財の養成を掲げた点です。設備共用では、高度な設備を管理し、それを活用できる「技」だけでなく、設備を導入し、さらにそれらを維持・更新していくための戦略を立案し遂行できる研究設備マネジメント力も必要です。これらを兼ね備えた技術職員の育成を重要な柱としたのです。

具体的には、こうした設備共用の推進に必要な能力を分野ごとに明確化し、それを獲得した者へＴＣ（テクニカルコンダクター）という称号を与える制度を考えました（ＴＣという名称は当時の中村吉男技術部長・初代ＯＦＣ副センター長の発案）。ＴＣは技術支援者に対する博士号に相当するものです。そして、そのＴＣを目指し人たちを育成するための「ＴＣカレッジ」の創設を提案したのです。以上は、江端新吾教授が中心となって構想し、彼が初代ＴＣカレッジ長として、関連の教員・技術職員と共に、さらには複数の大学や研究機器メーカーの協力も得て、多くのＴＣ育成コースを実現させました。現在では20に近い大学等研究機関や民間からの技術者が、このＴＣカレッジに参加しています。本学からは、２０２４年度までに、すでに5名のＴＣ称号授与者を輩出しています。

本学では、また、高い能力を持った技術職員のために、その能力を活かして仕事をしてもらうための上位職階を設けました。上席技術専門員は、「匠」として様々な研究プロジェクトに高度研究環境の提供者と関わり、いくつもの重要な研究論文の謝辞に登場するような働きをする立場、もしくは、研究基盤戦略を策定し、それを推進する設備共用マネジメントをリードする立場の職階です。現在、ＴＣ称号授与者の中から2名が、「匠」のタイプの上席技術専門員に昇格しました。そのさらに上位職として主幹技術専門員も設けました。将来は、この主幹技術専門員にＯＦＣのような組織をけん引してもらうことを想定しています。

ＯＦＣでは、コアファシリティ構築支援プログラムの支援のもとに、統合設備共用システムの構築も行いました。ＯＦＣにおける設備利用の予約から料金徴取までを統一的かつ効率的に行うシステムです。さらにまた、各設備の利用状況や使用年数・故障状況などのデータを集約し、研究基盤Ｒに役立てるためのシステムです。昨年度から本格運用を開始しましたが、そのデータを見るだけでも、共用設備への需要が高っていることがわかります。その一方で、設備の老朽化の課題も実感されます。しかし、運営費交付金の削減をはじめとした研究設備に関連する予算が削減され、設備の維持・更新の環境は厳しさを増しています。そんな中、本学では、一昨年度から、研究設備に関してはＯＦＣ研究基盤戦略室が中心となり、学内教員と連携しながら、文部科学省への概算要求（共通政策課題分における基盤的設備等整備分等）を取りまとめることとしました。その結果、表面分析専門のファシリティステーションの構築につながる装置群の獲得に成功しました。今後は、ＴＣ獲得者など、より強力な技術職員を育て、ＯＦＣが教員、執行部と協力し、より戦略的に共用の研究設備の維持・管理・更新を行っていくことを期待しています。

情報基盤を支える人たち

現代社会に欠かせないのが情報基盤です。それは大学の運営でも同様です。本学の情報基盤については、学術国際情報センターの情報支援部門が担当しており、教員、技術職員、事務職員がまさに協働で情報インフラの日々の運用にあたっています。「何も起こらないこと」が当たり前の日常を送れているのは、こうした人たちのお陰です。

その中でも、全学の情報基盤に深刻な打撃を与えかねない情報セキュリティトラブルへの対応が重要です。この情報セキュリティトラブルを、未然に防ぐ・早期に対処するために、本学ではＣＥＲＴ（情報システム緊急対応チーム、Computer Emergency Response Team）を２０１４年に設置しました。

現在、このＣＥＲＴを率いている統括責任者は、この分野の一人者として知られている松浦知史教授です。彼の優れた点は、ＣＥＲＴを有効に機能させるためのノウハウを私をはじめ、大学執行部に丁寧に教育した点です。こと情報セキュリティに関しては、緊急時の対応だけでなく、通常の啓発活動から情報システムの設計においても、ＣＥＲＴに強い権限を与えることが肝心である、ということを私たちに理解させたのです。

松浦教授のもとには、全国で起きている情報セキュリティ事件の詳細が集まってきます。その中で、本学でも参考にすべき案件がある度に、全学の部局長が集まる会議などで、事例として紹介してもらい、私たちが取るべき情報セキュリティ対策についての啓発を行ってもらっています。

また、本学の教職員・学生が安全に情報交換ができる環境を作るために、認証基盤とクラウドサービスを連携させたコミュニケーションシステムであるＳｌａｃｋとＢｏｘを全学的に導入し、メールと添付ファイルによるやり取りをＳｌａｃｋとＢｏｘに移行することを強く勧めたのも松浦教授でした。その提案を受け入れ、本学は２０２１年に国立大学として初めてＳｌａｃｋを全職員に対して導入し、２０２３年にはそれを学生も含めた全構成員に広げました。この判断は間違っていなかったと思います。なお、Ｓｌａｃｋ＋Ｂｏｘの導入時には、その使い方マナーの構築と教職員への普及に、本学の若手事務職員の有志からなるチームが大活躍してくれました。これも嬉しかったことでした。

以上は、全学的な情報基盤の支援についてでしたが、研究に話を戻しましょう。研究における情報基盤の中心となるのはスーパーコンピューター（以下、スパコン）です。そして、東工大のスパコンといえば、ＴＳＵＢＡＭＥです。ＴＳＵＢＡＭＥの活用は、学術国際情報センターの先端研究部門が担当しています。ＴＳＵＢＡＭＥは２００６年４月より運用開始したクラスタ型スパコンです。代を重ねて、現在はＴＳＵＢＡＭＥ４．０が２０２４年４月より運用を開始しています。

ＴＳＵＢＡＭＥはＧＰＵを導入した世界初の本格的スパコンとして有名です。ＧＰＵ（Graphics Processing Unit）は、その名の通り、画像処理用の演算装置です。高速な画像処理のために超並列計算を実現できる設計になっています。その超並列性をスパコンの計算効率向上に使おう、というのは無謀な発想だと当時言われていたそうです。それに対し、綿密な調査・研究を行い、その上で「できる！」と判断したのが、当時、ＧＳＩＣでスパコン運用の陣頭指揮を取っていた松岡聡教授（現、理化学研究所計算科学研究センター長）でした。彼は、まずＴＳＵＢＡＭＥのマイナーバージョンアップであるＴＳＵＢＡＭＥ１．２でＧＰＵの導入を試み、その次の世代のＴＳＵＢＡＭＥ２．０で本格的に導入し、その年のスパコン世界ランキングで世界第４位に躍り出て一躍有名になりました。それ以来、ＧＰＵの活用がＴＳＵＢＡＭＥ上で進化を続け、今やＧＰＵはスパコンの演算力強化の基本的な手段となっています。

スパコンは、現在では、ほとんどすべての科学技術の分野で活用されています。高度な研究には欠かせない道具と言ってもよいでしょう。けれども大変高価な道具です。どこまでお金をかけるか？これは経営者を悩ます種です。実際、TSUBAME4．0の導入検討にあたっては、この点、随分と悩みました。円安かつ半導体危機とも言われる状況の中、当初の目標性能を達成するためには、かなりの予算増が想定されたからです。けれども、これまでの活用実績や、今後の本学における研究推進を考えた上で、その予算増を認めることとしました。その結果、TSUBAME4．0は国内では理研のスパコン富岳に次ぐスパコンとして登場することができました。そして、その能力の高さ、ならびにAI開発用に適した設計が評価され、国立情報学研究所と生成AIに特化した大型共同研究に使われることとなりました。今回の決断には、大学債による財政基盤の強化が鍵となりました。大学の財政基盤強化の重要性があらためて認識された例だったと思います。

スーパーコンピュータTSUBAME4.0

Column

躍進と進化のキャンパスをつくるために②

――大隅良典・栄誉教授

科学を文化に

偶然と選択が導いた科学者人生

科学を文化にするという視点から、私の研究者としての経験をお話しさせていただきます。研究者のキャリアにおいて、最も挑戦的だったのは、43歳でオートファジーの研究を始めたことです。日本では研究テーマを変えることが難しい環境にありますが、私はこの決断をしました。これは大きな転機となりました。

振り返ってみると、私の人生は常に「危うい」選択の連続だったと感じています。東京大学で基礎科学科という新しい学科を選んだこと、アメリカのロックフェラー大学への留学など、必ずしも計画的ではなく、様々な偶然が重なって今の道に至りました。

若い研究者の皆さんに伝えたいのは、研究を始めるきっかけは何でもよいということです。「この建物がきれいだから、ここで実験したい」といった単純な動機でも構いません。自分のライフワークを見つけられないと焦る必要はありません。研究とはそういうものなのです。

重要なのは、自由に選択できる環境を整えることです。みんなが同じことをするのではなく、多様な研究が行われることが大切です。

オートファジーの研究を始めたときも、まったく新しいテーマというわけではありませんでした。以前から細胞内輸送系の研究をしていましたが、独立して研究室を持った際に、新しい挑戦として液胞の分解機能

大隅 良典
（オオスミ ヨシノリ）

分子細胞生物学者　/　理学博士（東京大学・1974年）
東京工業大学　科学技術創成研究院 細胞制御工学研究センター 特任教授・栄誉教授

略歴

1963年(昭和38年)	福岡県立福岡高等学校卒業
1967年(昭和42年)	東京大学教養学部基礎科学科 卒業
1967年(昭和42年)	東京大学大学院理学系研究科 相関理化学専門課程修士課程
1969年(昭和44年)	東京大学大学院理学系研究科 相関理化学専門課程博士課程
1974年(昭和49年)	東京大学農学部農芸化学科 研究生 理学博士取得
1974年(昭和49年)	米国ロックフェラー大学 研究員
1977年(昭和52年)	東京大学理学部植物学教室 助手
1988年(昭和63年)	東京大学教養学部 助教授
1996年(平成 8年)	岡崎国立共同研究機構 基礎生物学研究所 教授
2004年(平成16年)	自然科学研究機構 基礎生物学研究所 教授
2009年(平成21年)	東京工業大学 統合研究院フロンティア研究機構 特任教授
2014年(平成26年)	同大学 栄誉教授　(現職)
2017年(平成29年)	同大学 科学技術創成研究院 細胞制御工学研究センター 特任教授　(現職)

受賞歴

平成17年 6月	藤原賞
平成18年 7月	日本学士院賞
平成19年 9月	日本植物学会学術賞
平成21年 1月	朝日賞
平成24年11月	京都賞
平成25年 9月	トムソンロイター引用栄誉賞
平成27年10月	Canada Gairdner International Award
平成27年11月	慶應医学賞・文化功労者
平成27年12月	国際生物学賞
平成28年 4月	Lewis. S. Rosenstiel Award 、The Wiley Prize in Biomedical Sciences
平成28年 9月	The Dr. Paul Janssen Award for Biomedical Research
平成28年11月	文化勲章
平成28年12月	Breakthrough Prize in Life Sciences The Nobel Prize in Physiology or Medicine
平成30年12月	日本学士院会員

に着目しました。これは大きな方向転換でしたが、その後の30年以上にわたる研究テーマとなりました。

私自身、43歳でこの新しい研究を始め、52歳で教授になりました。今の若い研究者から見れば遅いキャリアかもしれません。しかし、そのことが重要なのではありません。

若い研究者の皆さんには、ライフワークを探すことは大切ですが、それを焦る必要はないと伝えたいのです。ライフワークは研究のプロセスの中で自然と見つかるものです。今の時代、基礎生物学、情報科学、構造生物学など、様々な分野の知識が求められます。しかし、すべてに精通する必要はありません。

むしろ、自分が興味をもったことに集中し、それを追究することが大切です。他の分野については「勉強すればいいな」程度の気持ちで構いません。若い研究者にとって最も重要なのは、自分で考え、自分で選んだテーマに取り組むことです。

「科学を文化にする」ということは、このような自由な発想と挑戦を許容し、奨励する環境をつくることだと考えています。研究者一人ひとりが自分の興味に従って研究を進め、それが社会全体の科学的知識と文化の発展に繫がっていくのです。

私たちの研究成果は、必ずしも即座に社会に役立つものばかりではありません。しかし、基礎研究の積み重ねが、将来的に大きな価値を生み出す可能性があります。オートファジーの研究も、最初は細胞の基本的なメカニズムの解明にすぎませんでしたが、今では医学や農学など幅広い分野に応用され始めています。

科学を文化にするということは、このような長期的な視点をもち、基礎研究の重要性を社会全体で認識することでもあります。短期的な成果や応用だけでなく、知的好奇心に基づいた研究も等しく尊重される社会。そのような社会をめざして、私たちは研究を続けていく必要があります。

オートファジー研究から学ぶ、科学観と時代の要請

研究者としての成功について、私の考えをお話しさせていただきます。

成功の定義は人それぞれですが、私は単に論文をたくさん出すことが成功だとは考えていません。確かに、解ける問題を次々と解いていけば、１０００本でも論文を書くことはできるでしょう。同じ対象を少しずつ変えて実験を繰り返せば、似たようなグラフや表を並べた論文をいくらでも生産できます。

しかし、私が考える研究者としての真の達成感は、自分なりの新しい世界を切り開くことにあります。サイエンス全体から見て、新しい切り口を開いたかどうかが重要だと思います。そのため、私は論文の数や引用回数といった外形的な価値にはあまりこだわりません。

私がオートファジーの研究でノーベル賞を受賞したことも、結果論にすぎません。これを自分の「成功」だと誇るつもりはありません。むしろ、たまたま私が取り組んだテーマが時代のニーズに合致し、重要性が認められたのだと理解しています。

科学の歴史を振り返ると、時代に先駆けすぎた素晴らしいアイデアが、当時の技術的制約のために実現できなかった例も少なくありません。つまり、研究の成功は、その時代背景や社会のニーズと密接に関連しているのです。

オートファジーの研究が注目されたのも、時代の要請があったからだと考えています。生体内での物質の合成メカニズムについては古くから研究が進められてきましたが、分解のプロセスへの注目は比較的新しいものです。しかし、環境問題やリサイクルの重要性が認識されるにつれ、分解や再利用のメカニズムへの関心が高まってきました。

例えば、太陽光パネルの生産や原子力発電所の建設だけでなく、使用後の処理やリサイクルまでを考慮しないと、本当の意味でのサステナビリティは達成できません。同様に、私たちの体内でも、物質の合成と分解のバランスが取れていなければ、生命活動は成り立ちません。

オートファジーの研究は、まさにこの「分解」と「リサイクル」のメカニズムを解明するものでした。これが注目されたのは、社会全体が全体的なサイクルを見渡す視点をもち始めたからだといえるでしょう。

研究者として成功するための秘訣があるとすれば、それは時代の流れを読み取る力と、自分の興味に忠実であり続ける勇気ではないでしょうか。ただし、これらは意識的に追求できるものではありません。むしろ、日々の研究活動の中で自然と身につくものだと思います。

若い研究者の皆さんには、論文の数や短期的な成果にとらわれすぎずに、自分が本当に興味をもてるテーマに取り組んでほしいと思います。そして、その研究が社会にどのような影響を与えうるのか、広い視野をもって考えてほしいのです。

ここで強調したいのは、研究の価値は必ずしも即座に評価されるわけではないということです。時には何十年もたってから、その重要性が認識されることもあります。だからこそ、目の前の評価にとらわれず、自分の信じる道を進んでいくことが大切なのです。

科学を文化にするということは、このような長期的な視点と多様性を社会全体で共有することだと考えています。一つひとつの研究が、いつか大きな花を咲かせる種になるかもしれない。そんな可能性を信じて、私たちは日々の研究に取り組んでいます。

右肩上がりの時代から混沌へ、科学の行方を想う

科学技術の進歩が社会に与える影響について、私の考えをお話しさせていただきます。

私が若かった頃、科学技術の発展は社会の豊かさに直結するものだと信じられていました。戦後の貧しい時代から、電化製品が次々と登場し、人々の生活が便利になっていく様子を目の当たりにしてきました。洗濯機や冷蔵庫といった家電製品が普及し、日常生活が劇的に変化していく時代を生きてきたのです。

当時は、科学の進歩が技術革新に繋がり、それが人間社会の豊かさを生み出すという図式が、比較的ストレートに信じられていました。私たちの世代は、このような右肩上がりの時代を経験して

きたのです。

最近、大学の同窓会で50人クラスの17人ほどが集まりました。みな80歳近くになりましたが、それぞれが異なる分野で真剣に取り組んできた様子を知り、非常に興味深く感じました。私たちの世代は、確かに公害問題などの課題もありましたが、戦争を直接経験せずにここまで来られたという点で、非常に恵まれていたといえるでしょう。

学生時代には、社会主義への憧れもあり、より平等な社会の実現を夢見ていました。しかし、現在の社会情勢を見ると、私たちが思い描いていた未来とは異なる方向に進んでいるように感じます。特に、技術の進歩があまりにも急速で、私たちの想像を超えるスピードで変化が起きています。人工知能（ＡＩ）との共存をどのように図るべきかという新たな課題も浮上し、科学者の世界全体が混乱している状況にあります。

残念ながら、現時点で人類社会の未来が非常に明るいとは言い切れません。この状況を改善するためには、人間自身がより賢明になる必要があります。特に、若い世代の活力が重要です。次の世代をつくり上げていくのは、他でもない若者たちだからです。

これが、私が財団を設立した最大の理由でもあります。私たち年配の世代がどれだけ意見を述べても、実際に未来をかたちづくるのは若い世代です。しかし、現在の日本を見ると、若者たちの元気が少し失われているように感じられ、それが非常に気がかりです。

ただし、これも一時的な現象かもしれません。長期的な視点で見れば、このような停滞期を経て、次の世代が新たな飛躍を遂げる可能性もあります。私はそう信じたいと思っています。科学技術の進歩は、確かに私たちの生活を豊かにしてきました。しかし、同時に新たな課題も生み出しています。これからの科学者には、技術的な革新だけでなく、その社会的影響を慎重に考慮する姿勢が求められるでしょう。

また、若い世代には、単に既存の知識を学ぶだけでなく、新たな課題に積極的に取り組む姿勢をもってほしいと思います。未知の問題に直面したとき、それを恐れるのではなく、挑戦の機会として捉える勇気が必要です。

科学を文化として根付かせるためには、社会全体で科学的思考を育む環境を整えることが重要です。学校教育はもちろん、家庭や地域社会でも、好奇心を育み、批判的思考を奨励する雰囲気が必要でしょう。

ここで科学者の社会的責任についても触れておきたいと思います。私たち科学者は、自身の研究が社会にどのような影響を与えうるのか、常に意識する必要があります。同時に、研究の成果を一般の人々にもわかりやすく伝える努力も求められます。

科学が真の意味で文化となるためには、科学者と一般社会との対話が不可欠です。私たちは、自身の研究の意義を社会に伝えると同時に、社会のニーズや懸念にも耳を傾ける必要があります。この双方向のコミュニケーションを通じて、科学と社会の調和的な発展が実現できるのではないでしょうか。

経済格差と教育機会、日本の科学教育の課題

科学教育の改善について、私の考えをお話しさせていただきます。

現在の日本の教育システムには、多くの課題があります。その中でも特に気になるのは、受験制度が社会に与えている影響です。教育を受ける機会が経済力に大きく左右される現状は、非常に憂慮すべき問題です。例えば、東京大学の学生の親の経済力が高いという事実は、教育の機会均等という観点から見て、深刻な問題を示しています。

私が学生だった頃は、クラスの半数以上が地方出身者でした。東京出身者のほとんどが都立高校の卒業生で、私立高校出身者はごくわずかでした。しかし、現在では状況が大きく変わっています。地方出身者が減少し、特定の有名私立高校の出身者が増えています。これは、早い段階から受験に向けた「レール」に乗った子どもたちが増えていることを示しています。

しかし、このような「レール」に乗った子どもたちが本当に幸せかというと、そうとは限りません。むしろ、人口が減少していく中で、多様な才能をもつ学生を大学が受け入れられなくなっていることこそが、最大の問題だと考えています。

東工大が地方出身者やファーストジェネレーション（両親が大学に行っていない学生）を重視する取り組みを続けていることは、非常に意義深いと思います。しかし、単に奨学金を提供するだけでは不十分です。もっと早い段階から、才能ある子どもたちを支援する仕組みが必要です。

かつては、村の中で才能のある子どもを地域全体で支え、大学に送り出すような文化がありました。このような地域ぐるみの支援システムを、現代に合わせたかたちで再構築できないでしょうか。

また、大学の多様性も重要な課題です。様々なバックグラウンドをもつ学生が集まることで、大学は活性化します。しかし、現在の日本の大学は、地方大学化が進んでいます。以前は、東北大学のように全国各地から学生が集まる大学もありましたが、今では多くの大学で地元出身者の割合が高くなっています。

この背景には、経済的な要因も大きいでしょう。親の経済力が低下し、遠方の大学に子どもを送り出すことが難しくなっています。自宅から通える大学を選ばざるを得ない学生も増えています。

さらに、受験のテクニックに偏重した教育も問題です。答えが必ず存在する問題を素早く解く訓練は、必ずしも科学的思考力の育成に繋がりません。全国の学生がより自由に大学を選択できるような社会システムが必要だと考えています。

一方で、大学の均一化も進んでいます。以前は東京大学の学生は特別に優秀でしたが、今では受験テクニックだけで入学してくる学生も増え、地方大学のトップ層と大きな差がなくなっています。これは一概に悪いことではありませんが、多様性が失われているという面もあります。

また、早期からの選別システムも問題です。小学校の段階から将来の進路が決まってしまうような現状は、子どもたちの可能性を狭めています。情報化社会の中で、子どもたちが早くから自分の能力の限界を感じてしまうことは、非常に危険です。

これらの問題を解決するためには、教育システム全体の見直しが必要です。単に大学入試の改革だけでなく、小学校からの教育の在り方、地域社会の役割、経済的支援の仕組みなど、多角的なアプローチが求められます。

科学を文化として根付かせるためには、多様な背景をもつ人々が科学に親しめる環境をつくることが重要です。そのためには、現在の教育システムの問題点を認識し、改善に向けて社会全体で取り組んでいく必要があります。

社会貢献の本質を問う、大学の役割とは

科学を文化にするためには、大学の役割を社会全体で正しく理解することが重要です。残念ながら、現在の日本では大学の本質的な役割に対する理解が不足していると感じています。

大学に対して「社会貢献」を求める声がありますが、これを短絡的に解釈すると、企業と同じような研究開発を大学に期待することになりかねません。しかし、これは大学の本質的な役割を見誤っています。大学が企業との連携を通じて多額の資金を獲得することだけを重視するようになれば、大学の存在意義そのものが失われてしまいます。

実際、私が財団活動を通じて接する企業の経営者たちは、大学に企業と同じような開発を期待しているわけではありません。しかし、一般社会では「大学の教員は遊んでいて何もしていない」という誤解が少なからず存在します。これは、大学が直接的な生産活動に関わっていないことが原因

の一つかもしれません。しかし、大学は生産活動に直接関与しなくても、社会に対して極めて重要な役割を果たしています。この点についての理解を深めることが、今後の課題だと考えています。

例えば、企業の生産現場で抱える問題を大学に丸投げしても、すぐに解決策が得られるわけではありません。ＮＨＫの「プロジェクトＸ」のような番組を見ると、現場での開発に携わる人々の熱意と努力に感銘を受けます。しかし、大学の研究は常に明確な課題があるわけではなく、期限を定めて成果を出すことが難しい場合も多々あります。これが科学研究の本質なのです。

一方で、企業が大学に求めるものも変化しつつあります。以前は均質な人材の輩出を望んでいましたが、グローバル化が進む中で、より高度な専門知識をもつ人材、例えば博士号取得者の必要性が認識されるようになってきました。しかし、大学がこの需要に十分に応えられているとは言い難い状況です。

大学と企業では、根本的に立場が異なります。しかし、だからこそ両者の協力から新たな価値が生まれる可能性があるのです。例えば、大企業が新製品開発に１００人規模のプロジェクトチームを投入するのに対し、大学の研究室では一つのテーマに携わる人数は多くても10人程度です。このような規模の違いから、最終製品の開発を大学に期待するのは現実的ではありません。

大学に求められるのは、最終製品の開発ではなく、新しい可能性の芽を見出すことです。先見性のある企業人たちは、このような大学の役割を理解し、期待しています。問題は、大学がこの期待に応えられるかどうかです。

科学を文化として根付かせるためには、大学と社会の間で適切な役割分担と相互理解が必要です。大学は基礎研究を通じて新たな知見を生み出し、長期的な視点で社会に貢献する。一方、企業はその知見を基に、より具体的な製品やサービスの開発に取り組む。このような協力関係を構築することで、科学技術の発展と社会貢献の両立が可能になるのです。

そのためには、大学自身が自らの役割を明確に認識し、社会に向けて積極的に発信していく必要があります。同時に、社会全体が大学の本質的な価値を理解し、支援する姿勢も重要です。

科学を文化にするということは、単に科学的知識を普及させることだけではありません。科学的思考法や探究心を社会全体で共有し、それを基に新たな価値を創造していくことです。大学はその中心的な役割を担うべき存在であり、その認識を社会全体で共有することが、今後の科学技術の発展と社会の進歩に繋がるのだと確信しています。

若手から中堅まで支援で研究環境改善を

日本の大学が国際的な競争力を高めるためには、根本的な改革が必要です。私が最も重要だと考えるのは、大学のＰＩ（Principal Investigator、研究主宰者）が楽しそうに研究に取り組める環境をつくることです。

現在の日本の大学は疲弊しています。教授陣は研究費の獲得に奔走し、自由な時間をもつことさえ難しくなっています。かつては「大学人は自由で羨ましい」という社会の認識がありましたが、今ではその余裕が失われつつあります。論文を書くための時間さえ十分に確保できないような状況では、若い人材が大学に残ろうとは思わないでしょう。

政府は若手研究者支援として、数年間限定で数百万円の研究費を提供するような政策を打ち出していますが、これは短絡的で効果的とはいえません。一時的な資金援助だけでは、将来に対する不安は解消されません。大学人として生きることが若者の憧れとなるような環境をつくることが、本当の意味での若手支援になるのです。

現在の研究費配分システムにも問題があります。多くの支援制度が年齢制限を設けており、45歳以下や40歳以下といった条件が付けられています。その結果、45歳後半から60歳くらいまでの研究者が研究費を獲得しにくい状況に陥っています。研究室を率いる立場の研究者が十分な資金を得られず、若手研究者が資金を稼ぐという逆転現象も起きています。これは非常に歪（いびつ）な構図であり、早急な改善が必要です。

このような状況は、国の政策の問題でもあります。現状の対応は場当たり的で、表面的な対症療法に終始しています。若手研究者の活力が失われているという問題に対して、単に若手支援を強化するだけでは根本的な解決にはなりません。なぜそのような状況に陥っているのか、その原因を深く掘り下げて考える必要があります。

特に深刻なのは、博士課程への進学者が減少していることです。これは日本の大学の将来に大きな影響を与える可能性があります。優秀な若手研究者を確保できなければ、大学の研究力は低下し、国際競争力も失われていくでしょう。

では、具体的にどのような改革が必要なのでしょうか。

まず、大学の研究者が本来の仕事である研究と教育に集中できる環境を整える必要があります。研究費の申請や事務作業などの負担を軽減し、創造的な活動に時間を割けるようにすべきです。

次に、長期的な視点での人材育成システムを構築することが重要です。短期的な成果主義ではなく、10年、20年先を見据えた人材育成計画を立て、それに基づいて若手研究者を支援していく必要があります。

また、年齢にかかわらず、優れた研究者が適切な支援を受けられるような公平な評価システムも必要です。若手だけでなく、中堅、シニア研究者も含めた総合的な支援体制を整えることで、研究室全体の活力を高めることができるでしょう。

さらに、大学と産業界との連携を強化し、博士号取得者のキャリアパスを多様化することも重要です。アカデミアだけでなく、企業や公的機関でも高度な専門知識をもつ人材が活躍できる場を増やすことで、博士課程への進学意欲も高まるでしょう。

最後に、社会全体で科学研究の価値を再認識し、大学の役割を正しく理解することが不可欠です。研究者の社会的地位を向上させ、科学研究が文化として根付くような取り組みも必要です。

これらの改革を通じて、日本の大学が再び活力を取り戻し、国際的な競争力を高めていくことができるはずです。そして、そこで学び、研究する若者たちが、希望をもって未来を切り開いていけるような環境をつくることが、私たち世代の責任だと考えています。

科学を日常に、科学文化醸成への道

「科学を文化に」という理念を実現するためには、科学に対する社会の認識を根本的に変える必要があります。私は長年にわたってこの考えを提唱してきましたが、その背景には日本社会特有の課題があります。

まず、日本では「科学技術」という言葉が一体化して使われることが多く、科学は即座に役立つものだという認識が強くあります。大学院生が自分の研究について話すと、「それは何の役に立つの？」という質問をよく受けます。しかし、多くの学生はこの質問に答えられず、自信を失ってしまいます。

この状況は、科学の本質的な価値を見失わせる危険性があります。芸術や音楽、スポーツなどは、必ずしも即座の実用性を求められません。同様に、科学も直接的な有用性だけでなく、人類の知的好奇心を満たし、未知の領域を探求する文化的な営みとして捉えるべきです。

例えば、探査機「はやぶさ」が小惑星「リュウグウ」に到達した際、多くの人々が興奮しました。これは直接的な実用性とは異なる、人類の探求心に基づく喜びです。科学の成果は、１００年後あるいは数年後に役立つかもしれませんが、それを長期的な視点で楽しむ姿勢が重要です。

しかし、現在の日本の教育システムには課題があります。高校で早々に理系と文系に分かれ、多くの人々が基礎的な科学知識で学びを終えてしまいます。「私は文系だから」という言葉で科学から逃避する傾向も見られます。これは科学を楽しむ文化が根付いていないことの表れです。

また、科学者自身も、自分の研究を一般の人々にわかりやすく説明する訓練が不足しています。専門用語を使わずに自分の興味を楽しげに語る能力は、科学を文化として広めるために不可欠です。

大学教育においても、専門分野に特化しすぎる傾向があります。私の学生時代には、理学部全体で物理から生物まで一緒に学ぶ機会がありました。しかし、多くの大学では分野間の交流が少なく、視野が狭くなりがちです。

海外の大学では、異なる分野の研究者が交流する機会が多くあります。これは新しいアイデアを生み出す刺激となりますが、日本ではそのような機会が限られています。「早く専門家になりなさい」という指導が強く、他分野の知識に触れる時間が十分に確保されていません。

この状況を改善するためには、大学全体で分野を超えた交流を促進する必要があります。また、研究者が一般の人々と対話する機会を増やし、科学の面白さを伝える努力も必要です。

科学を文化として根付かせるためには、社会全体で科学を特別なものではなく、日常的に楽しめるものとして捉える意識改革が必要です。そのためには、科学者自身が自分の研究をわかりやすく伝える努力をし、同時に社会全体が科学に対する理解を深める必要があります。

これは簡単な課題ではありませんが、長期的な視点で取り組むべき重要な目標です。科学が文化として根付けば、社会全体の知的レベルが向上し、新たなイノベーションの源泉となるでしょう。

そして、それは日本の国際競争力の向上にも繋がるはずです。

私たち科学者は、自分の研究に没頭するだけでなく、社会との繋がりを常に意識し、科学の魅力を広く伝える努力をしていく必要があります。そして、社会全体で科学を楽しみ、支える文化を育てていくことが、未来の科学の発展に繋がると確信しています。

若手研究者に贈る言葉、グローバル視点と失敗の価値

科学を志す若い世代へのメッセージとして、私は二つの重要な点を強調したいと思います。

一つめは、グローバルな視点をもつことの重要性です。現在、大学は社会全体に比べてグローバル化が遅れています。私が財団の活動を通じて関わっている大企業では、社員の7割が外国人という状況もあります。これは、世界中に支社があるという事業の性質上、必然的な結果です。一方で、大学はこの点で後れを取っています。

若い研究者が海外で経験を積む機会が減少しているのは深刻な問題です。優秀な研究者が大学のスタッフになると、研究費の制約から長期の海外滞在が難しくなります。例えば、私の研究室にも東京大学の学部で優秀な成績を収めた研究者がいましたが、海外経験がありません。もちろん、彼は国際的に通用する研究者ですが、一定期間の海外経験は貴重です。

若い研究者の皆さんには、世界に目を向け、狭い範囲に自分を閉じ込めないでほしいと思います。グローバルな視点は、研究の幅を広げ、新たな発見に繋がる可能性があります。

二つめは、失敗を恐れないことです。現代の日本社会では、若者が一度の失敗で人生が終わったと考えてしまう傾向があります。受験や就職活動での失敗を極端に恐れ、チャレンジ精神が失われつつあります。

私が小中高生を対象に講演をする際、最も多い質問は「失敗したときどうやって立ち直りましたか」というものです。これは、失敗に対する過度の恐れが若い世代に蔓延していることを示しています。

しかし、研究の世界では、思った通りにならないことのほうが多いのです。むしろ、予想外の結果こそが新たな発見に繋がることがあります。「失敗」と呼ばれるものの中に、重要な学びがあるのです。

若い研究者の皆さんには、失敗を恐れずにチャレンジしてほしいと思います。一度の失敗で人生が終わるわけではありません。むしろ、失敗から学ぶことで、より深い理解と新たな視点を得ることができます。

教育の現場でも、成功例だけでなく、失敗からどのように学び、それを乗り越えたかというプロセスを共有することが重要です。単に成功した人の話を聞くだけでは、「自分には関係ない」と思われてしまう可能性があります。失敗を乗り越えるプロセスこそ、多くの人に共感と学びを与えることができるのです。

また、新しい考え方にたどり着くための訓練も必要です。既存の枠組みにとらわれず、柔軟な発想で問題に取り組む姿勢を若いうちから身につけることが大切です。

科学の世界は、未知の領域を探求し、新たな発見をめざす営みです。そこには必然的に「失敗」と呼ばれる経験が伴います。しかし、その「失敗」こそが、次の大きな発見につながる可能性を秘めているのです。

若い研究者の皆さんには、グローバルな視点をもち、失敗を恐れずにチャレンジし続けてほしいと思います。そして、その過程で得られる学びを大切にしてください。それが、皆さん自身の成長だけでなく、科学の発展にもつながるのです。

科学を文化として根付かせるためには、このような姿勢をもった研究者が増えることが不可欠です。皆さんの挑戦が、日本の、そして世界の科学の未来を切り開いていくのです。

ワクワクする研究を進めたい

――渡辺治・理事

研究者の魅力を引き出す「ワクワク」論

研究者にとって、そして社会にとって「ワクワクする研究」とは何か。この問いに対する私の考えをお話しします。

多くの人にとって、ワクワクする研究とは、新しい未来が見える研究ではないでしょうか。例えば、ジェロントロジー（老年学）の分野では、これまで科学の対象として扱われにくかった「生きがい」を測定し、設計できるようになる可能性があります。また、宇宙開発のように、人類の活動領域を広げる研究も、多くの人をワクワクさせるでしょう。

しかし、それだけではありません。基礎研究の中には、一見すると実用性が見えにくいものもあります。そうであっても、人々にワクワク感を与える研究があります。研究の魅力は、「みんなが見えないものが見えるようになる」ことにあると思います。研究者は、独特の研ぎ澄まされた視点で、新たな発見を得ようと、日々努力しています。その中から見出された新たな世界は、基礎研究であっても人々を魅了させることができるはずです。

私は東工大の研究担当理事として、このように様々な意味での「ワクワクさ」を推進し、世の中にアピールすることが、大学の価値向上に重要だと考えています。そのために、研究者それぞれの良いところを引き出し、エンカレッジすることに力を入れてきました。

例えば、研究賞や研究助成を通じて、研究者の背中を押し、より大きなプロジェクトや研究費の獲得に向けて支援しています。時には厳しい指摘をすることもありますが、それは次の応募や発表をよりよいものにするためです。研究者本人が気づかない点を指摘し、改善を促すことも重要な役割だと考えています。

一方で、研究の魅力を一般の人々に伝えることは簡単ではありません。研究者は自分の専門用語で語りがちで、一般の人には理解が難しいことがあります。そこで、私たちは研究者と一般の人々を繋ぐ「翻訳者」のような役割も果たそうとしてきました。

最近、私たちは「キュリオシティドリブンリサーチ」という企画を文化祭で実施しました。要するに研究者の純粋な探求心の下に進められている基礎研究の紹介です。当初は研究内容をわかりやすく説明することだけをめざしていましたが、ある研究者から「それは私のキレキレの日本刀を生クラにして見せているような

渡辺　治

（わたなべ　おさむ）

計算機科学・工学博士

東京工業大学　理事・副学長 / 工業所有権情報・研修館　理事長

[略歴]

1982年　東京工業大学 理学部 助手

1987年　カリフォルニア大学 サンタバーバラ校キー・ファン客員助教授（1988年まで）

1990年　東京工業大学 工学部 助教授

1995年　文部省学術調査官 併任（1997年まで）

1997年　東京工業大学 大学院情報理工学研究科 教授

2016年　東京工業大学 情報理工学院長 兼務（2018年まで）

2018年　東京工業大学 理事・副学長（研究担当）

2024年　工業所有権情報・研修館 理事長（現職）

東京工業大学 理事・副学長（研究構想担当）

ものですね」という指摘を受けました。

この指摘を受けて、私たちは方針を変更しました。研究の中身を詳しく説明するだけでなく、研究者自身を「展示」するような形も取り入れたのです。研究者の中には、ネームプレートだけを展示し、「研究者としての自分を展示しています」と言って、自らの研究の面白さの語る、という試みをした人もいました。

この経験から、研究の魅力を伝える方法は一つではないことを学びました。時には研究内容そのものよりも、研究者の人間性や情熱を伝えることが、人々をワクワクさせる場合もあるのです。研究のワクワクさを伝える試みは、研究者自身にとっても大きな励みになります。自分の研究が注目され、評価されることで、研究へのモチベーションが高まります。また、研究者同士の研究交流のきっかけにもなり、異なる分野の研究者との交流による新たな発想の創出や、それに基づく共同研究に発展する場合もあります。それは単に研究の質を高めるだけでなく、研究者の育成や大学全体の活性化にも繋がっていると考えています。

今後も、研究者一人ひとりの個性や情熱を大切にしながら、社会に新たな価値をもたらす研究を推進していきたいと思います。そして、その過程で生まれる「ワクワクさ」を、研究者だけでなく、広く社会と共有していきたいと考えています。

海外経験で広がる研究の視野

研究者にワクワクさ追求の力を与えるために、大学として取り組むべき支援や環境整備について、私の考えをお話しします。それは、研究の視野を広げるための長期の海外研究滞在です。自らの経験からも、若手から中堅の多くの研究者にとってとても重要なことだと思っています。

特に若手の研究者にとって、研究のキャリア形成のために、研究を見直し、海外の研究仲間を作る機会となる長期の海外研究滞在は、非常に有効です。東工大では、基礎研究機構という組織を整備し、そこで着任後の若手研究者に自らの研究人生の設計を考える期間を与える仕組みを導入しましたが、その中でも海外滞在を支援しています。

理想的には、3カ月から6カ月、できれば1年間の海外滞在を可能にする仕組みを整備すべきで

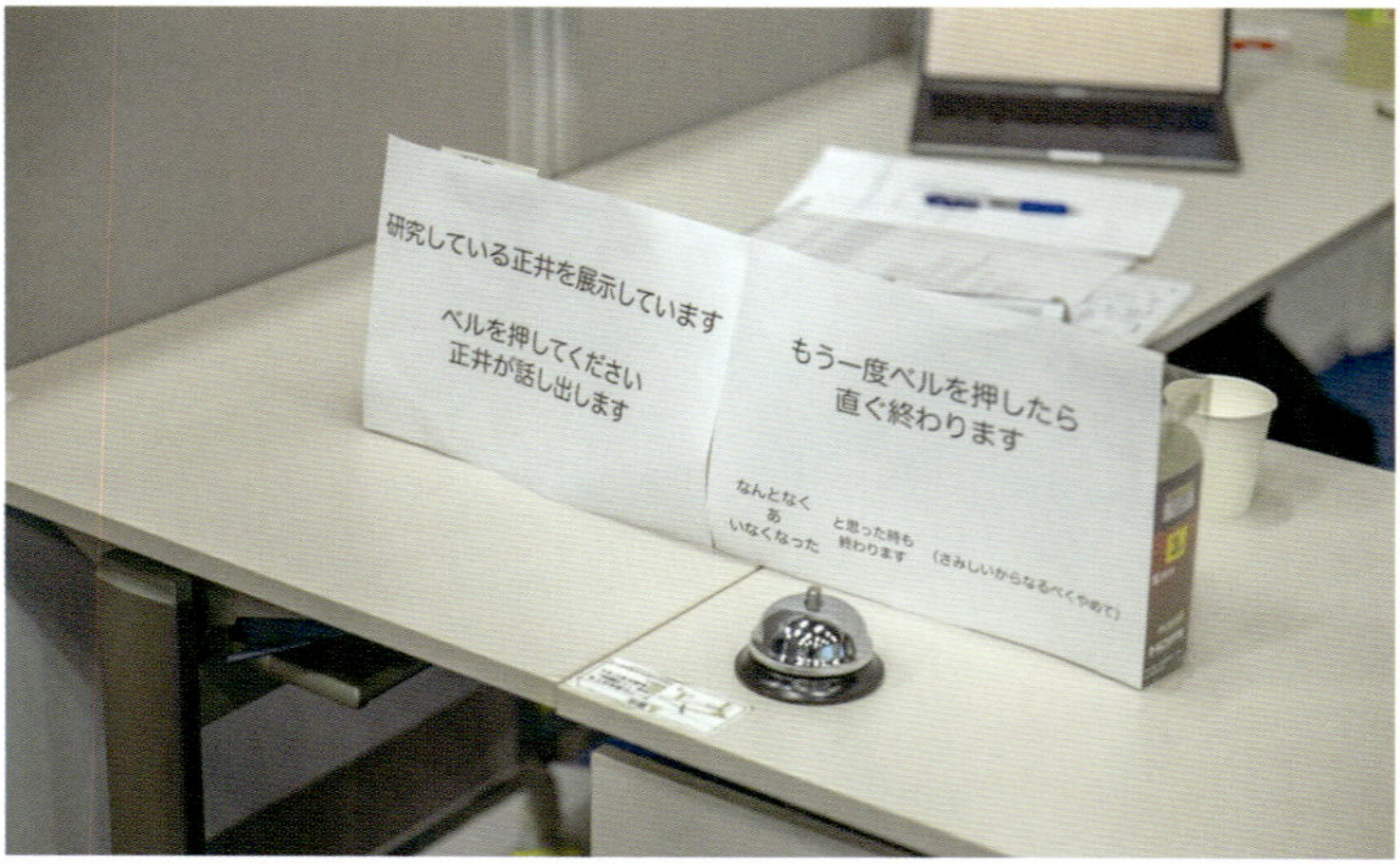

キュリオシティドリブンリサーチの展示例

す。１年間あれば、その国の四季を通じて文化や研究環境を体験できます。これは研究者の視野を広げ、新たな発想を生み出す絶好の機会となります。

かつては文部科学省の在外研究制度があり、これは単に経済的支援だけでなく、研究者の所属部署に対しても説得力をもっていました。「この制度に採択されたのだから、海外に行くのは仕方ない」という理解が得られやすかったのです。

現在、このような制度が不足している中、大学独自の取り組みが必要です。例えば、学長権限で研究者を海外に派遣する制度を設けるのも一案です。これにより、所属部署も「しょうがない」と受け入れざるを得なくなり、研究者が気兼ねなく海外経験を積める環境が整います。これは、会社員の有給休暇に似た「権利」として確立されるべきです。海外の大学では「サバティカル」と呼ばれる制度があり、３〜４年に一度、長期の研究休暇が取得できます。日本の大学でも、このような制度の導入を真剣に検討すべき時期に来ています。

このような機会は若手研究者だけでなく、中堅研究者にも必要です。むしろ、中堅研究者こそ新たな刺激を必要としている場合が多いでしょう。日々の業務に追われ、研究の新境地を開くきっかけを失っている可能性があるからです。

しかし、このような制度を実現するには、いくつかの課題があります。まず、十分な数の教員が必要です。ある教員が長期不在になっても教育や研究指導に支障が出ないよう、人員を確保しなければなりません。あるいは、複数の研究室を共同で運営するような仕組みも有効でしょう。また、財政的な裏付けも必要です。海外滞在にかかる費用や、代替教員の人件費など、相当な予算が必要となります。これらの課題を乗り越えるには、大学全体としての決意と、社会からの理解と支援が不可欠です。研究者が新たな環境で刺激を受け、創造性を高めることは、最終的に社会全体に還元される価値を生み出します。その意味で、この投資は決して無駄にはならないと確信しています。

「ワクワクする研究」は、研究者個人の内発的な動機から生まれます。しかし、それを持続させ、大きな成果へと繋げるには、適切な環境と支援が必要です。大学の役割は、まさにそのような環境を整備し、研究者の可能性を最大限に引き出すことにあります。

今後、東工大では、このような視点に立って、研究者支援の新たな仕組みづくりに取り組んでいきたいと考えています。海外経験の機会提供、サバティカル制度の導入、柔軟な研究時間の確保など、具体的な施策を一つずつ実現していく所存です。そして、これらの取り組みを通じて、研究者一人ひとりが「ワクワク」しながら研究に打ち込める環境をつくり上げていきたいと思います。それこそが、大学の研究力向上と、ひいては社会への貢献に繋がる道だと信じています。

第4章

大学の経営基盤を強固にする

東京工業大学経営改革ビジョンの全容

経営改革で未来を開く新ビジョンと組織体制の刷新

東京工業大学では、大学の経営基盤を強化するために、新たな経営改革ビジョンを策定し、実行に移しています。その中核を担うのが、アドバンスメントオフィスと戦略的経営オフィスです。これらは、大学の持続的な発展と社会との連携強化をめざす重要な機関です。

アドバンスメントオフィスは、従来の学長室の概念を大きく拡張したものです。単なる学長のサポート部隊ではなく、海外の先進的な大学をモデルに、社会との連携を通じて基金や寄付金を獲得する役割を担っています。この名称には、大学が社会と積極的に関わりながら、資源を獲得し、社会と共に発展していくという明確な意図が込められています。

一方、戦略的経営オフィスは学内の資源配分や研究成果の向上に焦点を絞っています。大学の各部局長に経営的意識をもってもらうため、必要なデータを提供し、議論の場を設けています。これにより、大学全体としての戦略的な経営判断が可能になります。

この二つの組織は、いわば大学経営の両輪として機能しています。アドバンスメントオフィスが外部との関係構築や資源獲得を担当し、戦略的経営室が内部の資源最適化を図るのです。外部で獲得した資源を効果的に活用し、その成果を社会にアピールすることで、さらなる資源獲得に繋げる好循環を生み出すことをめざしています。

このような経営改革を推進するにあたり、大学の組織体制も見直しました。従来の理事制度を維持しつつ、新たに総括理事という役職を設けました。これは海外大学におけるプロボスト(Provost)の概念を参考にしたものです。総括理事は、各理事の所掌範囲を超えた調整や、縦割りの弊害で見落とされがちな課題への対応を担当します。

ただし、日本の国立大学の法的制約や組織の特性を考慮し、完全な権限委譲は行っていません。総括理事は調整役としての機能が主であり、教学全般を統括するまでには至っていません。これは、東工大の規模や日本の大学システムに適した形での導入と言えます。

また、大学の経営戦略を立案する上で、企画担当理事の役割も重要です。国の施策である指定国立大学法人制度や国際卓越研究大学制度などへの対応方針を決定する際には、大学全体の戦略を見据えた判断が求められます。企画担当理事は、こうした戦略立案の中心的役割を担っています。

２０１８年からの６年半の間、総括理事・副学長と理事・副学長（企画担当）は、同一人の佐藤勲先生にお願いしました。大変な役回りなのですが、私の片腕として一緒に大学の運営・経営に携わりました。日々、何かがあると彼の部屋に行き、意見交換する。判断に迷うときは必ずといって良いほど、彼とやりとりして、大学の舵取りをしました。私にとっては大変ありがたかったし、彼の存在なしに東工大のこの6年半はなかったと思います。このような人材に恵まれることが東工大の伝統であり誇るところなのだろうと思います。

さらに、近年の国立大学の制度改革により、一つの法人の下に複数の大学を置く「一法人複数大学制」が可能になりました。これにより、理事長と学長を分離することも制度上は可能になっています。しかし、本学のような単独の大学では、現時点でそこまでの分離は行っていません。むしろ、既存の体制を活かしつつ、総括理事による調整機能を付加することで、より柔軟な大学運営をめざしました。

経営改革ビジョンで財政基盤強化と教育研究質向上への挑戦

東京工業大学の経営改革ビジョンの核心は、大学の財政基盤を強化し、教育研究の質を向上させることにあります。この目標を達成するために、私たちは二つの重要な組織を設置しました。それがアドバンスメントオフィスと戦略的経営オフィス（現　戦略的経営室）です。

アドバンスメントオフィスは「学長室」の位置づけとして、いわゆる「トップセールス」を支える役割を担っています。学長自らが社会に出向き、大学のブランド価値を高め、資金獲得や優秀な学生・研究者の獲得に努めます。これにより、大学への期待を高め、より多くの資源の確保を可能にします。

一方、戦略的経営オフィスは、獲得した資源の効果的な配分と、その成果の分析を行います。各部局に対して、投資に見合った学習効果や研究成果を求め、その結果を次の戦略立案に活かす循環をつくり出しています。

この二つの組織が車の両輪のように機能することで、大学全体の経営効率を高めることができるのです。

しかし、大学の財政状況を正確に把握し、効果的な資源配分を行うためには、従来の財務諸表だけでは不十分です。そこで私たちは、戦略的経営オフィスが中心となって、より詳細な財務分析を行うシステムを構築しました。

例えば、東工大全体の予算額は５００億円を超えていますが、そのうち自由に使える資金は40億円程度、全体の１割にも満たないのが実情です。残りの大部分は人件費や固定経費、プロジェクト推進のための直接経費に充てられています。

このような状況下で、限られた資源を最大限に活用するためには、各部局への投資とその成果を可視化する必要があります。そこで私たちは、資金の流れを詳細に分析し、各部局への投資額と、それに対する期待成果を明確にしました。

具体的には、運営費交付金、間接経費、学生納付金などの収入源から、各部局への人件費や活動経費の配分、さらには部局から本部への還元金まで、学内でのやり取りを相殺することなく、すべ

■図表-36 学内の資金の流れ

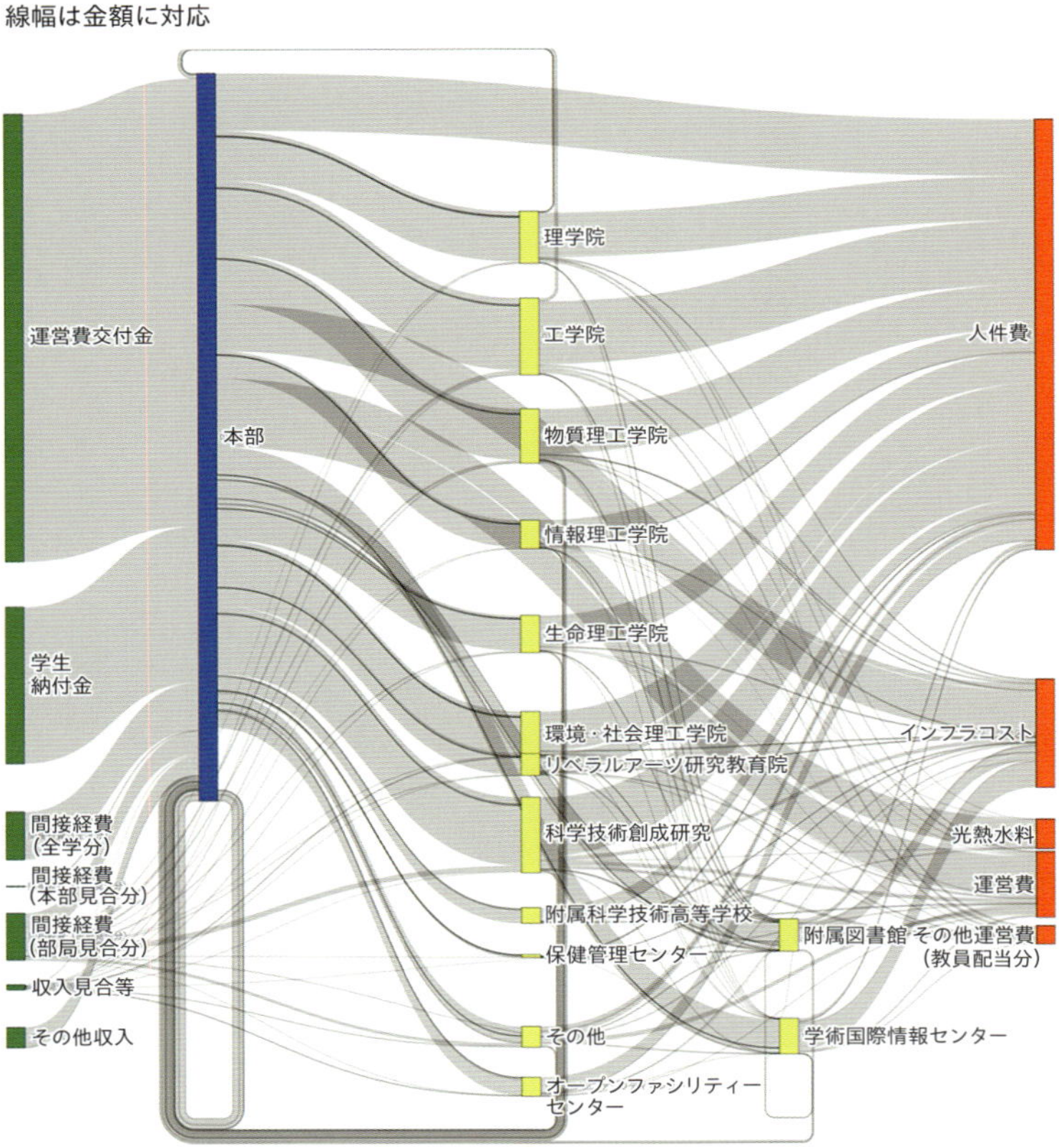

ての資金の流れを可視化しています。これにより、各部局長は自分たちがどれだけの投資を受けているのか、そしてそれに見合った成果をどれだけ上げなければならないのかを明確に理解できるようになりました。

さらに、教員一人当たりの研究費間接経費の獲得額と、担当する授業の学生納付金相当額を軸とした分析も行っています。これにより、各部局や教員の特性が明確になり、より効果的な資源配分や戦略立案が可能となります。

例えば、科学技術創成研究院は研究費獲得額が高い一方で、教育への関与が比較的少ないことがわかります。反対に、リベラルアーツ研究教育院は教育への関与が高いものの、研究費獲得額は低めです。このような特性を踏まえ、各部局長はそれぞれの強みを活かした戦略を立てることができます。一方で、大学経営の視点で

■図表-37 教育研究貢献比分析（部局ごと平均）

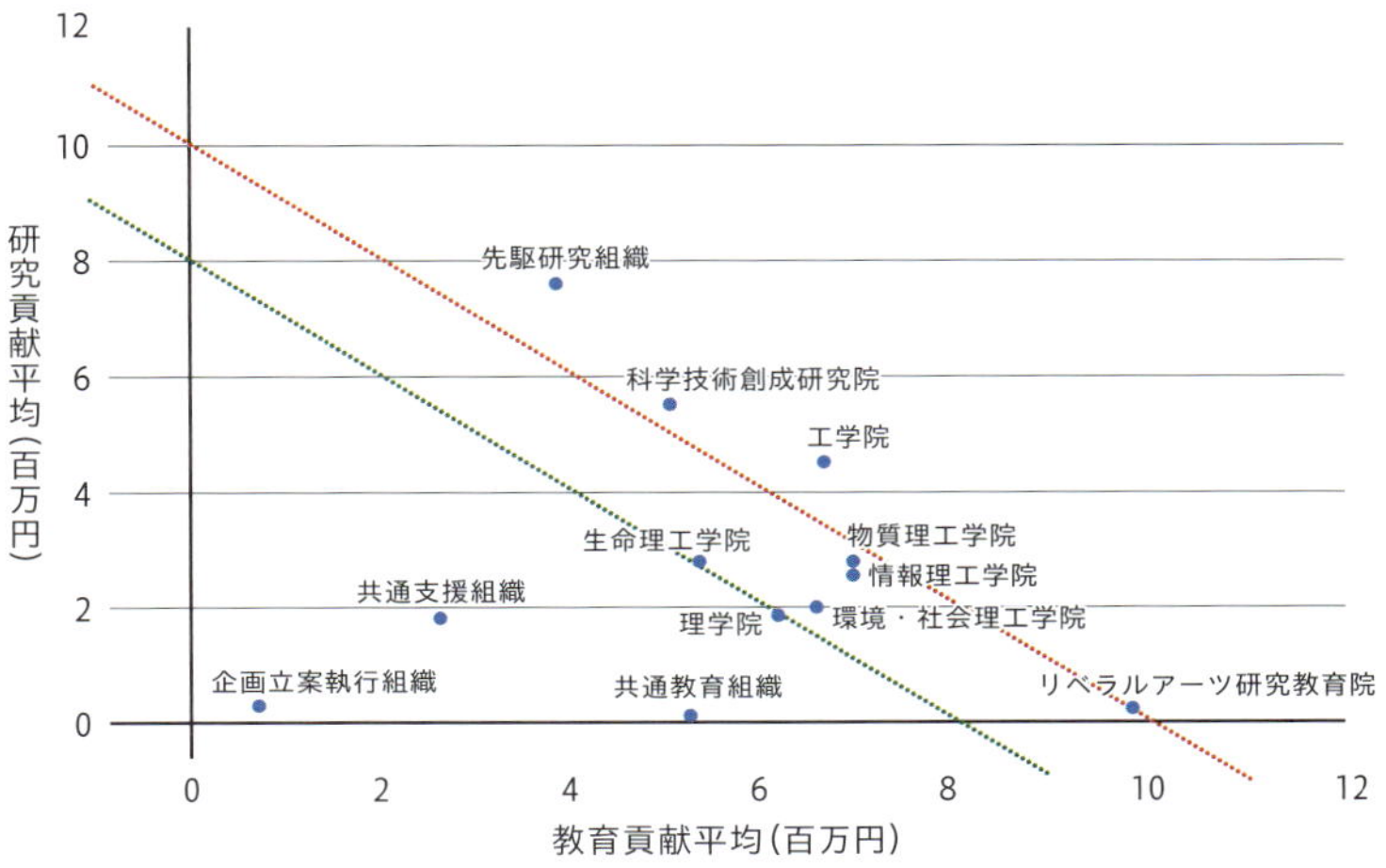

は、多くの部局で研究費間接経費と教育費の合計が教員一人当たりの人件費に満たないケースが見られます。もちろん、社会貢献など他の活動も考慮する必要がありますが、この指標を右上に押し上げていくことが一つの目標となります。

このような詳細な財務分析は、従来の国立大学ではほとんど行われていませんでした。しかし、法人化後の大学経営において、このような透明性と説明責任は不可欠です。

このように、東京工業大学の経営改革ビジョンは、単なる組織改編にとどまらず、大学の財政基盤を根本から見直し、限られた資源を最大限に活用する仕組みを構築することをめざしています。

東工大経営改革ビジョン、社会連携で大学の価値向上へ

現在の国立大学の経営は、まだゼロサムの状態にあります。新しい取り組みを始めるためには、何かを削減しなければならないのが実情です。この状況から脱却するためには、さらなる収入増加が必要不可欠です。

国立大学が現在の財政的な呪縛から脱却し、より自由度の高い経営を行うためには、自由に使える資金を大幅に増やす必要があります。これは簡単な課題ではありませんが、大学の持続的な発展と、社会への貢献を続けるためには避けて通れない道です。

大学の研究力、教育力（人材育成力）を高めることは我が国が将来にわたり発展し、世界に対して貢献するもっとも重要な基盤です。特に国立大学の経営は大学だけでなせるものではありません。アカデミアだけではなく、産業界を含めた社会全体で大学を中心とする高等教育機関を如何に支えるのかを真剣に考えることも重要です。

私たちは、この考えに基づいて「東京工業大学の経営改革ビジョン」を策定しました。このビジョンは、大学の機能を「基礎的機能」と「応用的機能」の二つに大別し、それぞれを強化しながら相互に連携させることで、大学全体の価値を高めていくことをめざしています。

基礎的機能には、教育や基礎研究などが含まれます。これらは大学の根幹を成すものであり、社会に対して知識や人材を提供する役割を担っています。一方、応用的機能には産学連携や社会実装などが含まれ、大学の研究成果を直接的に社会に還元する役割を果たします。

このビジョンを実現するためには、各機能の強化と同時に、両者の連携を深めることが不可欠です。例えば、基礎研究の成果を産学連携に繋げることで、新たな資金源を確保し、さらなる研究開発や教育の充実に投資するという好循環を生み出すことができます。この好循環については次々項で述べます。

最近、大学附属病院の働き方改革の議論の中で、医師をはじめとする医療従事者の研究の在り方の議論があります。大学附属病院は社会貢献の機関として、患者さんの治療を通じて安心を提供するだけでなく、医療現場を舞台にした研究の社会実装により、産学連携の新たな可能性をもっています。

しかし、現状では大学附属病院の方々が研究に割く時間が不足しているという課題があります。これを解決するためには、研究体制の強化に向けた資源投下と、長期的には研究成果の社会実装を通じてリターンを期待するといった観点も必要になるのだろうと思います。

大学の経営において、このような投資的な思考は不可欠です。例えば、海外の有力大学では数兆円規模の基金を運用し、年間7~8%の利回りで1000億円規模の資金を生み出しています。これらの資金は研究費や様々なかたちで大学の発展に活用されています。

最近、東京大学が「エンダウメント経営」をめざすと発表しましたが、これは寄付金を基にした基金を運用して大学を経営する方式です。東京大学は1兆円の基金をめざしていますが、実際にはそれでも十分ではありません。仮に5%の運用益を得たとしても、年間500億円程度にしかなりません。

東京工業大学の現在の基金は約50億円程度で、東京大学の150億円、慶應義塾大学の800億円と比べてもまだまだ小規模です。真の意味でのエンダウメント経営を実現するためには、さらに大規模な基金が必要となります。

私たち東京工業大学は、かつて「日本のMIT」と呼ばれることがありました。しかし、MIT

はすでに1兆円規模の基金を持ち、年間600億円の運用益を研究に投資しています。これに授業料収入や政府からの研究費を加えると、東工大の10倍程度の規模となります。予算規模からしても、現時点では残念ながらとても太刀打ちできません。

このような状況を理解しつつ、単なる比較に終始するのではなく、独自の強みを活かした経営戦略を考え、推進する必要があります。「東京工業大学の経営改革ビジョン」は、その第一歩となるものです。

大学の経営改革は一朝一夕には実現できません。しかし、長期的な視点を持ち、戦略的な投資と社会との連携を進めることで、必ずや成果を上げることができると確信しています。

国立大学法人化から始まる大学経営の変革と課題

大学の経営基盤を強化するためには、まず大学経営の歴史的背景を理解することが重要です。かつての国立大学は文部科学省の一出先機関であり、経営という観点はありませんでした。しかし、法人化を機に大学は自ら経営を行う必要性に直面しました。

法人化の目的については様々な見方がありますが、私や佐藤　勲総括理事・副学長は、大学が自律的に発展していくために経営的視点を取り入れる必要があったからだと考えています。ただし、国立大学法人法によって経営の仕方が規定され、その内容はかなり抑制的なものでした。これは、経営経験のない大学関係者にすべてを任せることへの懸念があったためでしょう。

例えば、基金運用においても制約があります。海外の大学では6〜8％の運用利回りを達成していますが、東京工業大学の場合、現状では2％程度にとどまっています。これは、国立大学法人が原則として株式投資を行えないという規制があるためです。近年、一部規制緩和が進んでいますが、依然として制約は多いのが現状です。

このような状況ではありますが、最近、社会からは国立大学に対してより積極的な経営を求める声が高まっています。国際卓越研究大学構想はその一環であり、一部の大学に対して基金の運用を含めたより自由度の高い経営を認めようとするものです。

しかし、すべての国立大学がこのような方向性をめざせるわけではありません。大学によっては、資産や学生数の面で厳しい状況にあり、大学統合や規模縮小を検討せざるを得ない場合もあるかもしれません。

ここで重要になってくるのが、国立大学間の役割分担です。例えば、世界に打って出る研究大学は、学部教育の規模を縮小し、大学院教育と研究により重点を置く。別の大学では、地域と強く連携し、学部教育を充実させた方が良い場合もあります。大学の特色をより強く意識した国立大学全体としての教育研究体制の構築です。現実に国立大学の将来構想の議論の中では、国立大学の役割は画一的ではなく、それぞれ特徴を持ち、全国すべての県に国立大学が存在し、日本の高等教育を牽引しているということをより強く認識すべきとの議論がなされているところです。

東工大が世界最高峰の研究大学を目指すのであれば、より大学院を充実させるといった学生定員の見直しも必要かもしれません。そのためには大学間の連携を深めることも重要です。我が国全体の高等教育そのもの、或いは高等教育機関の研究に対する考え方を根本的に議論する必要があります。

日本の大学は長らく「東大モデル」を追求してきた結果、どの大学も似たような姿になってしまいました。さらに、学部を卒業したら同じ大学の大学院で学ぶという傾向にあります。日本は社会全体での人材流動が少ないのは大学や大学院の学びの時点から生じているのではないかとさえ思います。学生に多様な選択肢を提供することは、人材の流動性、そして大学そのものの多様性につながるのではないかと思っています。

そのためにも、国立大学がそれぞれの特徴をより明確にし、その結果としての役割分担という議論が必要です。

同時に大学の多様性を認め、それぞれの役割や特色を尊重する文化を醸成していく必要があります。大学のランキングだけでなく、各大学が社会にどのような貢献をしているかという観点から評価する視点も重要です。日本人のマインドセットを変えるということも常に念頭に置く必要があります。

東工大経営改革ビジョン、好循環で持続的発展をめざす

「東京工業大学の経営改革ビジョン」の核心は前にも述べた「好循環」という概念です。大学が持続的に発展していくためには、財政基盤を豊かにし、ゼロサムゲームから脱却する必要があります。そのためのスキームがこのビジョンの根幹となっています。

真の好循環とは、単なる循環ではなく、ある活動の結果が次の段階を生み出し、その結果が最初の活動をさらに強化するという成長のサイクルを指します。私たちのビジョンでは、右側のループで得られた成果を基盤部分に再投資することで、全体の循環を強化する構造になっています。これを何周かするうちに、大学全体の力が徐々に強くなっていくのです。

こうしたビジョン策定の直接のきっかけは、指定国立大学法人の認定プロセスでした。研究力強化の方策を問われる中で、財政基盤の強化という観点からこのビジョンを構築しました。この好循環を明示的に示したのは当時の副学長（企画担当）を務めていた佐藤勲 教授です。

大学にも「好循環」が求められるようになったのは2018年ごろでしたが、「真の好循環」の本質的な理解は簡単ではなく、このビジョンの策定には約2年弱の時間を要しました。最初の構想から申請、プレゼンテーション、そして具体的な計画の策定まで、様々な段階を経ています。この

プロセスの中で第3章に述べた重点分野・戦略分野といった研究分野の明示やDLabの構想が作られていきました。

ビジョンの策定プロセスは、本学の特徴をよく表しています。まず、こうした構想を描くのが得意な研究者が数人集まって原案を作成します。DLabの構想は、新大学の理事長候補の大竹尚登教授（現・科学技術創成研究院長）の発案だったと思います。実際に、2018年にDLabを立ち上げたときには、佐藤勲総括理事・副学長や大竹尚登教授が中心となって立ち上げました。

その後、理事を含めた委員会で議論を重ね、様々な意見を聞きながらブラッシュアップしていきました。私は、2017年当時、科学技術創成研究院長と務めていたので、研究に関わる

■図表-38　東京工業大学の経営ビジョンを実現する好循環

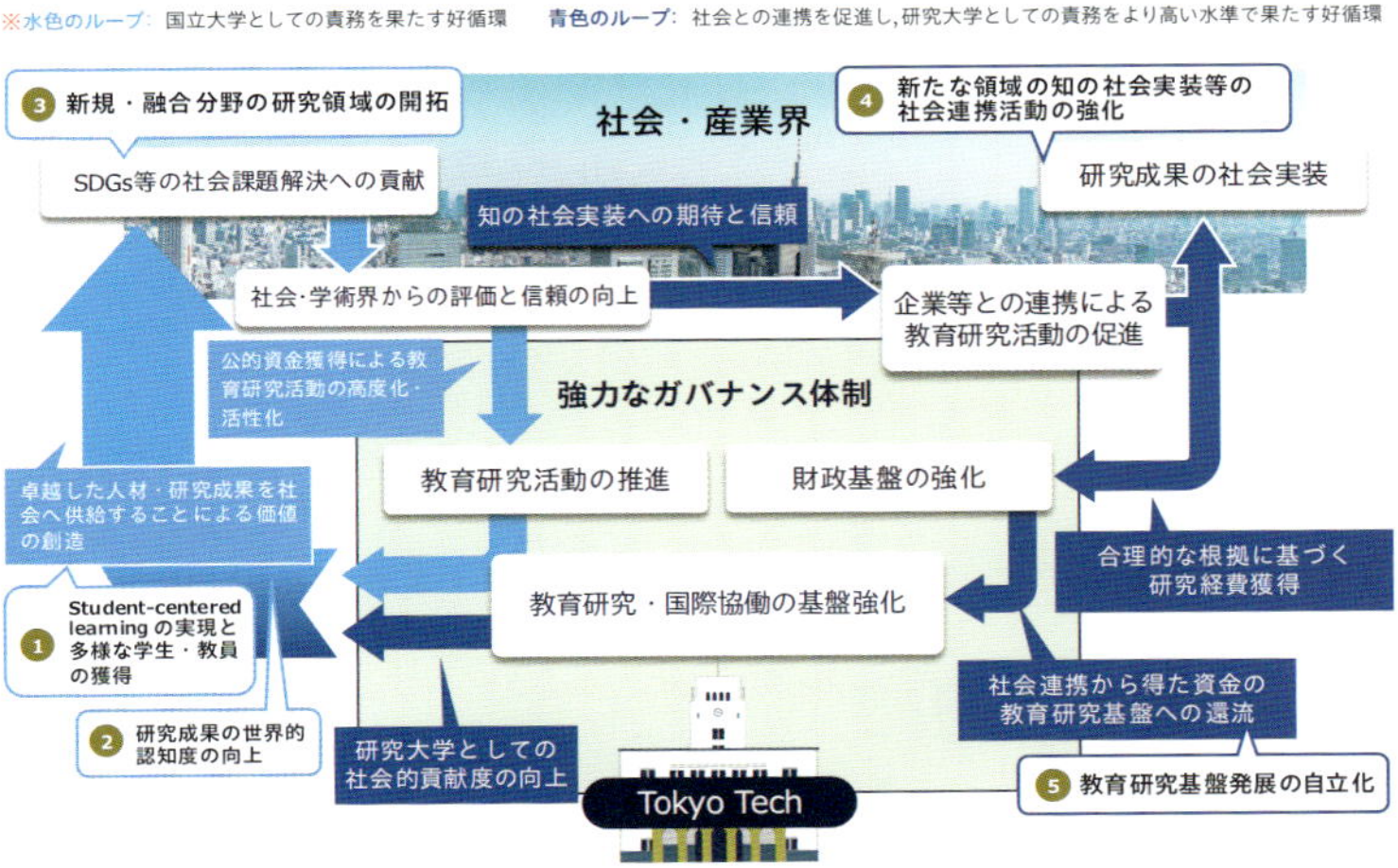

議論に参加していました。

東工大の研究者は、外部資金の獲得のためのプロジェクト申請に慣れています。そのため、審査員に理解してもらえるストーリー立てや、わかりやすい図解（ポンチ絵）の作成が得意です。このビジョンも、そうした能力が存分に発揮された結果といえます。

基本的な構想や図解は教員・研究者が主導して作成しますが、事務職員も一緒になって議論しています。こうした本当の意味での教職協働は他大学とは異なる東工大の特徴かもしれません。

ただし、過度な教員主導は必ずしも良いとは言えません。もっと専門職を活用して議論するという環境を作ることも重要です。教員は研究や教育により注力できる環境構築という発想です。なかなか難しいバランス取りが求められます。

このように、本学の経営改革ビジョンは、研究者の知見と経験、そして大学全体の議論を通じて練り上げられました。今後は、このビジョンに基づいて具体的な施策を展開し、真の「好循環」を生み出していきたいと考えています。財政基盤の強化と研究力の向上を両立させ、世界に誇れる研究大学としての地位を確立することが私たちの目標です。

東工大の魅力を凝縮した教育・研究システムの改革と社会貢献システムを前提とした改革へ

柔軟な組織で未来を創る教育研究システム改革の全貌

東京工業大学の魅力を凝縮した教育・研究システムの改革と、社会貢献システムを前提とした改革について、経営的な側面からお話しさせていただきます。

２０１６年に導入した学院制は、学生にとって学びの選択肢をわかりやすくするという目的がありましたが、同時に大学経営の観点からも重要な意味をもっています。従来の細分化された学科や研究科の構造から、より大きな括りへと移行したことで、部局の経営対象が拡大しました。これにより、部局長の責任は重くなりましたが、同時に経営の手腕を振るえる幅も広がりました。つまり、部局単位での経営の重要性が増したのです。

この新しい体制のもとで、学院制や研究院制を敷くことで、より柔軟な経営体制が取りやすくなりました。これは大学全体の経営にとって大きな前進だと考えています。

研究面においても同様の改革を行いました。科学技術創成研究院の設立は、その好例です。従来、文部科学省が決めた附置研究所は独立して運営され、テーマも固定化されがちでした。これは研究の発展にとってあまり望ましくありません。そこで、複数の研究所を一つの大きな組織にまとめ、その間の垣根を低くすることで、新しいテーマに機動的に取り組めるような体制を整えました。

さらに、研究ユニットという小規模なグループを設置可能にし、萌芽的な研究にも取り組みやすい環境を整えました。これにより、センターの設立や研究所の開発といった動きがよりダイナミックに行えるようになりました。

教育・研究システムの改革における最大の目玉は、この柔軟な組織構造です。新しいテーマや人材育成に取り組みやすくなったことが、最大の成果だと考えています。

また、東工大の特色として、人事システムの改革が挙げられます。従来の学科や専攻単位、学部、研究科、研究所などの組織単位の固定的な人員配置（人数配置）を廃止し、人事委員会が全学的な見地から各部局の将来構想と人員要求を毎年検討して、人事配置する仕組みを導入しました。これにより、大学執行部が部局の意向や考えを理解しつつ、分野構成や人事配置（教員配置）を戦略的に決定できるようになりました。

このシステムは、ある意味では投資家が投資先を決めるのと同じ原理です。部局にとっては不安定さを感じるかもしれませんが、大学全体として見れば、分野の変革に人事配置を柔軟に行える体制が整ったといえます。

毎年一度、各部局は将来構想を発表し、併せて人事配置の要望（教員公募などの要望）を提案します。この将来構想は執行部だけではなく、すべての部局長（６学院、リベラルアーツ研究教育院、科学技術創成研究院）で共有されます。多くの大学において、他の部局の将来構想や人事構成を共有するといった発想はないのかもしれませんが、本学の部局長は大学全体の構想の中で各部局の特徴とその将来構想を常に考えています。

これらの改革、つまり組織の垣根を低くする動きと人事システムの柔軟化とが相まって、東工大は新しい研究領域を創出しやすい大学へと変貌を遂げています。もちろん、これらの改革に対して異論を唱える声もありますが、それは変革に伴う避けられない摩擦だと考えています。

社会貢献システムについても、この柔軟な組織構造と人事システムが基盤となっています。社会のニーズに迅速に対応し、新たな価値を創造するためには、既存の枠組みにとらわれない思考と行動が必要です。私たちの取り組みは、まさにそれを可能にする土台となっているのです。

例えば、産学連携や社会実装を促進するための仕組みも、この柔軟な体制があってこそ実現できています。研究者が自由に部局の垣根を越えて協力し合い、また必要に応じて新たな研究ユニットを立ち上げることで、社会の課題に対してより総合的なアプローチが可能になっています。

このように、東工大の教育・研究システムの改革は、単に内部の効率化だけでなく、社会貢献を強く意識したものとなっています。

大学の社会貢献と企業ニーズの両立へ新戦略を展開

大学の社会貢献において、研究成果の社会実装は非常に重要な課題です。これまで大学は「社会のための大学」という理念のもと、研究成果をオープンにすることを基本としてきました。しかし、企業との共同研究においては、企業側からすると競争力維持のために研究成果を秘匿したいという要望もあります。さらに、国家レベルでの産業競争力維持の観点から、海外企業や研究者に知られたくない先端研究領域の保護も重要な課題となっています。この相反する要求をどう調整するかが、現在の大きな課題となっています。

東工大では、キャンパス内での完全な情報遮断は困難であるため、オフキャンパスでの研究拠点設置を検討しています。これは、留学生を含めた多様な学生の教育機会を確保しつつ、企業との秘密保持、あるいは国レベルでの先端領域保護を担保した研究を可能にする方策です。

このような状況を踏まえ、私たちは「オープン・クローズ戦略」あるいは「オンキャンパス・オフキャンパス戦略」と呼ぶべき新たなアプローチを検討しています。これは、オープンな研究環境とクローズドな研究環境を適切に使い分けることで、大学の社会的責任と企業のニーズの両立を図るものです。

ただし、この戦略を実現するには物理的な場所の確保が課題となります。東工大の大岡山キャンパスはすでに容積率の限界に達しており、すずかけ台キャンパスも現在の改修計画でほぼ飽和状態です。そこで、すずかけ台キャンパスの再開発による高層化を自治体と交渉中ですが、時間がかかります。

また、田町キャンパスの活用も検討しています。数年後に建設予定の高層ビルの一部を利用し、新興ビジネスやスタートアップ支援の場として活用することを構想しています。ここでは、都心に最も近い立地を活かした使い方を模索しているところです。

大学の経営基盤強化には、このような物理的インフラの整備とともに、研究成果の社会実装の仕組みづくりが不可欠です。国立大学法人である私たちには、純粋な収益性だけでなく社会的責任も考慮しなければならない難しさがあります。

こうした制約の中で、いかに社会のニーズに応え、かつ大学の経営基盤を強化していくか。それが私たち国立大学法人の直面する大きな課題です。東工大では、これらの課題に対して、柔軟な発想と戦略的なアプローチで取り組んでいます。オープンイノベーションと知的財産保護のバランス、産学連携の新たな形態、都市計画と連動したキャンパス開発など、多角的な視点から解決策を模索しています。

そのためには、学内の努力だけでなく、企業、地方自治体、国との密接な連携が不可欠です。私たちは、これらのステークホルダーとの対話を重ねながら、新しい時代の大学の在り方を追求していきます。

学長自らが主催する「アドバンスメントオフィスの設置」で教職員が協働する大学へ

アドバンスメントオフィスとは

私が学長に就任した際、国立大学法人の組織構造を見直し、より効率的かつ戦略的な運営をめざす中で生まれたのが、アドバンスメントオフィスという新しい組織です。その設置は、大学経営の新たな局面を切り開く重要な取り組みとなりました。

まず、大学運営の構造について説明させていただきます。国立大学法人には、法人全体の経営を担う「法人の長」と、日々の教育研究活動を統括する「大学の長」が存在します。従来、これらの役職は同一人物が兼任することが一般的でした。しかし、私は就任時に、この二つの役割をより明確に分離しようと考え、日々の大学運営や教学面を専門的に統括する「プロボスト」という役職を新設しました。

具体的には、私自身が法人の長と大学の長を兼任しつつ、法人全体の経営戦略に注力し、プロボストが教育研究活動の具体的な運営を担当するという体制です。

このような組織改編の中で浮かび上がってきたのが、「では、学長である私は具体的に何をすべきか」という問いでした。アメリカの大学経営を参考にすると、学長の重要な役割の一つが外部資金の獲得となります。同窓会や企業を訪問し、寄付金を募ることや、大規模な財団から研究資金を獲得するといった活動が挙げられます。

一方で、プロボストは大学内部のコスト分析や運営効率化といった、より内向きの業務に注力します。

これらの役割分担を踏まえ、私が大学全体のリソースを把握した上で、それらを外部に向けて効果的にアピールし、資金獲得や優秀な学生の獲得に繋げる活動をバックアップする組織が必要であると考えました。

そこで設置したのが、アドバンスメントオフィスです。このオフィスは、社会との接点を強化し、結果として外部資金の獲得に繋がるような活動を全学横断的に推進する場として機能します。具体的には、「世界最高水準の知と人材を人類社会に還元するため、学長が主導する多様な社会との連携活動を、戦略的組織的に推進し、その高度化を図る」ことを目的としています。

アドバンスメントオフィスの活動は多岐にわたります。例えば、大学の研究成果や教育プログラムを効果的に外部に発信し、企業や財団からの支援を獲得することや、同窓生ネットワークを強化し寄付金募集活動を展開すること、さらには国際的な産学連携を推進することなどが含まれます。

このオフィスの特徴は、学長である私が直接主宰し、大学全体の戦略と密接に連携しながら活動を展開できる点です。従来の縦割り組織では難しかった、部局、事務組織、支援組織の横断的な取り組みや、迅速な意思決定が可能となりました。

また、アドバンスメントオフィスは単なる資金調達の組織ではありません。大学の社会的価値を高め、その存在意義を広く認知させることも重要な使命です。例えば、大学の研究成果が社会にどのようなインパクトを与えているかをわかりやすく説明し、大学が国際社会や地域社会にどのように貢献しているかを示すことで、大学のブランド価値を向上させる役割も担っています。

さらに後ほど詳述するように、アドバンスメントオフィスは教職員の協働を促進する場としても機能しています。従来、教員、事務職員ならびにそれらの支援組織の間には一定の距離感がありましたが、このオフィスにおける職務にとらわれないフラットな議論が共通の目標に向かって協働する機会を増やしました。これにより、大学全体としての一体感が醸成され、組織の活性化にも繋がっています。

アドバンスメントオフィスのミッションとチーム構成

大学の経営基盤を強化する上で、アドバンスメントオフィスの設置が非常に重要な取り組みであったことを説明しましたが、その重要なミッションに、大学のレピュテーション向上と学外からの資金獲得の促進があります。

レピュテーションとは、世評や評判、評価のことを指します。現在、大学ランキングの重要な指標の一つとなっており、その向上は大学の競争力強化に直結します。このレピュテーションという指標は、一見すると非常にシンプルなものです。例えば、「知っている大学の名前を挙げてください」というようなアンケートがベースになっています。世界的に有名な大学としてハーバードやＭＩＴなどは多くの人が挙げますが、私たちの目標はそこに「東京工業大学（２０２４年10月以降は東京科学大学）」という名前を加えてもらうことです。

このような状況を踏まえ設置したアドバンスメントオフィスでは私自身がオフィス長を務め、松下伸広副学長（成長戦略担当）を補佐として配置しました。副学長は通常、理事の所掌する事項の執行が主務ですが、アドバンスメントオフィスについては、副学長が学長と一体となって運営しています。このオフィスは主に四つのチームで構成されています。

まず、「チームＰＲ」は文字通り大学のプロモーションを担当します。ここでは、国際広報担当の岩附信行副学長をリーダーとして、大学全体のＰＲ戦略を立案・実行しています。例えば、未来社会デザイン研究センター（ＤＬａｂ）との連携も、このチームの重要な任務の一つです。ＤＬａｂは「ありたい未来」を語るという独自の活動を行っていますが、それを大学全体のＰＲ戦略にどう組み込むかを検討し、必要に応じてサポートを行います。

次に「チームＢＤ」は、大学のブランディングならびに真のレピュテーション向上をめざします。特に高校生向けのブランディングに力を入れており、高校生がいつ東工大を進学先として意識し始めるのか、東工大の知名度はどの程度あるのかなどを調査・分析します。この統合後の東京科学大学としても重要となるブランディングとレピュテーションを担当するチームのリーダーには桑田薫理事・副学長を配置し、その経験と知見を活かしています。

「チームＦＡ」(Fund raising and Alumni relations) は日置滋副学長を中心に東工大基金への寄附金活動の強化を推進しています。寄附という「資金」をもとに、「人材・知」や「支援」との間での好循環をもたらしています。持続的な大学力の向上に不可欠な同窓会との連携強化もこのチームの重要なタスクです。

「チームＩＡＣ」(Industry-Academia (-government) Collaboration) も重要な役割を果た

■図表-39 アドバンスメントオフィス

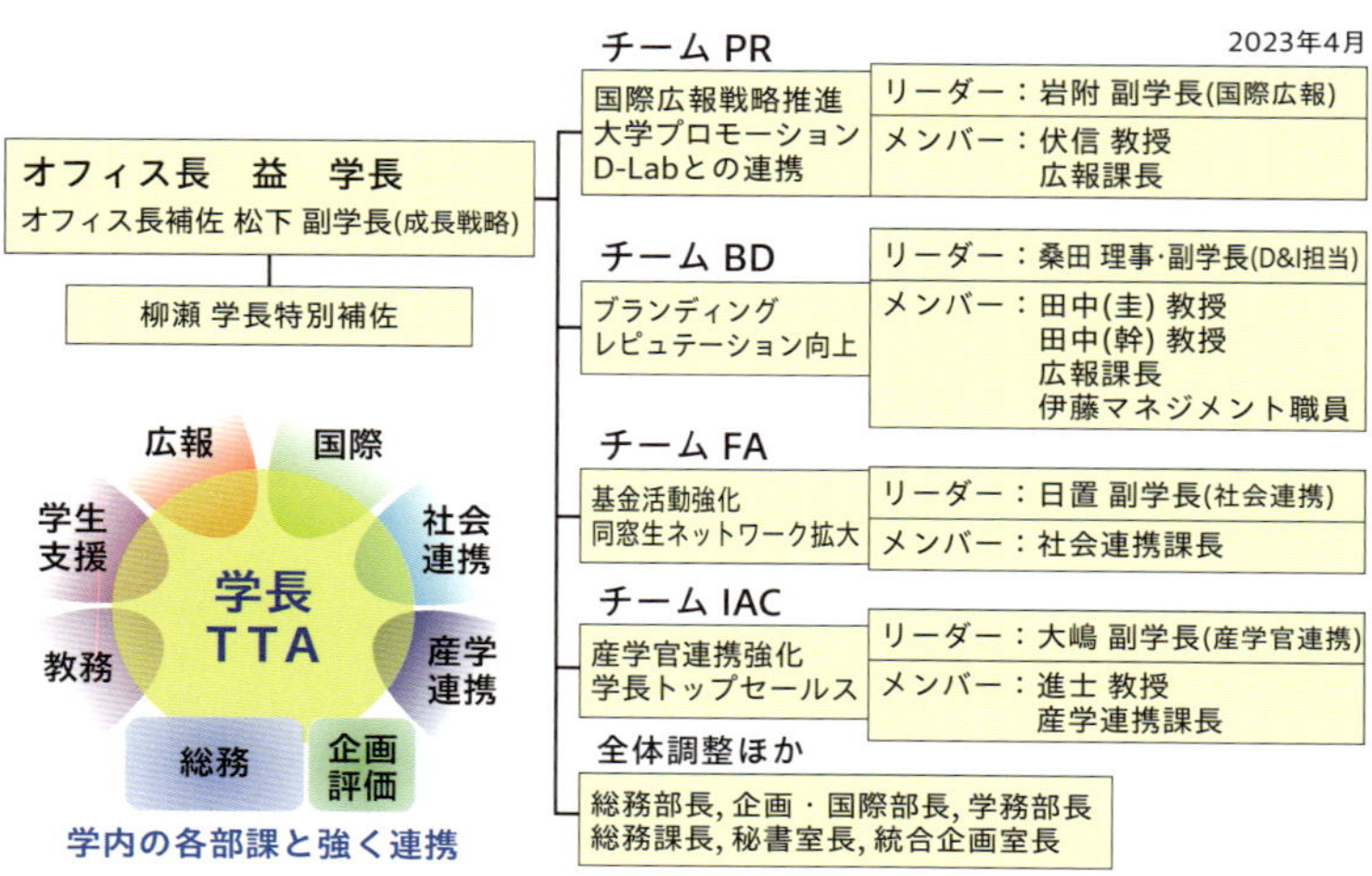

しています。このチームは大嶋洋一副学長を中心に学長トップセールスを最前線で支えると共に、外部資金の獲得によって大学の財政基盤強化に貢献しています。

アドバンスメントオフィスの組織構造と機能

アドバンスメントオフィスの特徴は、その横断的な組織構造にあります。例えば、ＰＲやブランディングを効果的に行うためには、広報部門だけでなく、国際部、学生支援部門、教務部門など、様々な部署との連携が不可欠です。高校生へのアプローチを考える際も、現在の入試広報活動の状況を把握し、関係部署と情報を共有する必要があります。

このような横断的な取り組みは、従来の縦割り組織では難しいものでしたが、アドバンスメントオフィスという学長直轄の組織の設置により、部門間の壁を越えた柔軟な活動が可能になりました。この組織では教員と事務職員がフラットな立場で、議論するだけでなく共通の目標に向かって共に活動することで、教職協働の新しいモデルとしても機能しています。今でこそ、教員・事務職員間、部署間の壁がなく議論していますが、やはり自由に意見交換できるようになるには１～２年程度の時間は要しました。アドバンスメントオフィスがチームとしてまとまるに際しての松下伸広副学長、塚田由佳総務部長の存在は非常に大きかったと思っています。

アドバンスメントオフィスの活動を通じて、私たちは東京工業大学のブランド価値を高め、世界に通用する研究教育機関としての地位を確立することをめざしています。単に知名度を上げるだけでなく、本学の教育研究活動の質の高さや社会貢献の実績を効果的に発信することで、真の意味でのレピュテーション向上を図っていきます。

同時に、この活動が外部資金獲得の増加にも繋がる点が重要です。大学の価値が広く認知されることで、企業や個人からの寄付や研究資金の獲得がより容易になると期待しています。

先にお話したようにアドバンスメントオフィスの設置は、大学経営における新たな挑戦です。しかし、急速に変化する社会環境の中で、大学も従来の枠組みにとらわれない柔軟な経営も求められています。このオフィスを通じて、東工大は社会との連携を深め、より一層の発展を遂げていきたいと考えています。

次に、アドバンスメントオフィスの機能についてご紹介します。特筆すべき活動として、以下の四つが挙げられます。

一つめは国際広報戦略の強化です。現在、東工大同窓会の海外拠点は、いくつかあります。定期的に会合をもっているシリコンバレー蔵前会、台湾、北京、フィリピン、タイなどがあります。2024年8月には多くの留学生がきているインドネシアでも蔵前会が設立されます。このような海外同窓会とのつながり強化もアドバンスメントオフィスが蔵前工業会と連携して進めています。

二つめは学長トップセールスの情報共有です。私が企業訪問などを行う際の情報を、組織全体で共有する仕組みを構築しました。これにより、大学全体として戦略的なアプローチが可能になりました。担当以外へのアクセス制限は当然考慮していますが、学長がどこの企業とやりとりしているかといった情報を許可を得た担当者は知ることも可能です。

三つめはクラウド上の名刺管理システムの導入です。これは特に画期的な取り組みです。私をはじめとして理事・副学長、教職員が受け取った名刺情報をクラウド上で共有し、誰がどの企業とどのレベルでコンタクトを取っているかを可視化しました。この仕組みにより、企業訪問の際の事前の情報収集が格段に効率化され、また組織全体での情報共有が促進されました。

そして四つめはコンタクトパーソン情報の共有です。名刺管理システムと連動して、各企業や組織とのコンタクトパーソン情報を共有ことにより、過去の交渉経緯や注意点なども含めた総合的な情報を基に、戦略的なアプローチが可能になりました。

これらの取り組みを通じて、アドバンスメントオフィスは単なる情報共有の場を超えた、戦略的な大学運営の中核を担う組織へと発展しています。例えば、産学連携本部のみが持っていた情報が他の部署にも共有されることで、大学全体としてより効果的な活動が可能になりました。大学全体で情報を共有し、大学各部署がそれぞれの活動を把握し、他の部署の取り組みと連携することで、より効果的な連携が実現し、大学全体としての戦略的な行動が可能となるのです。

ここでさらに強調しておきたいのは、これらの活動に教員と事務職員が共に参加し、先に述べたようにそれぞれの専門性を活かしながら協働していることです。このような教職協働の文化は、大学全体の組織力を高め、より柔軟で効果的な大学運営を可能にしています。

従来、日本の大学では教員と事務職員の間に一定の明確な壁がありました。重要な会議では教員が主役となり、事務職員は裏方に徹するという構図が一般的で、教員が「先生」と呼ばれ、事務職員に指示を出すような関係性が長く続いてきたのです。特に国立大学では、事務職員が文部科学省の職員（文部科学事務官）であったこともあり、この傾向が強かったかもしれません。しかし、この関係性は現代の大学運営には適していません。大学を支えているのは教員だけでなく、様々な業務を担当する事務職員も含めたすべての構成員だからです。

これに対して本学では約20年前には既に「教職協働」という概念が提唱されていました。そして、教員だけでなく事務部長も正式なメンバーとして参加する戦略統括会議が創設されています。この会議の開催当初は事務職員からの発言が少なかったのですが、席の配置を変更したり、積極的に発言を促したりするなどの工夫を重ねた結果、徐々に教職員が対等な立場で議論できる環境が整ってきました。

このような協働作業を通じて、教員と事務職員が対等な立場で議論し、アイデアを出し合う文化が醸成されつつあることから、本学では従来の縦割り組織では難しかった横断的な取り組みが可能になり、大学全体としての戦略的な活動が実現しています。

以下ではアドバンスメントオフィスの各チームの活動を紹介致します。

チームＰＲが担う画期的な東工大の広報戦略

チームＰＲは私と共に大学全体の広報戦略を議論し、実行する役割を担っています。先述した「ありたい未来」を語るＤＬａｂとの連携に加えて、本学が持つ海外拠点の Tokyo Tech ANNEX の活動状況を把握し、戦略的な活用を議論しています。また、海外にいる同窓生との絆の強化を目的に、「Alumni Ambassador」制度も創設しました。これは、卒業生や修了生の中から選ばれた代表者が、大学と卒業生コミュニティの橋渡し役を務めるもので、彼らは在学生へのメッセージ発信や海外での東工大の宣伝活動など、本学のグローバルな広報に重要な役割を担っています。さらにチームＰＲは、工学部を開設したお茶の水女子大学や奈良女子大学と共同で、理系女子高校生が参画するプロジェクトの推進もサポートしており、理系女子の育成という社会要請に適う重要な活動となっています。さらには本学の成長を様々なステークホルダーにアッピールする重要な広報ツールとなる統合報告書の編集にも貢献しています。

チームＢＤが推進する参加型ブランディング

チームＢＤでは大学のブランディング戦略の強化に努めています。まず、入学者の動向分析に着手しました。予備校と協力して、高校生がいつ東工大への進学を決めるのかを調査したところ、興味深い結果が得られました。多くの学生は高校入学時点ですでに進学先の希望をもっており、それ以降は希望大学のランクを下げる傾向にあることがわかりました。つまり、高校入学時、あるいはそれ以前の中学生の段階から東工大の魅力を伝える必要があるのです。この分析結果は、私たちの広報戦略に大きな影響を与えました。

次に、大学の知名度向上に取り組みました。東工大は東京では広く知られていますが、地方ではその認知度が低いことが課題でした。例えば、大阪の街を歩いている人に聞いても「大阪工業大学があるなら東京にもあるかも」程度の認識しかないのが現状です。

ブランディング強化の取り組みは、２０２４年10月から発足する東京科学大学のブランディング構築にもいかされたことを少し紹介します。

新大学のブランディングを両大学の全学的な参加型で行ったことです。東工大と東京医科歯科大学のブランディングチームが協力し、ミッションやコアバリューの策定、ロゴデザインの選定、スクールカラーの決定など、様々な要素をみんなで作り上げていきました。

例えば、新大学のロゴデザインでは、複数の案を募り、投票を経て絞り込みを行いました。最終的には私と東京医科歯科大学の田中雄二郎学長で決定しましたが、そこに至るまでのプロセスは徹底して参加型で進めました。スクールカラーの選定でも、全学的な投票を実施し、両大学の伝統を反映したブルーベースのカラーが選ばれました。

このような参加型のブランディング活動は、未来社会デザイン機構（ＤＬａｂ）での様々なワークショップの経験を活かしながら、アドバンスメントオフィスを中心に全学的な取り組みとしてコーディネートしました。

チームＦＡが牽引する戦略的ファンドレイジング

チームＦＡは、寄付金集めを中心とした資金調達活動を担当しています。担当の副学長が中心となり、企業訪問を積極的に行い、大学の活動への支援を呼びかけています。

例えば、「女性活躍応援フォーラム」のような企画を実施する際には、複数の企業からスポンサーシップを募ります。具体的には、１社あたり80万円程度の協賛金を募り、その見返りとして企業にＰＲの機会を提供します。これは単なる資金調達ではなく、企業と大学のWin-Winの関係を構築する取り組みでもあります。

また、「謝意ネーミングプレート」や「ネーミングライツ」といった新しい取り組みも始めています。これは、大学の施設や設備に企業名を冠することで、企業からの支援を得る仕組みです。例えば、レクチャーシアターに企業名を付け、大きな宣伝ポスターを掲示する権利を提供する代わりに、３年間で５００万円から６００万円程度の支援を受けています。この取り組みは、企業にとっては学生への知名度向上に繋がり、大学にとっては安定的な資金源となるという、双方にメリットのある施策です。

さらに、同窓会組織である蔵前工業会とも密接に連携しています。卒業生の名簿管理や同窓会活動の支援を通じて、卒業生との繋がりを強化し、将来的な寄付に繋がる関係性を構築しています。国立大学では、大学と同窓会は別法人なので、個人情報の取扱いには細心の注意が必要なので、何かと手間がかかっているというのが実情です。また、年に一度の「ホームカミングデイ」を開催し、卒業生に現在の大学の姿を見てもらう機会を設けています。これらの活動は、単に資金を集めるだけでなく、大学と卒業生、企業との絆を強める重要な機会となっています。

このようなファンドレイジング活動は、単なる資金集めにとどまらず、大学の社会的価値を高め、外部との繋がりを強化する重要な機能を果たしています。企業や卒業生との関係性を深めることで、大学の教育研究活動への理解を促進し、長期的な支援基盤を築いていくことができます。アドバンスメントオフィスの活動を通じて、私たちは教職員が一丸となって大学の未来を築いていく新しいかたちを模索しています。従来の縦割り組織では難しかった横断的な取り組みが可能になり、大学全体としての戦略的な活動を実現しています。

今後も、このオフィスを中心に、レピュテーション向上と資金獲得の両面で活動を強化していく予定です。大学の価値を社会に広く認知してもらい、その結果として外部からの支援を増やしていくという好循環を生み出すことが、私たちの目標です。

卒業生の力を活かす、東工大の革新的な基金募集

アドバンスメントオフィスの注目すべき成果として「ホームカミングデイ」という交流イベントの開催があります。ホームカミングデイ、卒業生に大学に帰ってきてもらうイベントです。東工大では同窓会力の強化を目的に２０１２年から開催しています。講演会の他、各学科別の同窓会会合に加えて、全学があつまっての懇親会などを開催し、大学と同窓生の絆の強化を図っています。

２０２３年のホームカミングデイでは、「Ｔｅａｍ東工大会議」というイベントも開催し、東京医科歯科大学の田中雄二郎学長や両大学の教員、学生、卒業生が一緒になって、お互いの大学のこと、そして新しい大学への期待についての意見を交わしました。このような開かれた議論の場を設けることで、大学の将来像をステークホルダーと共に描くことができます。

次に、「東工大応援キャンペーン」という基金募集活動があります。これは、東工大が新しい大学に生まれ変わることを記念して行われたもので、寄付者には特製のネクタイやスカーフを贈呈しました。具体的には、10万円の寄付でネクタイ１本、５万円の寄付でスカーフ１本を提供しました。

このキャンペーンは２０２３年12月から２０２４年３月末までの３カ月間で実施され、驚くべきことに８０４４万円もの寄付が集まりました。約３００人の方々からご支援いただき、一人当たり平均で20万円以上の寄付をいただいたことになります。これは卒業生の母校への深い愛着と信頼の表れであり、非常に心強い結果です。

これらの取り組みは、私が学長就任時に提唱した「Ｔｅａｍ東工大」という理念を体現するものです。大学、教職員、学生、卒業生、そして社会全体が一体となって東工大を支え、発展させていくという考え方です。アドバンスメントオフィスは、まさにこの理念を実現するための中核的な組織として機能しています。

このようにアドバンスメントオフィスは、大学と社会を繋ぐ重要な窓口としての役割も果たしています。企業や同窓生とのネットワーク構築、国際的な広報活動、そして新たな寄付募集の仕組みづくりなど、多岐にわたる活動を展開しています。

産学連携強化への道、チームＩＡＣの戦略的アプローチ

アドバンスメントオフィスの４つのチームの中でも、大学と企業との関係を総合的に管理し、産学官連携の強化をはかる「チームＩＡＣ」の役割は本学の資源獲得に非常に重要です。

例えば、ある企業との共同研究の状況や、学生支援での協力関係など、大学と企業との多面的な関わりを把握し、情報を共有しています。この情報共有は、単なる事務作業ではありません。企業訪問の際に、訪問者が大学と企業との関係を総合的に理解した上で対応することができ、より深い信頼関係を築くことができるのです。

さらに、この情報を基に、私自身が企業の社長に挨拶に行くなど、トップレベルでの交流も行っ

ています。こうしたトップダウンのアプローチは、新たな共同研究の機会を生み出すきっかけにもなります。社長からの指示で現場レベルの話し合いが進むなど、企業側の反応も大きく変わってくるのです。

「チームＩＡＣ」の活動は産学連携ばかりに限定されません。２０２２年11月には、「東京工業大学、長岡技術科学大学、豊橋技術科学大学」で人材育成やオープンファシリティセンターなどの協定を結ぶなどの大学間連携も担当しています。また、宇宙技術や食の技術を中心として産学連携を推進するための「室蘭工業大学、東京工業大学、九州工業大学」との連携も結び、自治体も書き込んだ活動に繋がっています。

このようにアドバンスメントオフィスの活動を通じて、大学全体で情報を共有し、戦略的に行動することが可能になりました。各部署がそれぞれの活動を把握し合うことで、より効果的な連携が実現しています。例えば、ある企業との活動を行う際に、他の部署の取り組みと連携することで、より大きな成果を上げることができるのです。

この活動の中で特に重要なのが、繰り返し述べているように、教員と事務職員の協働なのです。アドバンスメントオフィスは、この教職協働を実践する場としても機能しています。例えば、企業訪問の際には、教員と事務職員が一緒に行動します。教員の専門知識と事務職員の実務能力を組み合わせることで、より効果的な活動が可能になるのです。

教職員が協働してこの新しい挑戦に取り組むことで、東京工業大学の未来を切り開いていけると確信しています。アドバンスメントオフィスは、その原動力となる重要な組織なのです。今後も、このオフィスを中心に、大学の価値向上と外部からの支援増加という好循環を生み出していきます。そして、この取り組みを通じて、東京工業大学が真の意味で社会に開かれた、そして社会に貢献する大学となることをめざしています。

エンゲージメントの力が大学経営に革新をもたらす

アドバンスメントオフィスの様々な取り組みは、大学の経営基盤強化につながること、教職員の協働を促進することを述べてきました。大学経営において、大学全体としての戦略を考えることは不可欠であることから、このオフィスの果たす役割はさらに重要になると考えています。

自らの大学の姿が、社会にどのように受け止められているかを常に把握し、フィードバックを得ながら戦略を練り直していく必要があります。

大学の戦略立案、アウトリーチ活動や広報活動の展開、学生や社会からのフィードバックの収集と分析など、多岐にわたる活動をコーディネートする上でも重要な役割を果たすことになるでしょう。

東工大では、学長主導でこのような戦略的な組織運営を行ってきた点で、他大学に先んじていると自負しています。

私たちがこのような組織運営を実現できた背景には、未来社会デザイン機構での経験がありま す。全学を巻き込んで活動を展開するというアプローチは、新大学のブランディング作業において も活かされました。学生、教職員、さらには外部のステークホルダーを巻き込んで大学の未来像を 描くという経験は、私たちに大きな学びをもたらしました。

今後は、これらの経験をさらに発展させ、より多くの学生を巻き込んだ活動を展開することが必 要だと思います。昨今「エンゲージメント」という言葉がビジネス界で注目されていますが、まさ に大学運営においても、人々を巻き込み、共に未来を創造していく力が求められているのです。

このような「巻き込み力」は、現代社会のあらゆる場面で重要視されています。どのような仕事 に就こうとも、周囲の人々を巻き込み、共に目標に向かって進んでいく力は不可欠です。大学がこ のような活動を展開することで、学生たちも自然とこのスキルを身につけることができるでしょう。

アドバンスメントオフィスの活動は、単に大学の経営基盤を強化するだけでなく、これからの社 会で求められる重要なスキルを実践的に学ぶ場としても機能しているのです。私たち教職員も、こ の活動を通じて常に学び、成長しています。そして、ここで得た経験を、それぞれの立場で新たな 挑戦に活かしていくことができるのです。

コスト分析により直接経費と間接経費の流れを明確化

直接経費と間接経費の最適化で実現する大学の競争力向上

大学経営において、直接経費と間接経費の流れを明確化することは非常に重要です。これらの経費の概念と管理は、大学の財政基盤を強化する上で欠かせない要素となっています。直接経費とは、研究プロジェクトを遂行するために直接必要な経費のことを指します。一方、間接経費は、研究環境の整備や過去の投資回収など、大学全体の運営に関わる経費です。一般的に、間接経費は直接経費の約30％と設定されていますが、プロジェクトの性質によって15％から40％程度の幅があります。

東京工業大学は、約20年前に企業との共同研究における間接経費を30％と設定することを宣言しました。当初は企業からの反発もありましたが、現在では国のプロジェクトを含め、この30％という数字が一般的な基準となっています。

この間接経費は大学にとって非常に重要な財源です。人件費や施設整備費などに充当でき、大学の裁量で使用できる資金となっています。東工大では、間接経費の70％を大学本部で、残りの30％

を各部局で使用する方針を採っています。

しかし、日本の大学の間接経費率は、アメリカの大学と比較するとまだ低い水準にあります。アメリカの一流大学では、直接経費と同額、あるいはそれ以上の間接経費を要求することもあります。これは、大学の財政基盤を強化し、世界トップレベルの研究環境を維持するための重要な戦略となっています。

このような経費の流れを適切に管理し、戦略的な経営判断を行うため、前述の通り、東京工業大学では戦略的経営オフィス（現　戦略的経営室）を設置しています。このオフィスは、大学の収支分析や経営戦略の立案、各種データの収集・分析を行う重要な役割を担っています。

戦略的経営オフィスは、表立って目立つ存在ではありませんが、大学の意思決定に不可欠な情報を提供しています。組織的には、企画本部の一部門として位置づけられており、企画担当理事が掌握しています。この企画本部には、戦略的経営オフィスの他にも、ダイバーシティ推進、業務改革、ＤＸ（デジタルトランスフォーメーション）、国際化などの重要な機能が集約されています。

戦略的経営オフィスの活動は、大学の経営基盤を強化する上で極めて重要です。例えば、間接経費の適切な配分や使用状況の分析、研究プロジェクトの収支バランスの評価、将来的な財政見通しの策定などを行っています。これらの分析結果は、大学の経営戦略を立案する際の重要な判断材料となります。

また、戦略的経営オフィスは、大学の経営状況を可視化し、学内外のステークホルダーに対して説明責任を果たす役割も担っています。透明性の高い経営を行うことで、企業や政府からの信頼を獲得し、さらなる研究資金の獲得にも繋がっています。

今後、日本の大学が国際競争力を維持・向上させていくためには、戦略的な経営がますます重要になります。間接経費の適切な設定と管理、そして戦略的経営オフィスのような専門部署の活用は、その鍵となる要素です。東工大は、これらの取り組みを通じて、世界トップレベルの研究教育機関としての地位を確立し、同時に健全な財政基盤を構築することをめざしています。

大学の経営者として、私たちは常に変化する環境に適応しながら、教育研究の質を高め、社会に貢献し続けることが求められています。戦略的経営オフィスの機能をさらに強化し、データに基づいた意思決定と戦略立案を行うことで、東京工業大学は今後も持続可能な発展を遂げていくことができると確信しています。

次世代人事戦略による教育研究活動の強化と「好循環」の駆動

ＵＲＡ導入から始まる大学人事システムの大変革

大学の経営基盤を強化する上で、次世代人事戦略の構築は非常に重要な課題です。従来の大学組織では、教員、事務職員、技術職員という三つの職種が存在し、その間に明確なヒエラルキーが存在していました。教員が最上位に位置し、他の職種はそれを支える役割という認識が一般的でした。しかし、この構造では各職種のもつ専門性や能力を最大限に活かすことが難しいのが現状です。

そこで私たちは、これらの職種を横並びに位置づけ、それぞれの役割の違いを認識しつつ、上下関係ではなく協働関係として捉え直す取り組みを進めています。さらに近年では、ＵＲＡ(University Research Administrator)という新たな専門職が登場しています。ＵＲＡは研究資金の獲得や研究活動のマネジメント、産学連携の推進など、大学の研究力強化に欠かせない役割を担っています。

この新しい人事戦略の実現には、いくつかの課題があります。最も大きな障壁の一つが給与体系の違いです。従来、教員の給与水準が他の職種よりも高く設定されていたため、職種間の移動や協働が難しい状況がありました。この問題に対処するため、私たちは「高度専門人材」という新たな枠組みを設けました。この枠組みでは、教員と同等の給与体系を適用することで、職種間の移動を容易にし、より柔軟な人材活用を可能にしています。

しかし、この新しい枠組みにもまだまだ課題があります。例えば、高度専門人材の中でも教員出身者と非教員出身者の間で、肩書や待遇に関する意識の差が存在しています。教員系の肩書を希望する声がある一方で、教員としての審査を経ていない人材を教員と呼ぶことへの抵抗感も存在します。この意識の差が、新たな縦の関係を生み出してしまう可能性があるため、さらなる改善が必要だと認識しています。

また、URAの位置づけについてもまだ過渡期にあります。現在の東工大のURAの多くが有期雇用であるため、契約期間終了後に高度専門人材として移行することを想定しています。この移行が完了すれば、それぞれの能力を最大限に活かせる体制が整うと期待しています。

このような課題はありますが、次世代人事戦略の構築は、大学の教育研究活動を強化し、好循環を生み出すための重要な取り組みです。多様な専門性をもつ人材が、職種の壁を越えて協働することで、大学全体の創造性と生産性が向上すると確信しています。

理念と実践の融合、東工大が描く未来の大学像

多様性と寛容、協調と挑戦、決断と実行で描く大学像

大学の経営基盤を強化するためには、明確なビジョンと強固なガバナンス体制が不可欠です。東京工業大学では、このガバナンスの根幹となる理念を「ステートメント」と「コミットメント」というかたちで明確に示しています。

まず、三島良直前学長の時代に策定された「ステートメント」では、東工大の特徴として「チャレンジ精神」を掲げました。これは、私たちが常に新しいことに挑戦し続ける人材の集団であることを宣言したものです。

私が学長に就任してからは、このステートメントを受け継ぎつつ、さらに発展させるべく「コミットメント」を策定しました。ここでは三つの柱を立てています。「多様性と寛容」「協調と挑戦」「決断と実行」です。

「多様性と寛容」は、近年よく使われる「インクルージョン」や「包摂」という概念に通じるものです。大学という場所には多様な背景をもつ人々が集まります。その多様性を認め、受け入れるこ

とが、創造的な環境をつくり出す基盤となります。

「協調と挑戦」は、個々人の挑戦精神を大切にしつつ、同時に協力し合うことの重要性を示しています。大学における研究や教育は、個人の努力だけでなく、チームワークによって大きな成果を生み出すことができます。

「決断と実行」は、執行部の意思表明として特に重要です。大学の運営においては、様々な意見や立場があります。しかし、最終的には決断を下し、実行に移さなければなりません。そして、その結果に対して責任を取る覚悟も必要です。

これらの理念は、教育、研究、経営、産学連携など、大学のあらゆる活動の根底にある考え方です。特に「決断と実行」は、私たち執行部の責務を端的に表しています。大学の役員は、決断し、実行し、そして責任を取る立場にあります。

しかし、大学は企業とは異なり、上意下達で物事を進められる組織ではありません。多様な意見や立場を尊重しつつ、大学全体として前に進んでいく必要があります。そのため、私たちは頻繁に学内での対話会を開催し、意識の共有を図っています。全員の賛成を得ることは難しいですが、少なくとも私たちの方針を理解してもらい、一緒に歩んでいく姿勢を大切にしています。

このような取り組みの中で、時には失敗することもあります。しかし、失敗を恐れずに挑戦し、必要に応じて軌道修正しながら前進していくことが、東工大の特色だと考えています。

現在、東京医科歯科大学との統合を控えていますが、この東工大の特色は新大学においても活かしていきたいと考えています。多様性を尊重しつつ、果敢に挑戦し、決断と実行を重ねていく。そのプロセスを通じて、新しい大学の発展を実現していきたいと思います。

多様性と寛容、協調と挑戦、決断と実行がうまれたとき

横道にそれますが、「多様性と寛容」「協調と挑戦」「決断と実行」は、２０１８年10月頃に固まりました。この３つのフレーズが産まれた背景を少し紹介させていただきます。

２０１８年４月、私は学長に就任しました。２０１６年から科学技術創成研究院の研究院長を務めたとはいえ大学運営に深くかかわってきたわけではありませんでした。学長になる以前から教職員との対話は必須だと考えていました。おそらく研究者として新しい分野の研究を行うときにはその学会や国際会議に出て参加している人と話してみるのが一番手っ取り早いし、同じ空気を吸うことが重要だと感じていたからだと思います。

学長任期の６年間で具体的なアクションを示すことが重要であると認識して、執行部で議論し、また若手教員との意見交換などを精力的に行いました。それらを受けて、企画評価課にサポートしてもらい、執行部、企画評価課や総務部の一部を加えて、合宿を行い徹底的な議論をしました。この議論は後に「アクションプラン２０１８‐２０２３」としてまとまります。アクションプランは、（１）創造性を育む多様化の推進、（２）Student-centered learning の推進、（３）飛躍的な研

■図表-40　2018年Vision検討会合宿メモ（益　一哉）

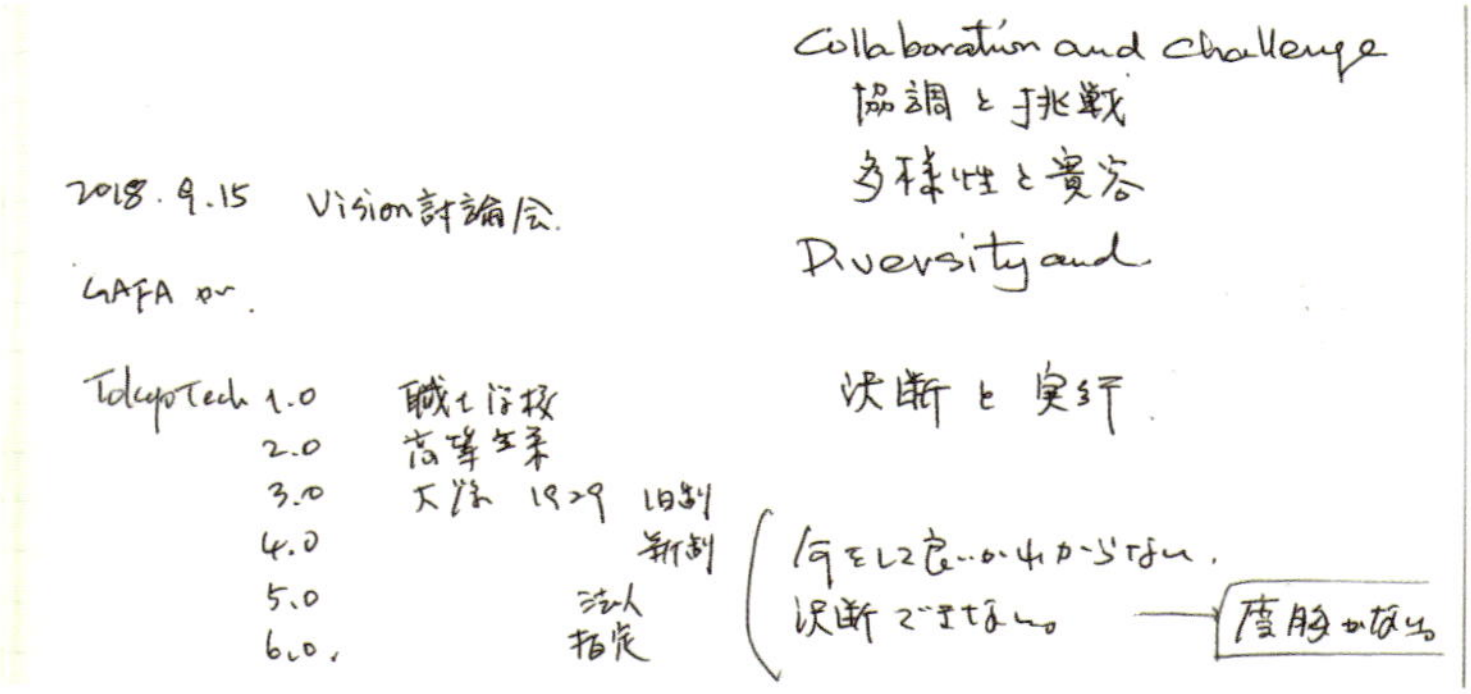

究推進で社会に貢献、（4）経営基盤の強化と運営・経営の効率化の4項目と具体的な施策から構成されます。各理事は各本部ともにこれを念頭に様々なことに取り組むようになり、そられの具体が本書の各所でも紹介されています。

私にとって重要であったのは合宿の議論そのものでした。

三島良直学長の2016年末から学内の教職員、学生、卒業生など様々な方との議論から東工大ステートメント2030を打ち出しました。2016年からの学士課程1年生の「東工大立志プロジェクト」という講義で、学生が4人一組なって様々な議論をします。そのときに利用しているのが中野民夫教授考案の「えんたくん」です。一枚の丸い段ボールに、皆が発言したことをとにかく書いて議論するというものです。東工大ステートメント2030は中野民夫教授のファシリテートからはじまり、「ちがう未来を見つめて行く」にまとめられました。

この経験があったので２０１８年９月の合宿時のメモはきちっとまとめてもらい、何度も見返してみましたが、これぞ東工大の６年間のビジョンとは言いきれず、正直悶々としてしまいました。そのときの私のノートのメモが残っています。２０１８年９月15日とあります。合宿で出てきた意見をホワイトボードに書き出し、それらをもとに皆で議論する中で出てきた三つのフレーズをノートに書き留めたものです。

２０１７年に発表した「ちがう未来をみつめていく」から始まる東工大ステートメント２０３０は、東工大に集うのはどのような人々なのか、Who we are です。「多様性と寛容」「協調と挑戦」「決断と実行」はちがう未来にむけて如何に取り組むのか、How we do です。そして、４つのアクションプランは具体的に何をするのか、What we do です。

いま振り返ってみればこのようにまとめることができるのですが、最初からこのような形になっていたわけではありません。執行部内での日頃の議論、教職員と意見交換や議論、学生との交流、卒業生との交流から産まれたと思います。現代の東工大が産みだした私たちの「志」のまとめです。

チャレンジ精神と対話文化が支える東工大の経営基盤

大学の経営基盤を強化する上で、組織文化や構成員との対話は非常に重要な要素です。東京工業大学の特徴として、私が特に注目しているのは、「チャレンジ精神」と「対話を重視する文化」です。

まず、大学運営において様々な困難に直面することは避けられません。しかし、私はこれを「苦労」とは捉えていません。むしろ、職務上の責任として、積極的に取り組むべき課題だと考えています。

大学には多様な意見をもつ人々が集まっています。時には面と向かって反対意見を言われることもありますが、これは健全な組織の証しだと思います。むしろ、このような率直な意見交換ができる環境こそが、大学の強みだと考えています。

特に、教員と事務職員の関係性において、東工大では横並びの関係を構築できつつあります。従来の大学では、教員が上位に立つヒエラルキーが存在しがちでしたが、私たちはそれを打破し、対等な立場での意見交換を促進しています。事務職員からも「それは難しいです」と率直に意見を言ってもらえる環境は、よりよい意思決定に繋がっています。

一方で、近年の課題として、意思決定のスピードが挙げられます。20年前と比べて、社会の変化のスピードが格段に速くなっています。以前は、じっくりと対話を重ね、反対意見をもつ人々にも「そこまでやりたいなら好きにやれ」と言わせるまで説明を続けることができました。しかし現在は、そのような時間的余裕が少なくなっています。スピード感をもった決定と、丁寧な対話のバランスを取ることが、新たな課題となっています。

ここで、東工大の強みが活きてきます。本学は理工学中心の大学であり、多くの構成員が「仮説を立て、検証し、判断して次に進む」という研究手法に慣れています。このため、「決断して実行してみて、ダメだったら修正すればよい」という考え方に抵抗が少ないといえるかもしれません。

この「チャレンジ精神」と「対話を重視する文化」を活かし、過去４世代の学長にわたって様々な改革を実行してきました。今後も、この東工大の特色を最大限に活用していきたいと考えています。

学長交代を超えて、東工大が示す経営基盤強化の道

大学の経営基盤を強化する上で、長期的な視点と一貫性のある改革の継続は非常に重要です。東京工業大学の特徴として、私が特に注目しているのは、学長が交代しても大学の方向性が大きく変わらないという点です。

日本の大学では、新しい学長が就任すると、前任者の方針を否定し、まったく異なる方向性を打ち出すことがあります。しかし、東工大では少なくとも過去４世代の学長にわたって、一貫した改革の流れが維持されてきたといえます。

法人化当時の相澤益男学長が始めた取り組みを、伊賀健一学長が引き継ぎ、三島良直学長がさらに改革を進め、そして私がその改革をより大きく発展させるというかたちで、20年以上にわたって

継続的な改革が行われています。この継続性は、他の大学にはない東工大の強みであったと考えています。

日本の大学学長の任期は通常6年程度です。最初の2年は学長としての役割に慣れる期間、次の2年で計画を立て実行に移し、残りの2年で成果が出始めるという流れになります。しかし、この6年という期間では、改革を十分に定着させることは難しいのです。前任者の取り組みを理解した上で、引き継ぎ、就任初年度から動き出せる体制があってこそ、実際に改革をかたちにすることができます。

この継続性により、東工大では国の政策に先んじて様々な取り組みを試行錯誤してきました。「とりあえずやってみる」という姿勢が、大学の競争力向上に繋がっていると考えています。

2024年10月に東京科学大学が発足します。東京工業大学と東京医科歯科大学というそれぞれに伝統と歴史、実績をもった大学です。文化も大きく異なります。統合後、真の意味で一つの大学になるには約20年かかるかもしれません。新大学に入学した学生が卒業し、研究者や様々なところで活躍し、そして大学執行部に加わる頃になって初めて、真に一体化した大学文化が形成されるでしょう。

現時点の文化はそれぞれに違う。しかし、文化が違うことも多様性と考えれば、「多様性と寛容」です。対話を通じて協調し、新たなことへ挑戦する。新大学として厳しい決断に迫られるかもしれません。しかし、未来を先送りしないという気持ちで実行あるのみです。

Column　躍進と進化のキャンパスをつくるために③

教職協働の体制

――湊屋治夫・教授・学長相談役（前理事・事務局長）

法人化を機に進化した東工大の教職協働モデル

国立大学において、法人化以前は特に、そして法人化以降も、学長をはじめとする教員（旧文部教官）と事務職員（旧文部事務官）との間には、一定の壁やヒエラルキーが存在し、ともすれば、大学の運営は教員が中心であり、事務職員はそれを支える裏方・執行役であるという長年培われてきた意識が未だ一部に残っています。

しかし、東京工業大学に赴任した際にまず驚いたのは、他の国立大学に比べて、東工大では教員と事務職員との垣根が低く、両者の協働体制、いわゆる「教職協働」が当たり前のように行われていることでした。この教職協働について、事務局からの観点を中心に紹介します。

東工大における教職協働は、大学運営に大きな効果をもたらしています。この教職協働体制の主なものは、「戦略統括会議」、「企画立案執行組織」や「アドバンスメントオフィス」などです。

まず、「戦略統括会議」ですが、この会議は、学長が議長を務め、大学の執行部と部局長、そして事務局の部長が構成員として参画しており、教育や研究の新しい取り組み、人材や財政に関するガバナンスなど、大学運営の重要な事項について議論が行われます。特筆すべきは、教員と事務職員が同じテーブルにつき、対等の立場で意見を交わすことです。この過程を通じて、新しい取り組みが形作られていきます。時には、困難な点や課題も率直に指摘され、より良い方向性を見出すための建設的な議論が行われています。

さらに、組織においても教職協働の理念が反映されています。例えば、「企画立案執行組織」である企画本部、教育本部、研究・産学連携本部、キャンパスマネジメント本部などの各本部は、本部長である理事の下、教員と事務職員等が構成員となっています。これらの本部内では、教員と横並びの関係で、事務職員が副本部長や部門長を務めている場合もあり、教員と事務職員等の構成員が共に具体的な施策を議論し、実行に移しています。

学長室に置かれる「アドバンスメントオフィス」も、同様

湊屋　治夫
（みなとや　はるお）

東京工業大学・教授・学長相談役
（前理事・副学長（事務総括担当）・事務局長）

[略歴]
1987年　文部省
2001年　文部科学省大臣官房総務課審議班主査・法令審議室長
2003年　文部科学省大臣官房総務課副長
2004年　文部科学省高等教育局視学官・主任大学改革官
2004年　米国国立科学財団（NSF）フェロー
2005年　文部科学省大臣官房企画官・主任教育改革官
2007年　文部科学省生涯学習政策局男女共同参画学習課長
2008年　独立行政法人日本学術振興会総務部長
2011年　文化庁文化財部伝統文化課長・内閣官房内閣参事官・アイヌ総合政策室参事官
2013年　独立行政法人教員研修センター理事
2015年　文部科学省国立教育政策研究所次長・高等教育研究部長
2018年　独立行政法人大学改革支援・学位授与機構理事
2022年　国立大学法人東京工業大学理事・副学長（事務総括担当）・事務局長
2024年　国立大学法人東京工業大学教授・学長相談役（現職）

に教職協働を促進する場として機能しています。

このような教職協働体制がもたらす効果は多岐にわたります。まず、異なる視点をもつ教員と事務職員が一緒にフラットに議論することで、多様な見方や取り組みが生まれ、より良い成果に繋がっています。特に近年は、オンライン会議の活用により、より多くの人々が欠席することなく参加できるようになったこともあり、より多様な意見が反映されるようになった気がします。

また、教員、事務職員がそれぞれ大学の意思決定過程に参画することで、「Ｔｅａｍ東工大」としての一体感が醸成されています。これにより、教員も事務職員も等しく大学の一員であるとの意識を強く持ち、より良い大学づくりに向けて一丸となって取り組む姿勢が生まれています。

この変化の背景には、国立大学法人化という大きな転換点がありました。法人化以前は、国の機関として一律的な運営が行われていましたが、法人化後は各大学が独自の創意工夫を凝らした運営を求められるようになりました。これにより、教員が中心となってものごとを決定し事務職員が執行するという従来の役割分担から、教職員が共に自らの大学の在り方を考え、創造していく体制への転換が進みました。

東京工業大学は、法人化以前からこのような協働の素地がありましたが、法人化を機にさらにその取り組みを強化してきました。その結果、現在の戦略統括会議や各本部をはじめとする教職協働体制が実現しています。

他大学と比較しても、東京工業大学の教職協働の取り組みは先進的であると自負しています。一部に従来の意識が残っている場面も見られますが、事務職員の大学運営への参画意識は非常に高いレベルに達しています。「自分たちの意見が大学を変えられる」という認識が広まり、積極的に意見を述べ、行動する姿勢が強まりました。「自分たちの大学」という意識が、モチベーションの向上にも大きく貢献しています。大学院に進学し、教育行政や学校運営について学び、自らの専門性を高めようとする事務職員も管理職をはじめ増えてきました。

新規採用研修から始まる、Ｔｅａｍ東工大の一体感醸成

教職協働の体制を構築し、発展させていくためには、様々な工夫と継続的な取り組みが必要です。東京工業大学では、組織と意識改革の両面からアプローチを行っています。

まず、戦略統括会議や企画本部など各本部の組織において、教員と事務職員が対等な立場からメンバーとして参加できるしくみとし、教職協働の場を確保しています。

一方で、教員と事務職員との間に残る意識や立場の違いを踏まえ、私たちは教員、事務職員それぞれの意識を変え、教職協働を実践していくことを目指しています。

例えば、年２回実施される新規採用教員研修における学長講話の中で、教職協働の重要性について学長自らが説明してきました。同様に、事務局の新規採用職員に対しても、事務局長が新規採用研修の中で教職協働の理念を伝えてきました。

さらに、今年からは教員と事務職員が一緒に参加する形での新規採用者研修に衣替えしました。

学長自ら「Ｔｅａｍ東工大」として一丸となって大学運営に取り組む重要性を説明することにより、入職時点から教職協働の意識を醸成する努力を行っています。

教職協働の体制を確固たるものにしていくためには、新規採用者だけでなく、教職員全体に対してもアプローチを行うことが重要です。東工大では、様々な機会を活用して、教職協働の理念を全学的に浸透させる取り組みを行っています。

例えば、教員の部局長や事務局部長を集めた会議の場で、学長自らが「事務職員は裏方ではなく、共に大学運営を担う重要なパートナーである」旨のメッセージを発信しています。これらの管理職が各部局や部署に戻った際に、それを伝え広めていくことで、組織全体に教職協働の意識が浸透していくことを期待しています。

現在の益学長は、この点を特に意識して取り組まれており、折に触れて教職協働の重要性を強調されています。これは、トップダウンのアプローチとして非常に効果的であり、大学全体の方向性を示す上で重要な役割を果たしています。

また、毎年度作られる事務局の目標においても、教職協働の理念を反映させています。具体的には、「教員のパートナーとして教職協働の意識を持って積極的に企画立案を行い、実施することにより、大学の発展に貢献する」ことを第一の目標として明記しています。これは教員と共に積極的に企画立案段階から参画し、それを自ら執行していくという姿勢を示すものです。

この目標は、事務局内の研修でも繰り返し強調されています。さらに、この事務局全体の目標を踏まえて各部・各課が具体的な目標を設定し、それに基づいて各職員が個人の目標を立てる仕組みになっており、事務職員一人一人まで教職協働の理念が浸透していくことが期待されています。

人事・制度面でも教職協働を促進する工夫を行っています。具体的には、東工大の8部局(6学院、リベラルアーツ研究教育院、科学技術創成研究院)において、各部局の業務推進課長が「学院(教育院・研究院)長補佐」としての役割を担うこととされており、単なる事務局の課長としてではなく、学院長等を事務面から支える重要な役割を果たしています。

従来、学院等の運営は主に教員によって行われてきましたが、事務職員も教授会などの重要な会議に参加し、学院等の運営に直接関わることができるようになり、学院等の部局レベルでも教職協働が実践され、より細やかで効果的な部局・大学運営が可能になっています。これらを通じ、事務職員の意識も変わり、より主体的に大学運営に参画するようになることが期待されます。

教職協働を推進する上で、このような様々なアプローチが重要です。トップダウンによる方針提示と、現場レベルからのボトムアップの実践が組み合わさることで、より強固で実効性のある教職協働体制が構築され、その文化が醸成されていくことを期待しています。ただし、これは一朝一夕で達成できるものではありません。長年培われてきた組織文化や個人の意識を変えていくには、時間と継続的な努力が必要です。

まとめ

教職協働の体制は、東京工業大学の発展において重要な役割を果たしてきました。私たちの大学では、他の多くの大学と比較して、教職員の意識改革や様々な仕組みの導入において、先進的な取り組みを行ってきたと自負しています。これは東工大の伝統であり、強みでもあります。

教員と事務職員が互いの専門性を尊重し、補完し合える関係を築くこと、すなわち、教員は研究や教育の専門家として、事務職員は学校運営、会計や法令規則などの実務の専門家として、それぞれの強みを活かしながら協働することで、大学全体としての総合力を高めることができます。

このような教職協働の体制は、大学の発展を支える重要な基盤となっています。多様な視点と専門性をもつ人材が協力することで、より柔軟で創造的な大学運営が可能となり、結果として学生や社会に対してより高い価値を提供できるものと確信しています。今後も、この協働の精神をさらに深化させ、教職協働の文化を醸成していくことが、東京工業大学、そして新たに誕生する東京科学大学の発展に寄与していくものと期待しています。

田町キャンパス土地活用事業

東工大が示す新時代の大学運営モデル、田町再開発

――芝田政之・理事

東京工業大学は外部資金の獲得力の強い大学です。これは、多くの研究者が産業界との連携を進めており社会的実装につながる研究分野が多いこと、さらには産学連携のための仕組みを整備してきていることに起因しています。しかし、他の大学に比べれば比較的恵まれた外部資金の獲得状況にも関わらず、多くの国立大学同様、深刻な問題を抱えています。運営費交付金や補助金が低迷する中、施設・設備の老朽化に伴い、新たな知の創出や人材育成という社会的付加価値創造機能のためのインフラを維持することが困難になっています。特に理工系の大学は装置産業同様に研究設備の充実が教育研究の推進にとって必要不可欠です。さらに、博士後期課程への進学者数の低迷も大きな問題となっています。これは、欧米のように博士課程学生に対して十分な処遇を提供するだけの財源が確保できないことが主な原因の一つです。

このような状況下で、東工大は資金調達において新たな道を見出しました。それが田町キャンパスの再開発事業です。この事業は、大学の財政基盤を強化し、教育研究環境の充実を図るための革新的な取り組みとなりました。

田町キャンパス再開発事業の構想は、２０１５年2月に役員会で決定された「3キャンパスの総

合的利用方針」から始まりました。この方針では、大岡山キャンパスを学部教育の中心とし、すずかけ台キャンパスを大型プロジェクト研究の拠点とする一方、田町キャンパスについては敷地の高度利用を図り、社会連携・国際化等の拠点とする方針が打ち出されました。

当時、国立大学法人の土地等の貸し付けに関しては厳しい規制がありましたが、政府の国立大学改革の議論の中で、規制緩和の動きが出てきました。２０１６年5月には国立大学法人法の一部改正が成立し、文部科学大臣の認可を受ければ、大学の教育研究水準の向上のために必要な費用に充てるために、第三者に土地等を貸し付けることが可能になりました。

この規制緩和を追い風に、東京工業大学の田町キャンパス土地活用事業が本格的に始動しました。２０１７年3月には、60年後のキャンパスの姿を見据えつつ、当面30年後のキャンパス整備計画を描いた「キャンパス・マスタープラン２０１６」が決定されました。

芝田　政之
（しばた まさゆき）

博士（学術）
東京工業大学・理事・副学長（財務担当）

[略歴]
1981年　文部省
1999年　文部省学術国際局留学生課長
2001年　文部科学省研究開発局宇宙政策課長
2003年　文部科学省生涯学習政策局生涯学習推進課長
2004年　独立行政法人日本学生支援機構政策企画部長
2006年　独立行政法人国立大学財務・経営センター理事
2008年　文部科学省大臣官房国際課長
2010年　文化庁長官官房審議官
（併任）内閣官房知的財産戦略推進事務局次長
2012年　外務省大臣官房国際文化交流審議官
2013年　国立大学法人九州大学理事・事務局長
2016年　国立大学法人東京工業大学理事・副学長・事務局長
2019年　沖縄科学技術大学院大学副学長、副理事長兼事務局長（臨時）
2022年　国立大学法人東京工業大学理事・副学長（財務担当）

このプランでは、田町キャンパスの再開発について、「附属科学技術高校の移転も視野に入れ、大学の将来構想実現に必要な組織・機能を配置する。」こととされました。

この基本方針に基づき、附属高校を大岡山キャンパスに移転したうえ、跡地を民間企業に貸し出して高度利用し土地賃貸料を獲得するプロジェクトの具体化が進められました。特に注目すべき点は、老朽化した附属高校の施設の刷新と高大連携の強化を図りつつ、田町キャンパスの高度利用により一定の収益を上げる方向性が打ち出されたことです。この収益によって、高校の施設刷新にも目途がつきました。

この事業は施設運営部の精鋭職員が専門性を有する教員と一致団結して取り組んで、実現にこぎつけました。まさに、規制緩和という天の時・田町駅前という地の利・教職員の協働という人の和があって初めて成立した大プロジェクトです。

今後、この再開発事業が実を結び、大学がより一層の発展を遂げることを期待しています。

国立大学改革の先駆け、東工大が示す新たな資金調達モデル

田町キャンパスの再開発事業

構想の具体化に大きな弾みをつけたのは、２０１７年に文部科学省が創設した指定国立大学法人制度です。東京工業大学は２０１８年３月に指定を受け、その構想の中で持続可能な好循環モデル

を提示しました。このモデルには二つの循環サイクルが組み込まれています。

第一のサイクルは、卓越した教育研究の成果を社会に提供し、その評価に基づいて公的資金や寄付金を獲得して教育研究活動を推進するというものです。第二のサイクルは、企業などとの連携による教育研究活動を促進し、得られた外部資金の一部を教育研究の充実・高度化に投入するというものです。

しかし、公的資金や寄付金には限界があり、企業からの資金提供も一挙に大幅な拡大を期待できるものではありません。そこで、好循環モデルが軌道に乗るまでの付加的・補完的な収入源として、田町キャンパスの再開発を位置づけました。

2019年11月に公表された募集要項では、田町駅に直結する約2万3000㎡の敷地に大学施設と民間施設の複合施設を構想し、75年間の定期借地権を設定する計画を求めました。最低年間賃料は14億円と設定しました。

2021年3月には、予定事業者が決定しました。エヌ・ティ・ティ都市開発株式会社を代表企業とするグループが選定され、その提案は私たちの期待を大きく上回るものでした。容積率を約1，000％に拡大し、延床面積約25万㎡の複合施設を建設する計画で、貸付料（大学への土地賃貸料）は年間45億円、75年間にわたって支払うという提案でした。

この予想を上回る収入源の見込みが立ったことで、東工大の財務戦略は積極的な投資を行う方向に舵を切りました。2100年までの投資総額を2，100億円と設定し、人財その他への投資8

00億円、総合的なキャンパス再開発プランであるキャンパス・イノベーション・エコシステム構想に800億円、基金創設500億円という割り振り計画を策定しました。

さらに、施設設備の整備については、老朽化が進んでおり早急な対応が必要であるため、2022年12月に300億円を大学債で早期調達しました。この大学債の償還には土地賃貸料収益の一部を充当する予定です。キャンパス再開発の中には国道246号線で分断されている東急田園都市線すずかけ台駅とキャンパスの間をトンネルでつなぐ計画も盛り込むことを決定しました。また、2024年6月21日の役員会では、すずかけ台キャンパスについて、横浜市との連携を強化して世界中から優秀な人材が集まる知の拠点・イノベーションの拠点として整備していくことを期して、その名称を「横浜キャンパス」に変更することを決定しました。

この事業を通じて、東工大は新たな時代に対応した大学運営のモデルを示すことができたと考えています。

今後、この再開発事業が実を結び、東工大がより一層の発展を遂げることを期待しています。同時に、この取り組みが大学の自立的な経営に向けた大きな一歩になるように願っています。

大学改革と人事戦略

東工大が挑む革新的人事戦略、縦割りを超えた組織改革

――佐藤　勲・理事

東京工業大学の大学改革と人事戦略について、私たちが取り組んできた内容をご紹介します。

私たちがめざしたのは、従来の教員と事務職員という縦割りの関係を解消し、より横断的でフラットな組織体制を構築することでした。この新しい体制では、教員系の人材が事務を担当したり、事務系の人材が教育に携わったり、さらにはマネジメント職という高度専門職員へ移動したりすることが可能になります。

この取り組みはすでに動き始めており、一部では成果が出ています。例えば、現在の本学の執行部には、元事務職員出身の副学長が含まれています。これは国立大学としては非常に珍しい事例であり、おそらく他に例を見ないのではないでしょうか。企業経験者が大学の執行部に入ることはありますが、同じ大学内でキャリアを積んだ事務系職員が執行部に入るケースは極めて稀です。

しかし、この改革を進める上で最も困難だったのは、人々の意識を変えることでした。規則や仕組みを変えるのは比較的容易ですが、長年培われてきた認識を変えるのは非常に難しいのです。例えば、事務職員の中には「教員が言うならしかたない」という意識が残っていたり、逆に教員側も

「事務職員は事務業務だけしていればいい」という考えが根強く残っていたりします。これらの意識を完全に払拭するには、かなりの時間がかかるでしょう。

また、この新しい体制の中で、専門職的な業務を行う人材の評価も課題となっています。従来の教員評価システムでは、論文などの学術成果が重視されますが、専門職的業務に従事する人材にとっては、それが主要なミッションではありません。そのため、適切な評価や処遇が難しくなっています。この問題を解決するためには、評価システムも含めた抜本的な改革が必要です。

私たちは「教職協働」という概念を提唱しています。これは教員、事務職員、技術職員が一体となって新しい大学をつくっていくという考え方です。将来的には学生も含めた「教職学協働」をめざし、大学全体で新しいチャレンジに取り組む文化を醸成したいと考えています。

このような人事戦略は、新しい大学のガバナンスを考える上で非常に重要です。しかし、その効果が十分に現れるまで

佐藤　勲
（さとう　いさお）

工学博士
東京工業大学　総括理事・副学長、理事・副学長（企画担当）

［略歴］
1984年　東京工業大学　工学部　助手
1990年　同　工学部　助教授
2000年　同　大学院理工学研究科　教授
2008年　同　理事・副学長（研究担当）総括補佐　兼務（2011年まで）
2011年　同　グローバルリーダー教育院長　兼務（2019年まで）
2011年　同　理事・副学長（研究担当）特別補佐　兼務（2013年まで）
2012年　同　評議員　兼務（2014年まで）
2013年　同　炭素循環エネルギー研究センター長　兼務（2016年まで）
2014年　同　副学長（国際企画担当）　兼務（2017年まで）
2017年　同　副学長（戦略構想担当）　兼務（2018年まで）
2018年　同　総括理事・副学長、理事・副学長（企画担当）
2018年　同　未来社会DESIGN機構長　兼務（2024年まで）

には10年程度の時間がかかるかもしれません。それでも、私たちは粘り強くこの改革を進めていきます。

東工大のこの取り組みは、国立大学の中でも先駆的なものです。職制間の移動を含めたフラットな体制づくりを明確に表明している大学は、現時点では東工大だけだと自負しています。

この改革の成果は、新設される東京科学大学にも引き継がれていくことでしょう。新大学でも、このような柔軟な人事システムを導入し、さらに発展させていって欲しいと願っています。

東工大と医科歯科大の統合、新たな大学文化創造への挑戦

次に、東京工業大学と東京医科歯科大学の統合に向けた取り組みについて、私たちの視点で述べてみたいと思います。

この統合プロセスは、単に二つの大学を一つにするだけでなく、互いの組織文化や運営方法を深く理解し、最適なかたちで融合させていく挑戦でもあります。

統合が決定した後、私たちは互いの大学の仕組みや課題について、積極的に情報交換を行ってきました。東工大は従来、こういった取り組みを外部に発信することが得意ではありませんでしたが、今回の統合を機に、お互いの強みや特徴を学び合う良い機会となりました。

例えば、東工大には病院がないため、東京医科歯科大学の病院運営について多くを学ぶ必要がありました。特に、医学部の教員が診療を行う際、その人物が教育研究を担当する教員なのか、臨床

医なのかを明確に区別することが難しいという現実に直面しました。このような複雑な役割分担は、エフォート管理や人件費の配分にも影響を及ぼします。

また、医師の働き方改革という社会的課題にも取り組む必要があります。医学部の教員が病院で診療を行う部分については、診療報酬を調整することである程度対応できるようです。しかし、同じ教員が学生の教育を担当する部分の人件費をどのように扱うかは、まだ明確な解決策が見えていません。

これらの課題に対して、私たちは互いの情報や知見を共有し、最適な解決策を見出そうと努力しています。統合までの限られた時間の中で、まだまだ学び合い、理解を深めなければならないことが山積しています。

しかし、10月1日には法律上、一つの大学となります。そこからが本当のスタートラインだと考えています。統合後も、継続的に相互理解を深め、新しい大学としての文化や仕組みを構築していく必要があります。

この統合プロセスを通じて、私たちは改めて「教職協働」の重要性を認識しました。教員だけでなく、事務職員や技術職員も含めたすべての大学構成員が、それぞれの専門性を活かしながら協力し合うことが、この大規模な組織変革を成功させる鍵となるでしょう。

また、この経験は将来的に「教職学協働」へと発展させていく良いきっかけにもなると考えています。学生も含めた大学全体で新しいチャレンジに取り組む文化を醸成することで、より革新的で柔軟な大学運営が可能になるはずです。

統合に向けた準備期間は確かに短く、不安も大きいですが、同時にこれは大きなチャンスでもあります。二つの伝統ある大学がもつ知識と経験を融合させることで、日本の高等教育に新たな可能性を切り開くことができると信じています。

この統合プロセスは、単に組織を一つにするだけでなく、新しい大学文化を創造し、日本の大学改革のモデルケースとなる可能性を秘めています。

改革に適した文化が育む東工大の挑戦的な取り組み

東工大は、改革に適したキャラクターをもつ大学だといえます。これは、大学改革を進める上で大きな強みとなっています。もちろん、説明や合意形成には苦労しますが、学内的には比較的やりやすい環境にあると感じています。

特筆すべきは、執行部の「やってみて、だめだったら責任を取る」という姿勢が浸透していることです。これにより、様々な新しい取り組みにチャレンジできる土壌があります。ただし、これまで東工大は自らの取り組みや成果を社会にアピールすることが得意ではありませんでした。

そこで、本書や統合報告書のようなかたちで、私たちの取り組みを明文化し、学長自らが説明して回るなどの努力をしています。これらを通じて、東工大の改革への姿勢をより多くの方々に理解していただけることを願っています。

東工大のような改革志向の大学、新しい試みに挑戦する大学としての姿勢は、文部科学省や内閣府にも承知されていると認識しています。新しい取り組みを相談すると、彼らは真摯に耳を傾けてくれます。必ずしも財政的支援に繋がるわけではありませんが、国全体としても私たちの挑戦を後押ししてくれる環境にあります。

大規模な総合大学では、全学の合意形成が難しく、改革の推進に苦労することが多いようです。しかし、東工大では「学長のキャラクターだから」という理解のもと、比較的スムーズに改革を進められています。学長の強力なリーダーシップと一貫した方針が、大学全体の方向性を明確にしています。

もちろん、全員が学長の方針に全面的に賛同しているわけではありません。しかし、「やらせてみればいい」という寛容な雰囲気があることも、改革を進める上で重要な要素です。

東工大に集まる研究者の多くは、自分の能力に自信をもっています。そのため、大学の運営に過度に干渉せず、「執行部には勝手にやらせてもいい」というスタンスを取る傾向があります。これは、相互の過干渉を避け、それぞれが自由に活動できる環境をつくり出しています。

ただし、予算や場所、人材などのリソースが限られている中で、真の発展を遂げるためには、さらなる工夫が必要です。単なるゼロサムゲームではなく、リソースの拡充と効果的な活用が求められます。これこそが、ある程度「勝手にやる」ことを認められた執行部の責任だと思っています。

これまでの数十年間、東工大は他の大学に比べて改革を進めやすい環境にあったといえるでしょう。それは、まさに東工大のキャラクターの一部です。今回の書籍の出版についても、学長の「東工大の取り組みを世に問うてみよう」との一言で決定されました。これも迅速な意思決定の一つなのかもしれません。

東工大はこれまでも継続的に改革を行ってきました。過去の学長たちの改革の記録は内部資料として存在しますが、それらを一気通貫で社会に示す機会はありませんでした。今回の書籍は、東工大のキャラクターや取り組みを広く社会に伝える重要な機会だと考えています。

私たちは、この書籍を通じて、東工大の改革への姿勢や独自の文化を社会に発信し、より多くの方々に理解していただきたいと考えています。

益学長のリーダーシップと実行力

東工大の改革を語る上で、益一哉学長の存在は欠かせません。私は益学長とは長年の付き合いがあり、時には大喧嘩をしたこともあります。しかし、そのような関係だからこそ、率直な意見交換ができる関係性が築けていると感じています。

益学長は半導体分野の研究者として、基礎研究だけでなく応用研究にも力を入れ、企業との連携研究を積極的に行ってきました。学長就任前から、科学技術創成研究院長として手腕を発揮し、大学全体の研究戦略を牽引してきました。

学長としての益氏の特徴は、理念よりも実理を重視し、結果にコミットするタイプだということです。これは東工大の改革を推進する上で大きな強みとなっています。

上述のとおり、東工大の改革の特徴は「やってみる」精神にあります。完璧な計画を立ててから実行するのではなく、まず行動し、問題があれば修正するというアプローチを取っています。これは、大学改革において非常に重要な姿勢だと考えています。

例えば、東京医科歯科大学との統合に関しても、益学長のリーダーシップが発揮されました。当初は連携法人の設立が提案されましたが、益学長は「中途半端なことはしない」という姿勢を貫き、完全統合を逆提案しました。これは、大胆な決断でしたが、本当の意味での改革には必要不可欠なステップだったと思います。

このような改革を進める上で最も重要なのは、失敗したときの責任を取る覚悟です。執行部がこの覚悟をもっていることで、大胆な改革に踏み切ることができます。もちろん、失敗した場合には素早く修正を行い、より良い方向へ導いていく必要があります。

東工大の改革は、単に絵に描いた餅ではありません。実行し、必要があれば修正を加え、着実に成果を上げています。この「実行力」こそが、東工大の改革の最大の特徴であり、強みだといえるでしょう。

改革は手段、東工大が描く新時代の理工系人材像

ここで注意しておくべきことは、「改革は目的ではない」ということです。私たちがめざすべき

は、大学がありたい姿になることであり、改革はそのための手段にすぎません。

現在、東工大が直面している課題の一つは、「理工学の再定義」です。高度成長期、多くの理工系大学は大企業向けの教育研究に注力してきました。しかし、大企業の停滞が続く今日、同じ教育を続け、同じような人材を輩出し続けていいのかという疑問が生じています。

私たちは、東京工業大学の原点に立ち返る必要があります。東工大の前身である東京職工学校は、単に企業のための技術者を育成するのではなく、新しい産業を興す「産業人」を育てることを目的としていました。この原点に立ち返り、理工学を再定義する必要があります。

最近、国も「スタートアップ推進」を掲げていますが、私たちがめざすのはそれだけではありません。確かにアントレプレナーシップは重要ですが、それは必ずしも新しい企業を起こすことだけを意味しません。大企業に入っても、新しいビジネスにチャレンジできる能力をもった人材を育成することが重要だと考えています。

このような人材が増えれば、大企業も変わり、新しいビジネスも生まれるでしょう。しかし、そのためには大企業の経営層の意識改革も必要です。日本の30年に及ぶ停滞の一因は、大企業の経営者がビジネスポートフォリオを変えてこなかったことにあるように思います。

一部の企業、例えば富士フイルムや日本たばこ産業（ＪＴ）は、環境の変化に応じてビジネスモデルを大きく変更しました。富士フイルムは写真フィルムメーカーから化粧品メーカーへ、ＪＴはたばこ会社からアグリビジネス企業へと転換しています。これらの企業では、社員も非常に意欲的で、新しいことに挑戦する姿勢が根付いています。ソニーの例も興味深いものです。他の家電メーカーがバブル期に企業合併などに資金を使う中、ソニーは映画会社や銀行、保険会社を買収し、事業の多角化を図りました。現在、ソニーの収益の多くは金融部門から来ているという話もあります。

このような経営判断ができる技術者、そしてそういったマインドセットをもった技術者の中から経営陣が生まれてくれば、日本のビジネスも変わっていくでしょう。必ずしもGAFAMのような巨大企業をつくる必要はありません。既存の企業が新しい分野に挑戦し、成長していくことも重要です。

日本の経済を再び成長軌道に乗せるためには、このような変革を受け入れる経営者と、それに応える社員が必要です。大学としてできることは、高度成長期の理工学教育を再定義し、新しい時代に適した人材を育成することです。

もちろん、これらの試みがすぐに成功するとは限りません。しかし、まずは「やってみる」ことが重要です。失敗を恐れずに挑戦し、必要に応じて修正を加えていく。これが東工大の改革の基本姿勢です。

東工大の改革は、このような社会の変化を見据えたものです。私たちは単に大学内部の改革を行うだけでなく、日本の産業界全体の変革を促す人材を育成することをめざしています。それが、「理工学の再定義」の本質であり、私たちの責務だと考えています。

この挑戦は容易ではありませんが、日本の未来のために必要不可欠なものです。東工大は、この挑戦を通じて、日本の高等教育と産業界に新たな風を吹き込んでいきたいと考えています。

国立大学の存在意義を問う、東工大の大胆な改革

私たちがめざす好循環モデルの最終目的は、社会全体の発展です。世界のトップクラスの大学をめざすことも重要ですが、それ以上に日本全体の底上げが必要だと考えています。大学と社会がWin-Winの関係を築き、共に成長していくことが重要です。

この点で、アメリカの大学のように基金ベースの運用益によって大学を運営するモデルは、一見魅力的に見えます。しかし、この方式がいつまで持続可能なのかについては疑問が残ります。むしろ、ヨーロッパの大学のように、基金に頼らずに運営している方式にも学ぶべき点があると考えています。

ヨーロッパの多くの国では、大学の学費が無料または非常に低額に抑えられています。これは国からの支援によって実現されています。つまり、企業が利益を上げ、それに応じて納税し、その税収が教育に回るという循環が成立しているのです。このような社会全体での循環モデルも一つの選択肢として考えられます。

日本の国立大学の在り方についても、そろそろ真剣に考える時期に来ています。特に、授業料の問題は避けて通れない課題です。

東工大では、この課題に対して積極的に取り組んできました。私たちは他の国立大学に先駆けて授業料の値上げを実施しました。これは「決断と実行」の表れであり、私たちの改革姿勢を象徴するものです。

もちろん、授業料値上げに対しては学生からの懸念の声もありました。しかし、私たちは丁寧に説明会を重ね、値上げの理由や学生にとってのメリットを説明しました。その結果、大きな反対運動などは起こらず、比較的スムーズに実施することができました。

興味深いことに、この値上げに対してマスコミもそれほど大きく取り上げませんでした。これは最近の東京大学の事例とは対照的です。東京大学が授業料値上げの議論をしているだけで大きな話題になるのに比べ、私たちの決定は比較的静かに受け入れられました。

一方で、最近、ある私立大学の学長が国立大学の授業料を大幅に引き上げるべきだと発言し、議論を呼んでいます。これは国立大学の役割とは何かという本質的な問いを投げかけるものです。

私たちは、この機会に国立大学の存在意義を改めて考え直す必要があると考えています。単に低額の授業料を維持することが国立大学の役割なのか、それとも高度な教育研究を通じて社会に貢献することこそが本来の使命なのか。この点について、社会全体で議論を深める必要があります。

東京工業大学としては、今後も社会のニーズに応える高度な人材育成と最先端の研究を推進していきます。そのためには、適切な財政基盤が不可欠です。授業料の問題も含め、大学運営の在り方について常に検討を重ね、必要な改革を躊躇なく実行していく方針です。

同時に、産業界との連携をさらに強化し、私たちの教育研究成果を社会に還元する取り組みも進めていきます。これにより、大学と社会の好循環を生み出し、日本全体の発展に貢献したいと考えています。

第5章

企業との連携が生む、より強力な社会貢献

大学と産業界の関係

産学連携の革新、東工大がめざす持続可能な社会貢献

大学と産業界の関係は、近年急速に変化しています。従来、大学は研究成果を生み出す「川上」の存在として、市場からは遠い位置にありました。しかし、現在では大学と企業の連携が活発化し、より市場に近いかたちでの価値創造が求められるようになってきています。

私たち東京工業大学は、この変化を積極的に受け入れ、第3章で述べた通り「攻めの産学連携研究」を推進しつつ、新たな産学連携の在り方を模索しています。その核となるのが「イノベーション・エコシステムづくり」という考え方です。大学を中心に、企業や投資家、ベンチャー企業など様々なステークホルダーが有機的に繋がり、価値連鎖を生み出していく。そして、その成果を世界市場に展開していく。これが私たちのめざす姿です。

特に本学は、ディープテックと呼ばれる革新的な技術開発に強みをもつ大学です。この強みを活かし、技術革新をベースに世界市場に食い込んでいきたいと考えています。そのためには、研究開発だけでなく、製品化、マーケティング、販売といった市場により近い領域まで視野に入れた連携

が不可欠です。具体的には、大学が様々なパートナー企業と連携し、市場に近い領域での価値創造にも積極的に関与していきます。その結果として、ベンチャー企業の設立や大企業との共同開発による新製品の誕生など、世界市場に向けた具体的な成果を生み出すことをめざしています。

さらに重要なのは、こうした活動から生まれる経済的利益の還流です。これまで大学は、研究成果を社会に還元することで満足してきた面がありました。しかし、持続可能なかたちで社会貢献を続けていくためには、大学自身の経済基盤を強化することも必要です。

例えば、大学発ベンチャーが成功した場合、そのキャピタルゲインの一部を大学に還元する仕組みづくりが考えられます。また、大学の知的財産を活用した製品が世界市場で成功を収めた場合、その売上の一部が大学に還元されるような契約を結ぶことも重要です。

このような経済的還流は、単に大学の財政を潤すだけではありません。次の研究開発への投資を可能にし、さらなる技術革新と社会貢献に繋がるという好循環を生み出します。国からの運営費交付金に依存するだけでなく、自らの力で次の投資原資を生み出していく。これが私たちのめざす新しい大学と産業界の関係です。

もちろん、こうした取り組みには「大学が営利を追求するのか」という批判もあるかもしれません。しかし、私たちは決して短期的な利益を追求しているわけではありません。持続可能なかたちで社会に貢献し続けるため、そして世界をリードする研究開発を続けていくために必要な取り組みだと考えています。

大学発イノベーション・エコシステムが切り拓く、産学連携の未来像

近年、複数の大きな社会課題から、その解決のための技術投資は重視され、新たな投資分野が急成長しています。これまで大学は、純粋な学術研究や無償の社会貢献を使命としてきましたが、今や産業界との連携を通じて経済的な成長を生み出すことも重要な役割となっています。

例えば、環境問題への取り組みですが、従来は人類の環境のための課題であり、ビジネスとは切り離された議論でした。今では経済成長の原動力としても認識されています。政府の「２０５０年カーボンニュートラルに伴うグリーン成長戦略」によると、２０５０年には環境関連分野で２９０兆円もの経済効果が見込まれ、雇用創出にも大きく貢献すると予測されています。このような社会の変化に合わせて、大学も自らの立ち位置を再定義する必要があります。

私たち東工大は、社会との連携を通じて、より積極的に価値を創造し、経済的な還流を生み出す存在へと進化しようとしています。しかし、これは決して大学の本質的な使命を軽視するものではありません。むしろ、基礎研究と産学連携を車の両輪として捉え、バランスよく推進することが重要だと考えています。

具体的には、大学発のイノベーション・エコシステムづくりに力を入れています。これは単なる技術移転や共同研究にとどまらず、大学を中心とした新たな価値創造の仕組みづくりを意味します。ベンチャー企業の創出や大企業との戦略的パートナーシップの構築など、多様なかたちでの連

携を模索しています。

このような取り組みを進めるには、従来の大学にはなかった新たな視点や能力が必要です。純粋に学術的な観点だけでなく、ビジネスの視点をもち、戦略的に産業界と連携できる人材が不可欠です。そのため、産学連携部門には、ビジネスマインドをもった人材を積極的に登用しています。

この新しいアプローチは、大学が社会的責任を果たすための積極的な取り組みだと考えています。名声だけでなく実質的な成果を追求することで、大学はより強力な社会変革の推進力となり得るのです。

今後、このような産学連携の新しいかたちは、多くの大学のトレンドになっていくでしょう。しかし、単に流行を追うのではなく、各大学が自らの強みを活かし、独自のかたちで産業界との関係を構築していくことが重要です。

大学発ベンチャー支援、東工大が描く新たな産学連携の姿

大学と産業界の関係で、更に注目されているのは、大学発のスタートアップ支援です。私たち東工大でも、積極的に取り組んでいます。

大学発のベンチャーを立ち上げる際、最大の課題は初期資金の確保です。そこで私たちは、ファンドの導入、支援を行い、更にコンサルティング、メンタリングなど、多角的な支援体制を整えま

した。具体的には、イノベーションデザイン機構を設立し、人材育成から事業化支援、さらには活動場所の提供まで、シームレスにサポートする体制を構築しています。

この取り組みには相当のコストがかかりますが、公的な支援事業も活用しながら、スタートアップ支援に力を入れています。特筆すべきは、「東工大発ベンチャー」という称号制度の創設です。この称号は、金銭的な支援を伴うものではありませんが、銀行からの融資や投資家からの資金調達において、大きな信用力となります。

実際、この称号を得たベンチャー企業の中には、IPO（新規株式公開）を果たした企業や、評価額が約500億円とされる企業が出てきています。まだ東京大学などと比べると数は少ないですが、着実に成果を上げつつあります。

興味深いのは、本学の学生の約40%が起業に関心をもっているという事実です。この潜在的な起業家精神を育て、実際の起業に繋げていくことが、私たちの重要な使命だと考えています。

ベンチャー投資の世界は、驚くほど「人」を重視します。VC（ベンチャーキャピタル）の方々と話をすると、事業計画の内容はもちろん重要ですが、それ以上に「誰が」その事業を担うのかを重視していることがわかります。つまり、信頼関係に基づく取引なのです。

日本のVC市場は、欧米に比べるとまだまだ小規模です。しかし、私たちの取り組みを通じて、徐々に信頼のネットワークが広がり、投資が加速度的に増えていくことを期待しています。

大学としては、単なるボランティアではなく、戦略的にこの分野に取り組んでいます。指定国立大学である本学は、ビジネス的な活動も認められています。例えば、スタートアップの初期段階で新株予約権を取得しておき、将来的に配当を得るといったかたちで、大学にも利益が還元される仕組みを構築しています。

これは、優れたベンチャーを育成し、それが大きな企業に成長した際の経済的リターンを、大学の発展に活用するという長期的な戦略です。

このように、大学と産業界の関係は、従来の産学連携の枠を大きく超えて、より深く、より戦略的なものへと進化しています。私たちはこの新しい関係性を通じて、学術研究の発展と社会貢献、そして大学自身の持続可能な成長を同時に実現していきたいと考えています。

■図表-41 東工大学生40%超が企業に関心

起業について、ご自身の考えに当てはまるものを教えてください。

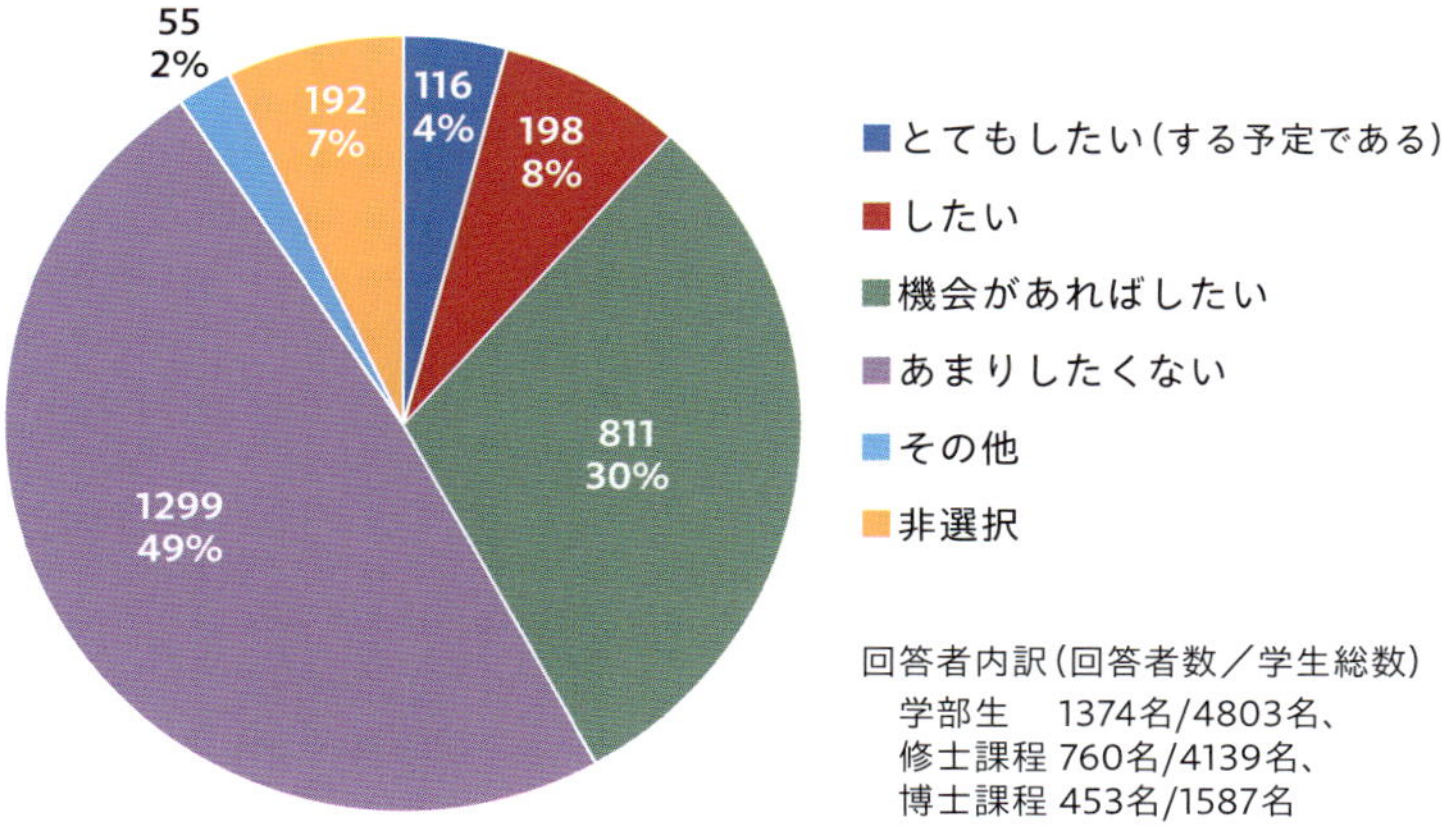

回答者内訳（回答者数／学生総数）
学部生　1374名/4803名、
修士課程 760名/4139名、
博士課程 453名/1587名

イノベーションの拠点、東工大が仕掛ける街づくり

このように大学と産業界の関係を強化する上で、スタートアップ支援は非常に重要な役割を果たしています。その中でも、適切な活動拠点の提供は、若い企業の成長を後押しする重要な要素です。私たちは、この点にも力を入れています。

特に注目すべきは、田町キャンパスを活用したスタートアップ支援です。田町駅から徒歩1分という絶好のロケーションを活かし、スタートアップ企業向けのスペースを提供しています。この取り組みは、大手デベロッパーが行っているインキュベーション施設の運営と似ていますが、大学ならではの特色も備えています。

現在、田町キャンパスの建物（CIC棟）内にスタートアップ向けのスペースを確保し、運営しています。このスペースは単なるオフィスではなく、起業家たちが互いに刺激し合い、新しいアイデアを生み出す場となることをめざしています。また、大学の研究者や学生との交流も容易であり、産学連携の新たなかたちを模索する場としても機能しています。

さらに、2031年には田町キャンパスの再開発計画が完了し、最新設備を備えた新しいビルが完成する予定です。この再開発は「キャンパス・イノベーションエコシステム構想」と呼ばれ、単なる建物の更新ではなく、イノベーション創出の場としての機能を強化することをめざしています。

新しい施設では、スタートアップ企業向けのオフィススペースだけでなく、共同研究施設、プロ

トタイピングラボ、イベントスペースなども整備する予定です。これにより、研究開発から事業化、さらには市場展開まで、シームレスにサポートできる環境が整います。

特筆すべきは、この施設が単に場所を提供するだけでなく、入居企業同士の交流や、大学の研究者、学生との連携を促進する仕組みを備えている点です。例えば、定期的なネットワーキングイベントの開催や、大学の研究シーズと企業のニーズをマッチングするプログラムなどを計画しています。

また、この施設を拠点に、ベンチャーキャピタルや大企業とのネットワーキングの機会も提供していく予定です。これにより、スタートアップ企業の資金調達や事業提携の機会を増やし、成長を加速させることができると考えています。

さらに、この施設は学生の教育にも活用されます。学生たちが実際のスタートアップ企業と接する機会をもつことで、起業家精神を養い、イノベーションの現場を体感することができます。これは、次世代の起業家や革新的な研究者を育成する上で、非常に重要な経験となるでしょう。

このように、田町キャンパスを中心としたスタートアップ支援の取り組みは、単なる場所の提供を超えて、産学連携の新たなモデルを創出する試みとなっています。大学の知的資産と、スタートアップの機動力、そして大企業の事業展開力を有機的に結びつけることで、より大きなイノベーションを生み出すことができると確信しています。

■図表-42 参考：田町再開発とキャンパス・イノベーションエコシステム構想

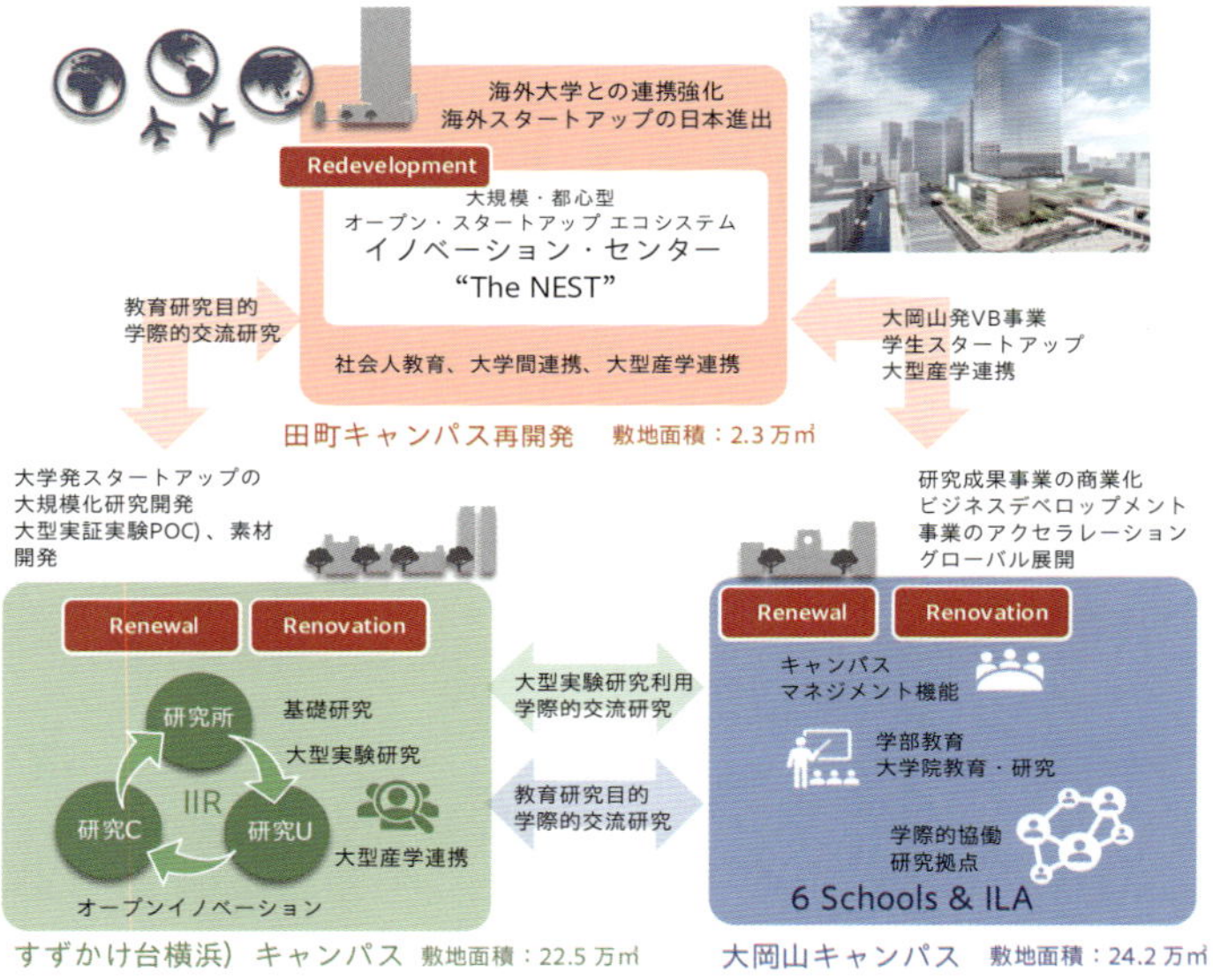

- 田町は、日本のスタートアップが世界に羽ばたく拠点に
- 東工大はそのために汗をかく

- 長期的視点を持つ大学経営が可能に
- 大学債300億円発行済（2022年）

- 民間事業者の力も借りながら、大学間・産学官・国際連携のためのスペースを確保することにより、田町キャンパスを社会連携・国際化等の拠点とする
- 附属科学技術高等学校を大岡山キャンパスに移転する（大岡山キャンパスの改築進行中）

本　学	田町キャンパス敷地に定期借地権を設定
事業者	● NTTUD・鹿島・JR東日本・東急不動産グループ ● 土地を借り受け、一体的な開発により大学施設を含む複合施設を整備し、貸付期間にわたり管理運営を行う
期　間	2026年から75年間
規　模	延べ床面積　約25万平米
貸付料	大学施設（代物弁済）＋ 45億円/年

東工大の年間予算：約510億円（運営費交付金　約210億円）

GTIEが切り拓く、大学発スタートアップの新時代

大学と産業界の関係を具体的な活動で強化する取り組みも行っています。

その中核となるのが、「Innovation Design Platform（IdP）」から発展した「Greater Tokyo Innovation Ecosystem（GTIE）」という取り組みです。GTIEは、東京工業大学、東京大学、早稲田大学を主幹機関とし、「世界を変える大学発スタートアップを育てる」ことをめざすプラットフォームです。東京都等が幹事自治体となり、大学・研究機関、スタートアップ支援機関、さらに民間企業や自治体等が参画する大規模なコンソーシアムとなっています。

GTIEの特徴は、単なる資金提供にとどまらず、産学官の連携を通じて総合的なスタートアップ支援を行う点です。2021年から2025年までの支援期間中に、大型のベンチャー企業を育成し、将来的には投資回収による自主運営をめざしています。

さらに、本学独自の取り組みとして「Tokyo Tech Innovation Ecosystem（TTIE）」を構築しています。TTIEの中核となるのが「イノベーションデザイン機構」です。この機構を拠点として、田町キャンパスに設置した「Innovation Design Studio（INDEST）」でスタートアップの活動場所を提供し、「イノベーション科学系／技術経営専門職学位課程（MOT）」で人材育成を行うなど、総合的なスタートアップ支援体制を整えています。

資金面では、GTIEを通じて2023年度補正予算で10億円から20億円規模の支援を5年間にわたって受けられる見込みです。これは、スタートアップ支援において非常に大きな原動力となっています。

また、国際的な展開も重視しています。海外の有力ビジネススクールやVCとのネットワーク構築に力を入れています。例えば、MITのSDM（System Design and Management）との連携など、すでに一部の海外大学とは教員レベルでの交流が始まっています。

VCとの関係構築も重要な取り組みの一つです。VCの世界では、信頼関係が非常に重要です。私たちは、優れた技術を持つスタートアップを育成し、それらを通じてVCコミュニティでの信頼を獲得していくことをめざしています。「東工大発ベンチャー」の評価が高まれば、自然とVCネットワークでの私たち東工大の信頼度も向上していくと考えています。

大学発スタートアップが産業界の活性化に貢献し、官も含めた産学連携で日本の経済成長へ貢献していく関係は、私たちが描く「政策と大学と産業界の新しい関係」の姿なのです。

ネットワーク時代の産学連携、東工大城下町2．0の挑戦

スタートアップ支援だけでなく、大学と産業界との関係全体を、新たな産学連携のモデル「オープンイノベーションに向けた大学城下町構想」をもって構築しています。

この構想は、先にも述べた大学を中心とした「イノベーション・エコシステム」の形成をめざすものです。２０１９年にスタートした当初は「大学城下町１．０」と呼び、東工大を中心に様々な企業が集まり、多様な技術と知恵を結集して挑戦的な試みを行う場を想定していました。これは、江戸時代の城下町をモチーフにしたビジュアルで伝統と革新を表現し、大学を中心に企業が集まり、アイデアからプロトタイプ、スタートアップ、そして大企業による量産まで、一連のイノベーションプロセスを実現する構想でした。

更に、２０２３年にはこの構想を「大学城下町２．０」へと進化させました。これは、物理的な場所にとらわれず、大学をハブとしたネットワーク構想へと発展させたものです。

コロナ禍で学んだ信頼関係に基づいたオンラインのコミュニケーションにより、アイデアの源泉はどこに

■図表-43 大学城下町1.0(2019)

●大学がアイデアの源泉→プロトタイピングできるスタートアップ→大量生産大企業
●例：シリコンバレー

でも存在し得るという認識のもと、全国規模でのネットワーク形成をめざしています。実際に、北海道から九州まで、様々な地域との連携ネットワークを構築しています。

この「大学城下町構想」の特徴は、単なる研究開発の場にとどまらず、ビジネス創出までを視野に入れた総合的なイノベーション・エコシステムをめざしている点です。大学の研究成果を起点に、プロトタイプ開発、スタートアップ企業の育成、そして大企業との連携による事業化まで、イノベーションの全プロセスをカバーしています。

さらに、この構想はシリコンバレーのようなイノベーション集積地の形成をめざしています。しかも、単一の地域に限定せず、ネットワークを通じて全国、さらには世界中の知恵と技術を結集させる点が特徴的です。

このアプローチにより、大学の持つ知的資産を最大限に活用しつつ、企業の事業化ノウハウや資金力とを効果的に結びつけることが可能になります。また、地理的な制約を超えて才能ある人材や革新的なアイデアを取り込むこと

■図表-44 大学城下町2.0(2023)

各地の大学をハブとしたネットワーク構想へと進化。アイデアの源泉が、allジャパンに拡大

で、より多様性に富んだイノベーション創出の場を形成することができます。

私たち東京工業大学は、この「大学城下町構想」を通じて、従来の産学連携の枠を大きく超えた新しい関係性を構築しようとしています。それは単に研究成果を企業に移転するだけでなく、大学自身もビジネス創出のプロセスに深く関与し、その成果を大学の発展にも還元していく、双方向的で持続可能な関係性です。

東工大ＯＩ機構が切り拓く、組織対組織の新産学連携モデル

新たな産学連携のモデルを構築する際の中心となるのが、ＯＩ（オープンイノベーション）機構です。

ＯＩ機構は、科学技術振興機構（ＪＳＴ）の支援を受けて２０１９年にスタートしました。第３章でも、大型の「攻めの産学連携研究」に成果をあげてる組織として紹介していますが、ここでは、その仕組みをもう少し詳しく説明したいと思います。この機構の最大の特徴は、従来の「研究者対研究者」の個人ベースの連携から、「組織対組織」の大規模な連携へと転換を図っている点です。

従来の産学連携では、企業の研究者が大学の特定の研究者と直接コンタクトを取り、個別に共同

研究を行うというスタイルが一般的でした。しかし、この方式では研究の規模が限られ、情報もローカライズされてしまうという課題がありました。

OI機構では、この課題を解決するために、大学全体と企業全体が組織的に連携できる体制を構築しています。これにより、より大規模で包括的な共同研究、テーマから開拓する協働研究が可能となります。

この新しい連携モデルを実現するために、OI機構では専門のスタッフを配置しています。例えば、企業からの相談を適切な研究者や部門に振り分け、企業のニーズと大学のシーズをマッチングさせるコンシェルジュ的な役割を果たすクリエイティブマネージャという人材を擁しています。

特に重要なのが、統括クリエイティブマネー

■図表-45「組織」対「組織」の連携を行うための体制

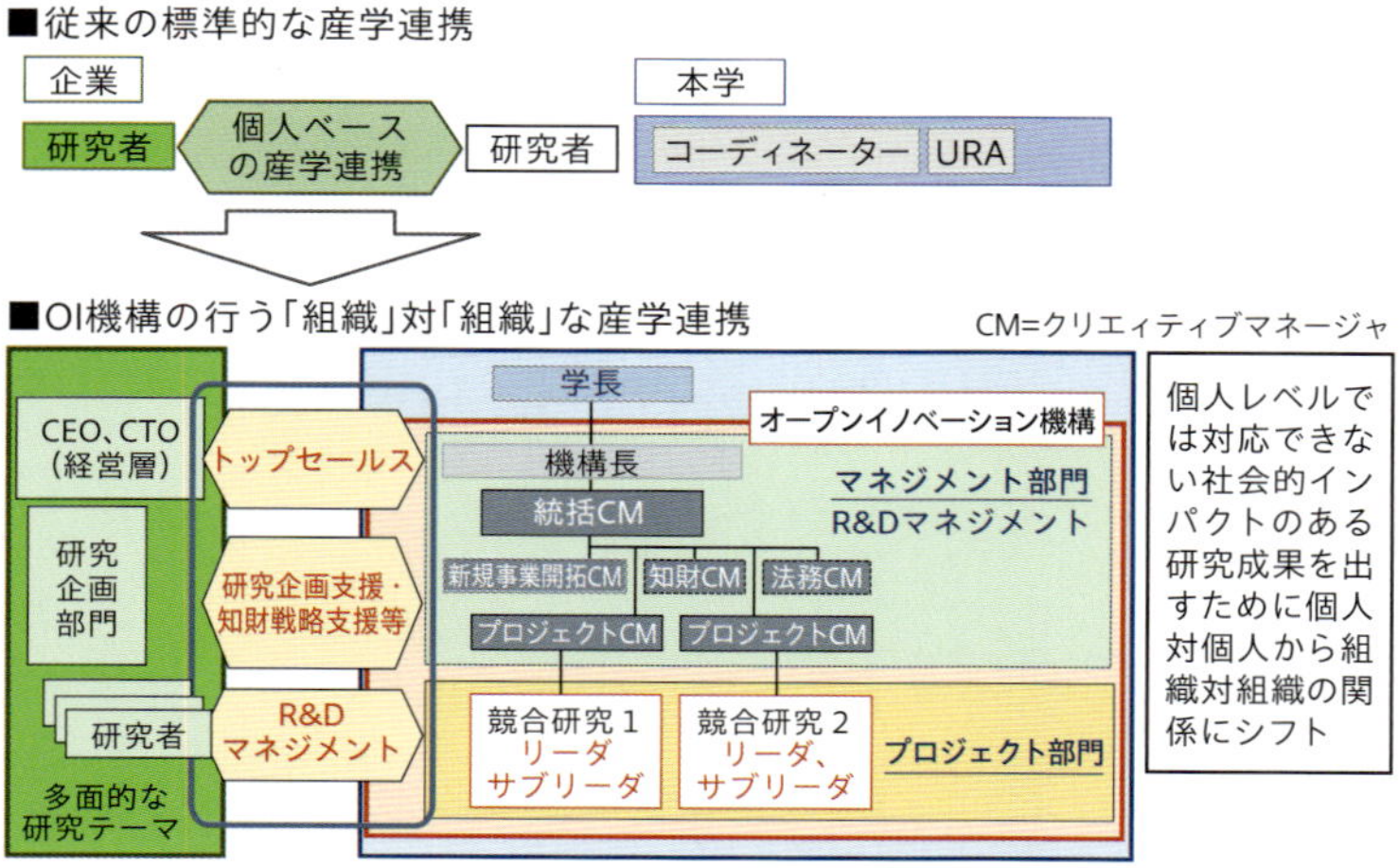

ジャー（ＣＭ）の存在です。企業のトップ層とのコネクションを構築し、大規模な組織間連携を実現する上で中心的な役割を果たしています。

この仕組みにより、単に一つの研究室と企業の一部門が連携するのではなく、大学名と会社名で契約を結ぶような大型の共同研究が可能になっています。

さらに、ＯＩ機構では従来の産学連携の枠を超えた「イノベーション・エコシステム」の構築をめざしています。大学と企業がそれぞれ持つ資産を最大限に活用しつつ、新たなサービスや機能を追加することで、より広範囲で深い連携を実現しようとしています。

例えば、共同研究の枠を超えて、プロジェクトの資金調達や事業化支援まで、幅広いサポートを提供することをめざしています。これにより、研究成果の社会実装や新規事業創出までを視野に入れた、より包括的な産学連携が可能となります。

単に大学の研究成果を企業に移転するのではなく、大学自身も積極的にビジネス創出のプロセスに関与しイノベーションを起こしていくこと、そして、その成果を大学の発展にも還元していくという、双方向的で持続可能なエコシステムの構築をめざしています。

ＯＩ機構の活動を通じて、私たちは従来の産学連携の概念を大きく拡張し、より戦略的かつ包括的な連携モデルを実現しつつあります。この新しいモデルでは、大学と企業がより緊密に協力し、それぞれの強みを最大限に活かしながら、社会的価値の創造と経済的成果の両立を目指しています。

TTOPが切り開く、日本最大級の産学マッチングの場

この新たな産学連携のモデルを構築するために、ネットワーク型の「研究・教育連携」「産学連携」を展開しています。

まず、私たちが力を入れているのが、大規模なネットワーキングイベントの開催です。その代表例が「TTOP（Tokyo Tech Open innovation & venture/research festival）」です。これは年に1回開催される日本最大級の産学連携イベントで、毎回1000人規模の参加者が集まります。ここでは、大学のシーズ紹介と企業との連携事例の発表が行われ、参加者同士の活発な情報交換の場となっています。

さらに、特定のテーマに焦点を絞ったイノベーション・フォーラムも年に3回以上開催しています。例えば、全固体電池や細胞デザイン、半導体技術などの分野で、最先端の研究成果を紹介し、それをビジネスに繋げるための議論を行っています。これらのフォーラムは、技術の理解を深めると同時に、新たなビジネスチャンスを探る絶好の機会となっています。

また、「O－スクール」と呼ばれる講演会シリーズも実施しています。本学に研究拠点を設置した企業のためのサービスプログラムであり、先端知識の共有と共に、オープンイノベーションによる社会実装に向けた同士である拠点間のメンバーにとって重要なネットワーキングの場となっています。

さらに、OI機構のプログラムに参加している協賛企業との意見交換会「ラウンドテーブル」も年に1回開催しています。ここでは、協賛機関から大学に対するニーズを伺い、OI機構の活動の方向性に示唆を頂く好機となっています。

こうしたイベントを通じて、私たちは単なる情報交換の場を提供するだけでなく、実質的な産学連携のチャンスを創出しています。

しかし、私たちの取り組みはこれだけにとどまりません。最も注目すべきは、地理的な制約を超えた「ネットワーク型連携」の構築です。

例えば、長岡技術科学大学、豊橋技術科学大学との「技術人材育成連合」の形成や、室蘭工業大学、九州工業大学との「科学技術に関する産学・人材育成連携覚書」の締結、豊橋技術科学大学、広島大学との「集積 Green-niX 研究・

■図表-46 ネットワーク型「研究・教育連携」「産学連携」

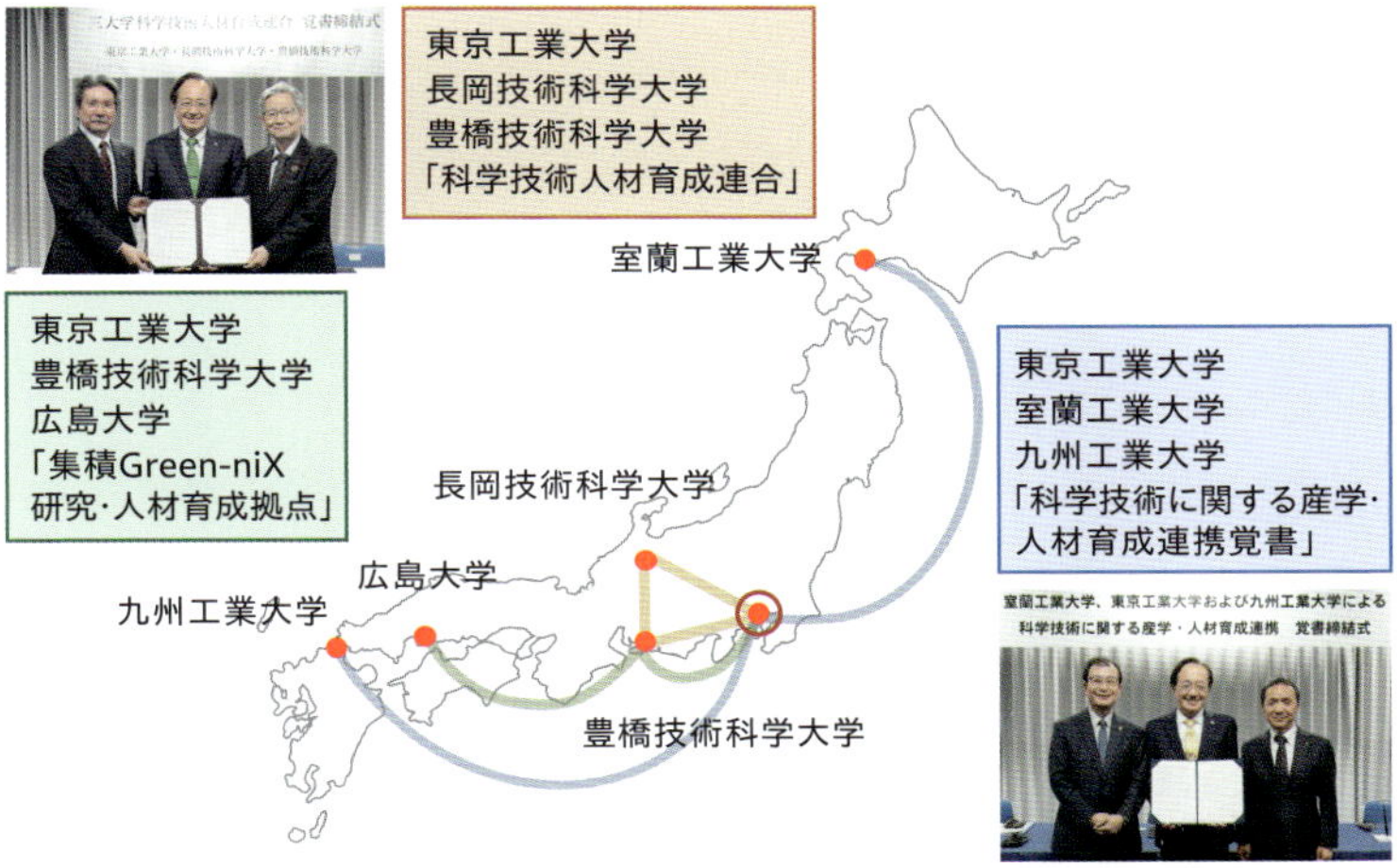

人材育成拠点」の推進など、地理的な距離を超えた全国規模でのネットワークを構築しています。これにより、各大学の強みを活かした共同研究や人材育成が可能となっています。

こうしたネットワーク型連携の利点は、各大学のもつ独自の資源や環境を相互に活用できる点です。例えば、室蘭工業大学が保有する広大な実験施設を利用することで、私たちの大学では実施が困難だった大規模な実証実験が可能になります。逆に、私たちのもつ先端技術を他大学で活用することで、新たな研究成果が生まれる可能性も高まります。

このように、私たちは地理的な制約を超えたネットワーク型の連携を通じて、より広範囲で深い産学連携を実現しようとしており、単に研究成果を共有するだけでなく、実際の社会実装や新産業創出を見据えた取り組みとなっています。

大学と産業界、そして他の教育機関との新しい関係性、それは、従来の枠組みを超えた、よりダイナミックで創造的な協力関係です。

イノベーション創出論が変える、大学と産業界の関係性

このように、東工大は、新たな産学連携のモデルを構築し、イノベーション・エコシステムの展開を通じた経済循環を実現し、イノベーション創出の中心的役割を担う大学への変革を目指しています。

従来、大学の産学連携は純粋に学術的な観点から語られることが多く、経済的な側面にはあまり触れられませんでした。しかし、２０２０年に私が上梓し、提唱した「大学イノベーション創出論」という概念を基に、私たちは、大学が社会や経済の発展に直接的に貢献する活動を重視してきました。

この新しいアプローチは、大学は単に研究成果を社会に提供するだけでなく、その成果が経済成長に繋がり、さらにその利益の一部が大学に還元されるという、具体的な経済的価値を生み出す営みでもあるのです。

このような考え方は、一部の大学関係者からは驚きをもって受け止められています。「大学が財政基盤の強化を明確にめざすべきだ」という主張は、従来の大学の在り方からすると革新的に映るかもしれません。実際、この考えを「卑しい」と揶揄する声も、当初聞かれました。特に古い世代の教授陣の中には、大学が「お金儲け」を語ることに抵抗を感じる方もいらっしゃいました。

しかし、私たちはこの方向性に何ら恥じるところはないと考えています。世界の一流大学、例えばＭＩＴやスタンフォード大学などを見ても、強固な財政基盤があってこそ、最先端の研究や基礎的、基盤的な研究が可能になっていることは明らかです。大学の発展には、適切な資金が不可欠なのです。

現代の大学運営において、財政基盤の強化は避けて通れない課題であると認識すべきです。

一方で、私たちの産学連携の取り組みは、単に東工大だけの力で完結するものではありません。

「アカデミアリーグ」と呼ばれる、他大学や研究機関との連携も重要な要素です。なぜなら、私たちがもつディープテックのシーズは、科学の世界全体から見ればごく一部にすぎないからです。他の研究機関や大学との連携によって、より包括的なエコシステムを構築することができます。

このアカデミアリーグと企業の連携が、真の意味でのイノベーション・エコシステムを形成します。

このような取り組みは、大学を「象牙の塔」から実社会と密接に関わる存在へと変貌させます。それは決して大学の本質的な使命を損なうものではなく、むしろ大学の社会的価値を高め、より効果的に社会貢献を行うための方策なのです。

Column

躍進と進化のキャンパスをつくるために④

産業構築＋市場洞察から生まれる「産学連携による共同研究」と「インテリジェンス機能」

――桑田薫・理事

インテリジェンス機能が変える、東工大発イノベーションの未来

大学と産業界の連携において、新市場の創出は非常に重要な課題です。しかし、新市場の形成は容易ではなく、産業界も多くの困難に直面しています。そこで東京工業大学が注目しているのが、「インテリジェンス機能」の強化です。

イノベーションの多くは、産学官の協力によって推進されています。政府はファンドを通じて投資を行い、大学はシーズを提供し、民間企業はイノベーション投資に期待を寄せています。しかし、真のイノベーションを生み出すためには、さらに踏み込んだアプローチが必要です。

イノベーションの過程は、しばしばS字カーブで表現されます。既存の技術が成熟し、市場が飽和状態に近づくと、新たな技術が登場し、再び成長曲線を描きます。この旧技術から新技術への移

行期に、「ラディカルイノベーション」または「非連続イノベーション」が生まれます。私たちが、新市場創出期にめざすのは、まさにこの非連続イノベーションの創出です。

しかし、イノベーションの道のりは平坦ではありません。研究開発から製品化、事業化、そして成果獲得までの過程には、「魔の川」「死の谷」「ダーウィンの海」と呼ばれる困難な段階が存在します。これらの障害を乗り越えるための努力は各所で行われていますが、最も大切なのは、イノベーションの種をどのように発想し、研究開発を構想するかという点です。

ここで重要となるのが、インテリジェンス機能です。私たちは、新市場を創出するためには、強力なインテリジェンス機能が不可欠だと考えています。そのアプローチの一つとして、2018年に「未来社会DESIGN機構」を設立しました。この機構は、未来からバックキャストをして研究を構想するという新しい方法論を採用しています。

具体的には、まず未来の社会像を描き、そこから必要とな

桑田　薫
（くわた　かおる）

東京工業大学　理事・副学長
（研究・ダイバシティー推進担当）

〔略歴〕
1981年　日本電気株式会社
2003年　NECエレクトロニクス株式会社
2008年　技術研究組合 超先端電子技術開発機構 研究員（2011年3月まで）
2010年　ルネサスエレクトロニクス株式会社
2011年　一般社団法人　半導体産業研究所　客員研究員（2015年9月まで）
2016年　東京工業大学　フロンティア研究機構　特任教授（URA）
2016年　東京工業大学　科学技術創成研究院　特任教授（URA）
2018年　東京工業大学　副学長（研究企画担当）（2023年1月まで）
2019年　東京工業大学　統括URA　（2023年1月まで）
2023年　東京工業大学　理事・副学長（ダイバーシティ推進担当）
2024年　東京工業大学　理事・副学長（研究・ダイバーシティ推進担当）（現職）

る技術や製品をバックキャストして特定します。そして、その実現に向けた研究開発を進めていくのです。この方法により、単なる技術革新ではなく、社会のニーズに直結したイノベーションを生み出すことが可能となります。

さらに、インテリジェンス機能の強化には、多様な情報の収集と分析が欠かせません。技術トレンド、市場動向、社会の変化など、幅広い分野の情報を統合的に分析することで、新たな市場機会を見出すことができます。

また、産学連携による共同研究も重要な役割を果たします。大学の基礎研究と企業の実用化技術を融合させることで、より実効性の高いイノベーションを生み出すことが可能となります。そして、組織間連携は、市場洞察力の向上にも寄与します。企業がもつ市場情報と大学の技術シーズを組み合わせることで、より的確な

■図表-47 未来へ向かう技術進歩のS字曲線とイノベーション

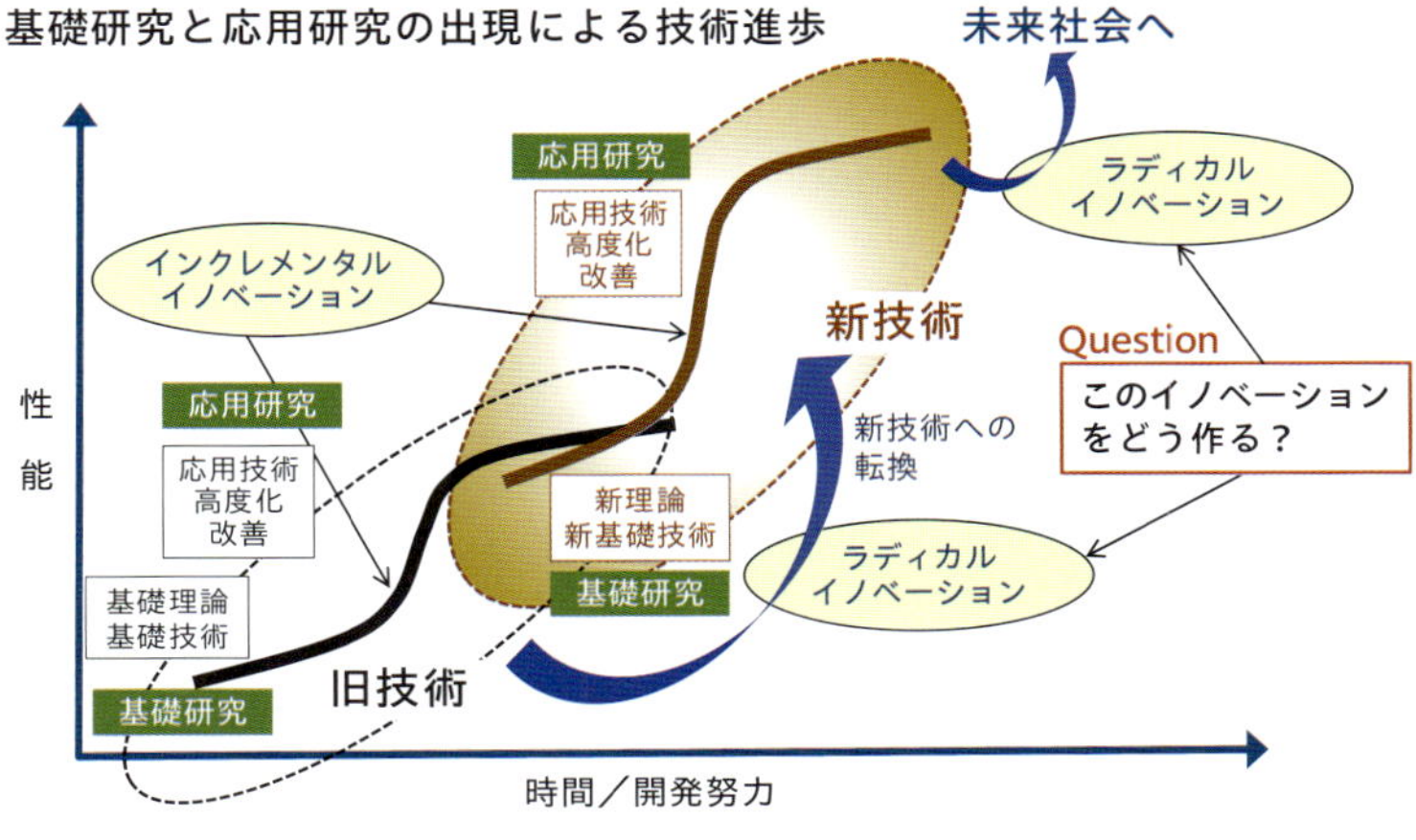

出所：Foster,R.N.(1986)Innovation: The attacker's advantage.に加筆作成

未来予測が可能となるのです。

このように、インテリジェンス機能の強化とは、収集した情報を分析し、中期的な市場予測を行い、成長市場に必要な研究開発の加速を図る研究戦略を立案する他、未来を予測し、そこからバックキャストして現在の研究開発の方向性を定める長期研究戦略への慧眼を開かせる重要な組織機能を磨いていることになります。この機能を強くすることで、真のイノベーション創出力を高めることに繋がると考えています。

バックキャスティングで未来を創る、東工大の革新的アプローチ

新市場の創出には、未来を見据えた革新的なアプローチが不可欠です。東京工業大学が注目している「インテリジェンス機能」の強化とは、未来社会の構想から具体的な研究開発まで

■図表-48 未来社会デザインの接近法

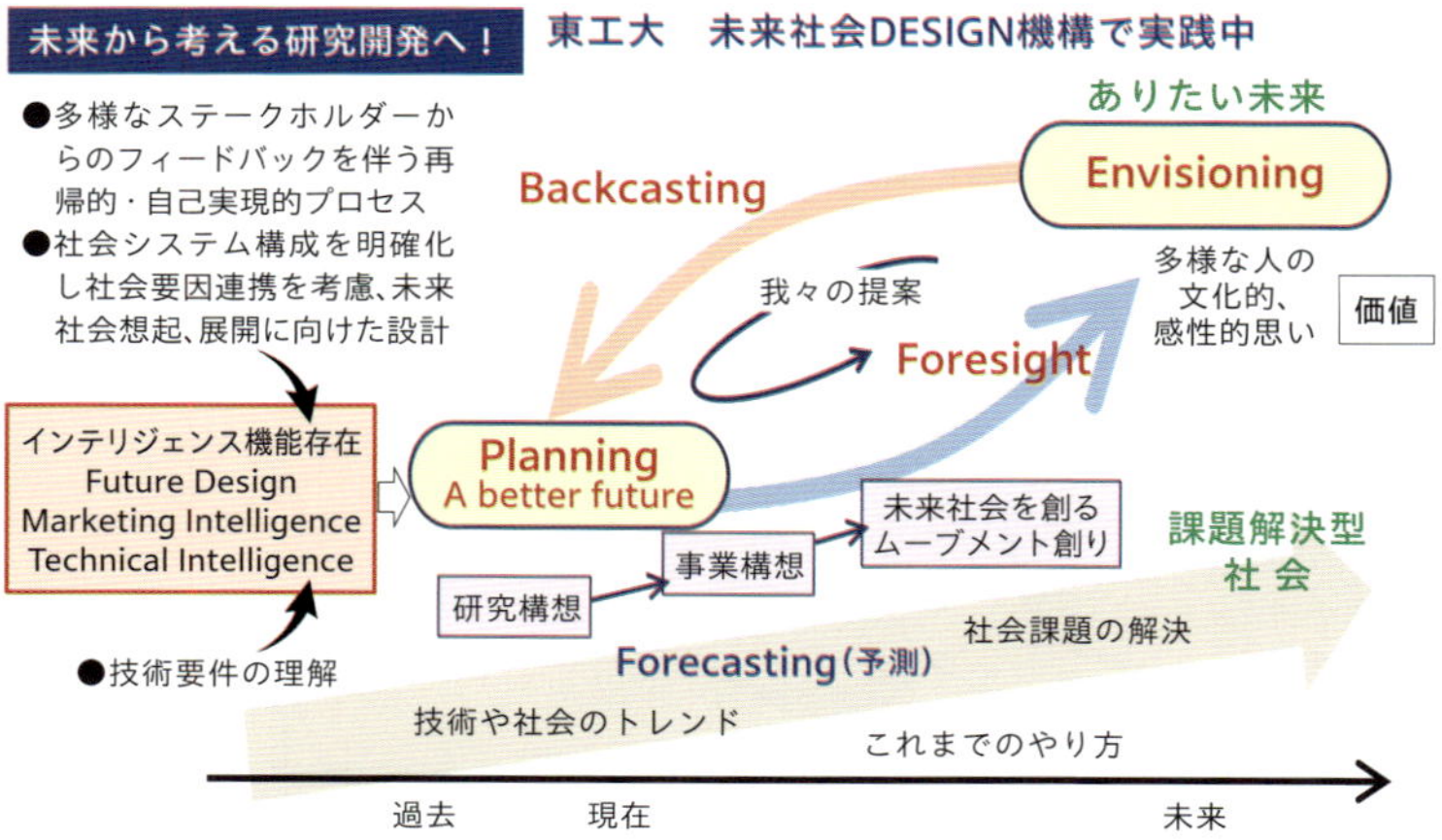

出所：東京工業大学 未来社会DESIGN機構ワークショップ 2019年9月26日 梶川裕矢教授資料を基に加筆作成

を包括して構想する力を持つことを指しています。

特に、未来社会を構想する方法論の実践には、「未来社会ＤＥＳＩＧＮ研究センター」の前身である、２０１８年に設立した「未来社会ＤＥＳＩＧＮ機構」での実証が既に済んでいます。「ありたい未来」を考え現在の研究を構想する、いわゆるバックキャスティングの手法を採用しており、この過程で、インテリジェンス機能の実証を経験してきました。

未来を見据えるインテリジェンス機能とは、フューチャーデザイン、マーケティングインテリジェンス、テクニカルインテリジェンスなどの知見を統合し、未来社会の構想を具体的な研究計画に落とし込む能力です。この機能が弱いと、現在の技術の延長線上でしか研究を構想できません。非連続な革新的イノベーションを生み出すためには、このインテリジェンス機能の強化が不可欠です。

では、このインテリジェンス機能を支える視点とは何でしょうか。一つの重要な視点は、「価値」の理解です。人々の心を動かす価値、感性で理解される価値を洞察することが、未来社会の構想には欠かせません。例えば、ある装置や技術が実現する未来の生活シーンの価値を具体的にイメージし、そこから必要な技術や研究テーマを導き出すのです。

さらに、マーケティングの世界では、フィリップ・コトラーの「マーケティング５．０」に代表されるように、テクノロジーと価値創造、そして経済社会の実装を一体的に捉える視点が重要になっています。ロボット、ＡＲ、ＶＲ、ＩｏＴなどの先進技術を組み込んだ社会像を描き、そこからマーケティング戦略を考えるという流れが主流になりつつあります。

具体的な例として、メタバースの市場予測を見てみましょう。令和４年の『情報通信白書』やエマージェンリサーチの分析によると、メタバース市場は今後急速に拡大すると予測されています。これは、先進的な技術の社会実装が巨大な経済効果を生み出す可能性を示しています。

こうした新しい価値の創造と実装には、従来の枠を超えた発想が必要です。単に技術を開発するだけでなく、その技術がもたらす新しい経験や価値を具体的にイメージし、それを社会に実装していく過程全体を見通す能力が求められるのです。

現状では、この新しい価値の理解が不十分なため、市場の成長が緩やかにとどまっている面があります。しかし、インテリジェンス機能を強化し、未来の価値を的確に捉えることができれば、急速な市場拡大と社会変革を実現できる可能性があります。

新しい価値の創造は、単に技術を生み出すだけでは不十分です。その価値を社会が理解し、受け入れ、実装していく過程全体を見通し、推進していく力が必要です。そのためのインテリジェンス機能の強化こそが、今、大学に求められているのです。

インテリジェンス機能が変える、大学の研究戦略

近年、国レベルでも、この機能の重要性が認識されています。例えば、科学技術振興機構（ＪＳＴ）の研究開発戦略センター（ＣＲＤＳ）や、経済産業省が設置したＮＥＤＯ技術戦略研究セン

ター（ＴＳＣ）などが、先行技術の調査や未来社会のシナリオ構築に取り組んでいます。さらに、経済安全保障の観点からも、重要技術の特定と育成のためのシンクタンク機能の確立が検討されています。

産業界でも同様の動きが見られます。例えば、ＩＢＭのフューチャーデザイン活動は、遠い未来の世界観を描き、そこから必要な技術を逆算して開発するアプローチを取っています。日本の産業界全体でも、産業競争力懇談会（ＣＯＣＮ）などを通じて、インテリジェンス機能の強化が議論されています。

このインテリジェンス機能は、従来のマーケティング活動を更に広げていく必要があります。従来のアプローチでは、既存の市場や顧客ニーズに基づいて製品開発や販売戦略を立てていました。しかし、現代に求められるのは、まったく新しい市場を洞察し、未来の社会像を描き、そこから必要な技術を特定し開発していく能力です。

具体的には、新しい市場動向の洞察、未来のユーザー価値の予測、将来の社会像の構想、必要となる技術の特定と分析、そしてこれらを統合したシナリオ構築といった機能が求められます。

大学においても、この機能は研究戦略の立案に不可欠です。東京工業大学では、このインテリジェンス機能を強化することで、より社会ニーズに即した、革新的な研究開発を推進したいと考えています。

さらに、このような能力をもつ人材の育成も重要な課題です。どのような教育を受けた人材がこの役割を担えるのか、そしてどのようにしてそうした人材を育成できるのか。これらの問いに答えていくことも、私たちの重要な使命だと考えています。

インテリジェンス機能の強化は、日本の技術開発における大きな課題の一つです。

現時点では、多くの組織がこの機能の重要性を認識し、その確立に向けて模索している段階です。しかし、この機能を確立できた組織が、未来の技術開発と市場創出をリードしていくことは間違いありません。

東工大は、この課題に真正面から取り組み、インテリジェンス機能の強化を通じて、社会全体のイノベーションを推進していくプレーヤーになる考えです。

終章

窓を開け、大空へと飛び立つツバメ

次の100年に向けたキャンパス・イノベーションエコシステム構想と大学戦略

3キャンパスの個性が織りなす、東工大の未来戦略

キャンパス・イノベーションエコシステム構想は、東京工業大学の次の100年を見据えた環境整備をめざす重要な取り組みです。この構想の核心は、大岡山、すずかけ台、田町の三つのキャンパスにそれぞれ特色ある役割をもたせ、大学全体としての機能を最大化することにあります。

大岡山キャンパスは24万㎡の広さをもち、学部教育と大学院の研究教育拠点として位置づけています。すずかけ台キャンパスは22万㎡あり、大学院生が多いことから研究に重点を置いています。一方、田町キャンパスは2万㎡と比較的小規模ですが、スタートアップとイノベーション創出の拠点として、世界中から人材が集まる場所にしたいと考えています。

この構想を実現するために、私たちは大学債を発行して前倒しで投資を行うことにしました。重要な点は、田町キャンパスの再開発により75年間で250億円の収入が見込まれることです。これに加えて、寄付金などで100億円を超える資金を集めようと考えています。

この収入を基に、私たちは約２１００億円の新たな投資を計画しています。この資金の使途について、私たちは長期的な視点から三つの分野にほぼ均等に配分することにしました。

一つめは、キャンパスのハードウェア、つまり建物や設備の整備です。二つめは人への投資です。これには教員や研究者の増員、サポート人材の拡充、さらには学生支援も含まれます。三つめは大学の基金を充実させることです。

このうち、キャンパス整備に約８００億円を充てる計画です。そのために３００億円の大学債を発行しましたが、田町再開発からの安定した収入があるため、返済の見通しは明るいものとなっています。この点は大きな強みであり、大学の規模に比して大きな額の大学債の発行が可能となりました。

また、このような財務的な裏付けがあることで、私たちは単にキャンパスの環境整備だけでなく、人材への投資や基金の充実など、大学の将来を見据えた超長期的な計画を立てることができました。これこそが、私たちのキャンパス・イノベーションエコシステム構想の肝でもあります。

さらに、このグランドデザインがあることで、共同研究の誘致などの具体的な活動にも説得力が生まれます。単に「共同研究を増やそう」と呼びかけるだけでなく、その研究を受け入れるための環境が整備され、人材も充実していることを示せるからです。

もちろん、この計画は現在の収入予測に基づくものであり、今後の共同研究の増加や間接経費の増加などは含まれていません。それらが実現すれば、さらに大きな投資や成長が可能になるでしょう。

キャンパス・イノベーションエコシステム構想は、単なる建物や設備の整備計画ではありません。それは、大学の教育研究機能の強化、人材育成、財務基盤の強化を包括的に捉えた、１００年先を見据えた大学の成長戦略なのです。この構想を通じて、東工大は日本、そして世界のイノベーション創出の中心的な役割を果たしていきたいと考えています。

連携戦略を内挿する東工大１００年の構想

私たちの成長戦略は、キャンパス整備にとどまらず、産学連携の強化、国際化の推進、そして他大学との戦略的連携を包括的に捉え、連携戦略として内挿しています。

まず、産学連携の強化においては、ＯＩ（オープンイノベーション）機構を中心に、個々の研究を推進しつつ、社会との接点を積極的につくり出すことが重要です。これには、様々なイベントの開催や、企業との共同・協働研究の促進が含まれます。

さらに、国際化の推進においては、海外企業との連携強化が不可欠です。この点で、私たちは、現在も個々の教員が進めている様々な海外大学との共同研究、大学院生の海外派遣や留学を戦略的に活用することを考えています。留学生を通じて教員同士の繋がりを強化し、そこから共同研究や産学連携へと戦略的に発展させていく。このアプローチは、教育、研究、産学連携を一体的に捉えた戦略です。

また、他大学との連携においては、第5章で記述した「大学城下町2．0」というコンセプトを打ち出しています。これは、物理的な集積ではなく、ネットワーク型の連携を意味します。例えば、長岡技術科学大学や豊橋技術科学大学との人材育成面での連携、室蘭工業大学や九州工業大学との研究面での連携など、各大学の強みを活かした戦略的な連携を進めています。

この連携は単なる「仲良しクラブ」ではありません。例えば、産学連携において、東工大がもつ企業とのパイプを活用し、連携大学にも共同研究の機会を提供する。一方で、連携大学がもつ実験施設や専門性を東工大の研究に活用する。このような互恵関係を通じて、双方の大学の経営力強化に繋げていくのです。

半導体分野での国家プロジェクトへの参画は、このアプローチの好例です。東工大、豊橋技術科学大学、広島大学が連携することで、それぞれの強みを活かしつつ、弱点を補完し合うことができました。これにより、個々の大学では難しかった大規模プロジェクトへの参画が可能となりました。私は半導体の研究に携わってきました。日本の半導体産業が隆盛を極めているときは大学にも多くの教員や研究者がいましたが、残念ながら現状では寂しい限りです。しかし、数は限られているとはいえ優秀な教員や研究者がおります。個々の大学が自分のところだけではなく、お互いが得意なところを持ち寄り、Win-Winになるという気持ちをもって連携し、日本全体の半導体力、それは研究力だけではなく、応用展開、ビジネス展開を進める力も含め強化していくことが必要です。

このような連携戦略は、日本の大学の規模が欧米の有力大学に比べて小さいという現状を踏まえたものでもあります。個々の大学が単独で競争するのではなく、戦略的な連携を通じて総合力を高めていくことが、グローバル競争の中で生き残るための鍵となります。

さらに、この連携戦略は産業界に対しても大きな意味をもちます。複数の大学が連携することで、より包括的な研究体制を構築できることをアピールし、産業界からの投資を呼び込むことができるのです。

複雑化する課題解決に向け、技術もリソースも一大学で頑張るのではなく、互恵関係による連携戦略を駆使することで、より強く、より広く、大学活動を発展させていくことが可能になります。東工大が次の100年に向けた持続可能な成長をするためには、連携戦略は必須であると理解しています。

女子学生のSTEM進学を促進、東工大の革新的アプローチ

私たちの連携戦略はさらに広がりを見せています。その一例が、お茶の水女子大学および奈良女子大学との連携です。この連携は、工学教育の新たな可能性を探るとともに、女子生徒の理工系進学を促進するという二つの重要な目的をもっています。

奈良女子大学は2年前に工学部工学科を設立し、お茶の水女子大学も今年から共創工学部を開設しました。これらの新しい工学部は、従来の枠組みにとらわれない、デザイン思考を重視した新しいアプローチを取っています。私たちはこの動きに大きな可能性を感じています。

なぜなら、新しい工学部を一からつくり上げる彼らの取り組みは、既存の学部構成や慣習にとらわれない、まさに白紙の状態からの創造だからです。東京工業大学も素晴らしい人材を擁していますが、長い歴史の中で築き上げてきた既存の枠組みがあります。それに対し、お茶の水女子大学や奈良女子大学は、まったく新しい視点から工学教育の在り方を模索できるのです。

この連携を通じて、私たちは新しい工学部の在り方について議論し、互いに学び合うことができます。さらに、この連携には別の重要な側面があります。それは、女子生徒の理工系進学を促進することです。

第2章でも述べましたが、東工大では女子枠を設けるなど、女子学生の増加に努めていますが、お茶の水女子大学と奈良女子大学は女子大学として、より直接的に女子高校生にアピールしています。そこで私たちは、3大学が協力して女子高校生向けのＳＴＥＭ教育推進活動を行うことを計画しています。

具体的には、全国の女子の高校1、2年生を対象としたサマーキャンプ（みらいの扉キャンプ）の開催を予定しています。このキャンプを通じて、参加者に理工系の魅力を伝え、将来の進路として考えてもらうきっかけをつくります。参加者がどの大学を選択するかは問題ではありません。重要なのは、より多くの女子生徒が理工系を志すようになることです。

このような取り組みは、直接的な参加者だけでなく、広く日本中の女子中高生にＳＴＥＭ進学のメッセージを発信することになります。

この取り組みに対して、三菱みらい育成財団から3年間の支援を受けました。2024年度は12月25日～27日に代々木オリンピック記念青少年総合センターにおいて第一回のみらいの扉キャンプを行い、次年度以降は夏に開催の計画です。これは、大学間連携の新たなかたちを示すものであり、単なる研究協力や学生交流を超えた、社会的課題に対する共同アプローチといえるでしょう。多くの産業界からの支援も期待しているところです。三大学の枠を超えて全国に拡がることを願っています。

ゼロサム経営からの脱却

大学の存在そのものを見直す

本書では、私たちが日本の40年にも及ぶ停滞に大きな危機感をもって様々なことに取り組んできた内容を紹介しました。その中でも自らを根本的に見直す法人統合・大学統合は最も大きな挑戦です。ここでは、そこに至った経緯を少し紹介させていただきます。

2020年1月の突然のコロナ禍が世界を襲いました。オンライン会議が当たり前になり、もともと連携を組んでいた東工大、医科歯科大、一橋大、東京外大の学長がコロナ禍の中、如何に大学運営をするのかという意見交換をしておりましたが、専門家の医科歯科大学がいるので、頻繁に意見交換をするようになりました。ワクチン接種に際しては、医科歯科大の全面的な協力を得て、東工大、東京外大の教職員・学生向けの集団接種を実施できました（一橋大は、東京都の集団接種に協力）。

東工大では、すでに２０２２年度から始まる第４期中期目標・中期計画の議論を開始しておりました。日本の30年の停滞をどうにかしなければならない。世界の成長の中で置いてきぼりになっているのは、新しい産業を興すことなく旧来の製造業を中心とした産学連携にしか注力してないのではないか。日本だけではなく、世界を見渡しても製造業の伸びは全体の伸びほど大きくない。ＧＤＰが伸びているのは新しい産業が勃興しているからではないか、といったことを真剣に議論していました。その中で、第４期中期目標・中期計画の立案の中で「理工学の再定義」「科学技術の再定義」に立ち戻る必要があるということに気が付きました。当然、当時から内閣府ＣＳＴＩ（科学技術総合会議）で議論されていた国際卓越研究大学に東工大は如何に取り組むかといったことの議論が進んでいました。

丁度そのころ、月に一度程度の定期的な意見交換の中で医科歯科大の田中雄二郎学長から、大学の将来について折り入って意見交換したいという話が持ち掛けられました。両大学で一緒に何かできないかという話でした。連携法人のような形での可能性はないだろうかという提案がありました。いやいや、形を考えるよりも両大学で何か産みだせる何かがあるのかという議論が必要ではないかという提案をし、若手の研究者に意見交換をしてもらうというようなことも行いました。

理工学の再定義、科学技術の再定義を本気で取り組むならば、田中雄二郎学長からの提案の連携法人といった中途半端な連携ではなくて、法人統合さらには大学統合といった思い切った取り組みも必要ではないかと思いました。２０２２年４月12日のことです。

翌４月13日に佐藤　勲総括理事・副学長に相談して、図表-49の下部に示している絵を基本にして、田中学長に法人統合・大学統合のについて内々に提案することにしました。提案は４月15日のことです。

これがきっかけとなって、法人統合・大学統合の議論が進み始めました。統合までの過程についてはまた別の機会で公表されていくのだと思います。幸い医科歯科大からも一緒になって新しい未来を築きましょうということとなり、２０２４年10月に新しい大学「東京科学大学　Science Tokyo」が産まれることに繋がりました。

新たな経営モデルの構築

私たちは、卓越した教育・研究による学知の創造と社会実装の好循環をめざし、連携戦略により

■図表-49　2022年4月12日のメモ（益一哉）

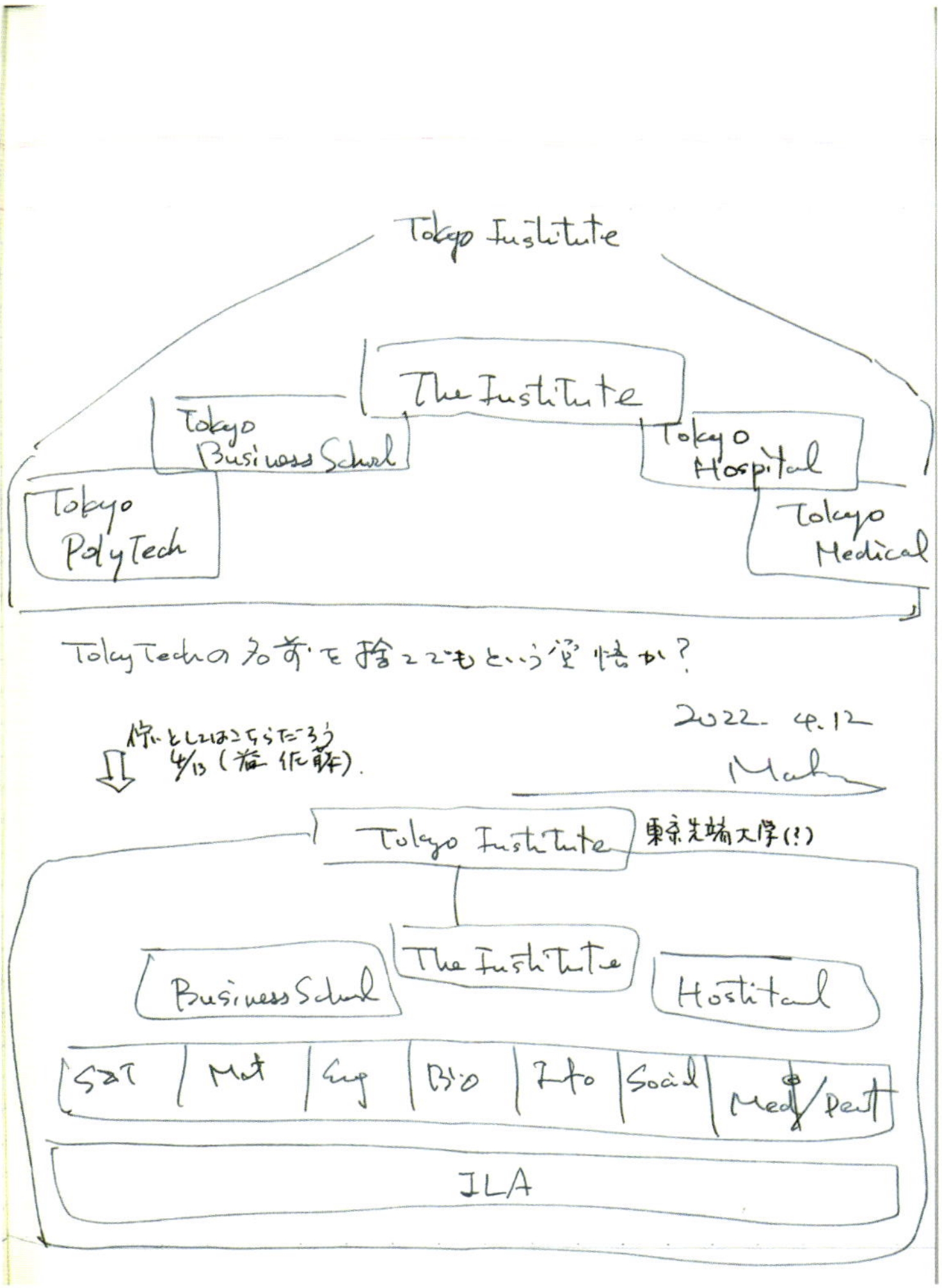

産学連携の強化に取り組んできました。

その結果、共同研究の規模は着実に拡大し、間接経費も増加しています。この間接経費の一部を基盤的な研究や基礎研究、そしてそれを支える人材への投資に回すという循環モデルを確立してきました。この新しい大学経営モデルは、従来の大学に於けるゼロサム経営から脱却し、今後さらに多くの大学が意識し、社会にも理解してもらう必要があります。

産学連携において重要なのは、直接経費だけでなく間接経費の重要性を企業に理解してもらうことです。直接経費は研究に直接必要な費用ですが、間接経費は大学の研究基盤を支え、次の研究のための投資を可能にするものです。これは単なる一般管理費ではなく、大学の持続的な発展のために不可欠なものです。

アメリカの大学では間接経費が5割に達することもあり、日本の大学も経営の好循環を実現するためにこのモデルを意識する必要があります。東京工業大学では、このモデルの実践により一定の成果を上げてきましたが、これは日本の大学全体がめざすべき方向性だと考えています。

しかし、このモデルはすべての大学や学部に一律に適用できるわけではありません。理工系大学や大規模総合大学は比較的容易に産学連携を進められますが、文系学部や小規模大学では直接的な収益を上げにくいのが現状です。

大学の収益構造は、運営費交付金、授業料、外部資金などの比率によって大きく異なります。東工大の場合、外部資金の割合が高いため、運営費交付金の削減影響は幸い相対的に小さくなっています。一方、運営費交付金や授業料の割合が高い大学では、その削減や値上げが大きな影響を及ぼします。

このような状況下で、各大学は自らの特徴を生かした経営戦略を立てる必要があります。例えば、文系学部と理系学部が協力して新たな価値を生み出すことも考えられます。経済学部が工学部にコンサルティングを提供したり、工学部が経済学部の起業支援をしたり、或いは国際展開や協業に際しては外国語大学の知見を参考させてもらうなど、お互いの強みを活かした連携が可能です。

また、直接的な収益に結びつきにくい学問分野の価値も再認識する必要があります。文学部や基礎研究は、社会の文化や知的基盤を支える重要な役割を果たしています。ノーベル賞受賞者の大隅良典先生が指摘したように、基礎研究を文化として捉え、その価値を社会全体で認めていくことが重要です。

大学の役割は、単に経済的価値を生み出すだけでなく、社会の文化的・知的発展に寄与することにもあります。そのためには、多様な学問分野の共存と相互理解が不可欠です。科学技術の発展と人文・社会科学の知見を融合させることで、より豊かな社会の実現に繋がるのです。

ゼロサム経営からの脱却は、単に財政面での改善だけでなく、大学の存在意義を社会に示し、新たな価値創造の場としての大学の役割を再定義することにも繋がります。

科学は文化として発展していく必要がある

人類の知的探求としての科学文化を育む大学の役割

新たな価値創造の場以外にも、大学のもうひとつの役割として、科学を文化として発展させていくことがあります。科学を純粋に文化として捉えることで、私たちの社会や思考に大きな変化をもたらす可能性があるのです。科学を文化に、私がこの言葉を強く意識したのは、大隅良典先生がノーベル賞を受賞されたあとに様々なところで発言してからです。子供の頃、純粋な気持ちで科学が面白いと興味をもち、その道に進みました。１９６０年代70年代、最も多感な時期が日本の高度成長期でした。科学、そして科学技術は人々をそして社会を幸せにすると信じて、今まで研究や教育に携わってきました。そういった中で忘れていたことを思い出させてくれたのが大隅良典先生の言葉でした。

音楽を例に考えてみましょう。私たちが音楽を聴いて心が癒やされるのは、そこにビジネスの側面を見出そうとしているからではありません。純粋に音楽を楽しみ、その美しさや深さに触れることで、心に余裕が生まれるのです。科学も同じように捉えることができるのではないでしょうか。

科学を文化として捉えることで、私たちは余裕をもって科学を追究できるようになります。この余裕こそが、突拍子もない発見や思いがけない成果を生み出す源泉となるのです。これは、セレンディピティと呼ばれます。予期せぬ発見や副産物ではなく、真に革新的なアイデアが生まれる土壌となるのです。

セレンディピティを引き起こすためには、余裕や一見無駄に見える時間、そして何より科学を文化の一部として捉える視点が必要不可欠です。科学が単なる実用的な道具ではなく、人類の知的探求の一形態であるという認識がなければ、真のセレンディピティは生まれにくいのです。本学出身で2000年にノーベル化学賞を受賞された白川英樹先生も、学士課程1年生の「科学の最前線」という講義で、自らの導電性高分子材料の研究の中でのセレンディピティの大切さを強調されています。

大学は、このような余裕をもって科学を探求できる環境を提供する重要な役割を担っています。そのためには、大学経営の視点では、十分な資金的基盤が必要です。アメリカの一流大学がもつような潤沢な基金があれば、長期的な視点で研究や教育に取り組むことができるでしょう。

さらに、科学を文化として捉えることで、私たちの社会に大きな変化をもたらす可能性があります。例えば、科学技術の軍事利用について考えてみましょう。現在、多くの科学技術が軍事目的に転用されていますが、これは科学を単なる道具として見なしているからではないでしょうか。

科学が文化として深く根付いた社会では、科学の真理を追求することそのものに価値を見出すようになるかもしれません。そうなれば、科学技術を、人を傷つけるために使おうとは考えにくくなるのではないでしょうか。これは理想主義的な考えかもしれませんが、科学を文化として捉えることで、私たちの価値観や倫理観に大きな影響を与える可能性があるのです。

文字の発明を例に考えてみても同じことがいえます。文字は本来、人々のコミュニケーションを円滑にし、知識を伝達するための素晴らしい文化的発明です。しかし、同時に文字を使って人を傷つけることも可能です。科学技術も同様で、それをどのように使うかは私たち人間の選択にかかっています。同じことは現在のインターネットの利用、活用においても言えます。

科学を真に文化として発展させていくためには、リベラルアーツ教育が不可欠です。科学的思考と人文・社会科学的な視点を融合させることで、より豊かで深みのある科学文化を築くことができるでしょう。リベラルアーツの基盤があってこそ、科学を単なる技術や道具ではなく、人類の知的探求の一形態として捉えることができるのです。

このような科学文化の発展は、単に学術の世界だけでなく、社会全体に大きな影響を与える可能性があります。科学を文化として尊重し、その探求に余裕をもって取り組める社会は、より創造的で平和な未来を築くことができるかもしれません。

私たち大学人の役割は、このような科学文化の醸成をリードすることです。研究や教育を通じて、科学の本質的な価値を社会に伝え、次世代を担う若者たちに科学を文化として捉える視点を養ってもらうことが重要です。そのためには、大学自体が余裕をもって科学に向き合える環境を整えること、そしてリベラルアーツ教育を充実させることが不可欠だと考えています。

医工連携を超えて

東工大が挑む学問革命

東京医科歯科大学との統合は、単なる医工連携を超えた、新たな学問領域と研究分野の創出をめざす壮大な試みです。この統合によって生まれる可能性のある分野の出発点として、「地球環境科学」「生成AI医歯学」「量子医歯科学」などが挙げられます。

私たちがめざしたいのは、異なる分野の融合による新たな科学の創造、これは「コンバージェンス・サイエンス」とも呼ばれます。歴史的に見ると、このような融合は段階的に進化してきました。1940年代の第二次世界大戦前後の時代には、物理学と工学の融合が起こり、コンピューター技術などが生まれました。コンバージェンス1．0です。1990年代には生命科学と工学の融合が進み、生命工学という分野が確立されました。コンバージェンス2．0です。そして現在、私たちは理工学、医歯学、社会人文科学の融合による課題発見と解決をめざす「コンバージェンス3．0」の時代に入っています。

この文脈で医工連携を考えてみましょう。医工連携ということが言われる前には、歯科用接着材の開発と実用があります。これは東京高等歯学学校（東京医科歯科大学の前身）と本学の両方を卒業した増原英彦栄吉教授と三浦不二夫教授のお二人が東京医科歯科大学で開発実用化しました。医工連携1．0は様々なメディカルエレクトロニクス機器や手術ロボットのような医療技術の開発、医工連携1．5は、AI診断やヘルスケア展開ではないでしょうか。医工連携2．0は通信技術やAI診断を徹底的に活用した患者さんの目の前にいる「医者いらず」の世界ではないかと、勝手に言っています。しかし、医工連携3．0となるとまだ誰も明確に描けていません。それを見出し、実現することが私たちの挑戦です。

ここで重要なのは、これまでの医工連携が主に「エンジニアリング・メディスン」、つまり工学を医学に応用する一方向的ではないかという視点です。しかし、真の融合には双方向の歩み寄りが必要です。そこで私は「工医連携」という概念も重要であると提案したい。これは医学が工学にどう寄り添えるかを考える試みです。

工医連携1．0は、身体状況センサーやフィットネストラッカーのような技術の開発です。何を測定すれば良いのかということの正確な知見の提供です。工医連携2．0は医学の知識を活用したヘルスケアビジネスの創出、例えば予防医学や未病対策のビジネス化が考えられます。このように、お互いが寄り添い、相互に貢献し合う関係が、真の医工連携、工医連携の姿なのです。

このような相互の寄り添いは、実は東京工業大学のリベラルアーツ教育にも見られます。多くの総合大学では、各学部が自らの専門性にのみ注力しがちですが、本学のリベラルアーツ研究教育院は工学に寄り添い、工学者に必要な教養を提供しています。一方で、私たち工学部もリベラルアーツに寄り添う必要があります。このような相互の寄り添いこそが、真のWin-Winの関係を生み出すのです。

同様に、産学連携においても、大学が企業に寄り添い、企業が大学に寄り添うという相互の姿勢が重要です。地方大学との連携においても、互いに寄り添うことで両者が共に成長できるのです。

このような相互の寄り添いの精神があれば、新しい学問分野や研究領域は自然と生まれてくるでしょう。よく使われる「インターディシプリナリー」「マルチディシプリナリー」「クロスディシプリナリー」といった言葉も、結局のところ、互いに寄り添い、お互いを理解する気持ちがなければ意味をなしません。

東京医科歯科大学との統合は、このような相互の理解と寄り添いを基盤とした、新たな学問と研究の創造への挑戦です。単に二つの大学が一つになるだけでなく、互いの強みを活かし、弱みを補完し合い、まったく新しい価値を生み出すことをめざしています。

ありたい真の融合の姿

東京医科歯科大学との統合の真の意義は、一つの組織となることで得られる相互理解と、それによって加速される社会的課題の解決にあります。工医連携3．0や医工連携3．0を考えることの重要性は、イノベーションを興し、社会変革を産みだし未来を創るためにも重要です。

これまでの医工連携では、工学が医学のニーズに応えるという一方向的な関係性が主であったように思います。

例えば、私たち工学の研究者は、しばしば自分たちの技術をどう医療に応用できるかという視点で考えがちです。手術ロボットを例に取ると、人間の感覚を忠実に再現することが最善の解決策だと思い込んでしまうかもしれません。卵を握るような繊細な感覚を再現することが、最高の手術ロボットを作る鍵だと信じてしまうのです。

しかし、実際の医療現場では、そのような精密な触覚の再現が必ずしも必要ではないかもしれません。経験豊富な医師は、画像だけで十分な判断ができる場合もあると聞きます。つまり、私たちが「絶対に必要」だと思っていた機能が、実は現場のニーズとずれていたということがあり得るのです。

技術者視点では、性能の向上、科学者視点では真理の追求は、我々のあくなき追及や探求の原点です。アスリートに何故早く走りたいのですか、と尋ねるのと同じかもしれません。一方、何かを人に使ってもらう、社会で利用してもらうという視点においては、必ずしも技術の高さや素晴らしさだけが重要ではない場合もあります。研究や開発と実際の現場や社会にミスマッチがあります。

医歯学や理工学が関係した社会的課題の解決においては、「社会的課題」と、医歯学が直面している「社会的課題」は、必ずしも一致しないかもしれません。理工学が提案する解決策が、医歯学から見れば「それはもう解決済みの問題であったり、本質は違うところにある」かもしれません。逆に医学で未解決と思われている課題が、理工学視点では、すでに解決していると気づくことあるでしょう。課題をぶつけ合うことから、まだわかっていない課題の発見も生まれます。

一つの組織になることで、企業や他の研究機関との共同研究や、大型の研究プロジェクトの獲得においても、より包括的かつ魅力的な提案ができるようになるでしょう。しかし、真の意義は、今見えていない、わかっていない課題を見い出し、その解決につなげることです。

私たち東工大が、１００年先を見据えた成長戦略を描く中で、種々の連携が必ず附帯してくることは、これまでの大学改革の中から学んできました。東工大が実践したこれらの大学改革は、持っているあらゆるリソースや、融合を伴う学問の領域をも、必ずや成長させていくことができると確信しています。私たちは、東工大の「窓ツバメ」の校章が示す通り、次の成長のステージに向け、窓を開けて、ツバメの様に飛び立とうと思います。

ツバメは飛び立ち、未来を創る

ツバメに込める思い

東工大のシンボルマークは「ツバメ」です。窓につばめがいるように見えることから「窓つばめ」とも言われます。窓枠は、「工」の文字を表現しており、ツバメは「大」と読めます。「工大」を振っているとも言えます。

入学式では、入学者である若い学徒に窓に飛び込んでくれたことへの祝辞を述べ、学位記授与式では育った燕である卒業生に窓から世界に飛び出せと言います。

私自身も学生として窓に飛び込み、一度は飛び出して、教員として再度、窓に戻ってきました。私は高度成長期に10代を過ごしたことからかもしれませんが、科学技術は人々を幸せにし、社会をより良いものにするということを心から信じて、大学で研究者としてそして教育者として今の道を選びました。国立大学が２００４年に法人化して自由な発想で研究教育に貢献するだろうと思われていたけれども、日本そのものが何となく停滞してしまって、産業界、アカデミア、教育界、社会全体が八方ふさがりの状況です。

東工大ＤＬａｂ（未来社会デザイン機構）では、大学の学生、教職員のみならず卒業生や社会と連携し、「ありたい未来」を語り、未来シナリオや未来年表をつくりました。突拍子もない未来に向けて、第一歩を踏み出してみようということで、未来シナリオにつながるような提案をしてもらい、キックオフの研究費も提供しました。いつも引っかかっていたのは、大学そのものは挑戦しないのか、社会に対して本当に自らの存在を問うことはしなくて良いのかということです。新入生には「失敗に恐れず、何事にも挑戦してみよう」と言います。しかし、問題や課題がわかっていて、結果として何も挑戦してこなかったのは、この30年を率いてきた私たちではないかという気持ちです。

様々な方と一緒になって取り組んだのが、ＤＥ＆Ｉ推進の観点での「学士課程入試における女子枠」や「女性限定教員公募」の実施であり、東工大の佇まいそのものの見直しにつながる東京医科歯科大学との法人統合・大学統合です。

東工大には次を担える人材が育っていると思います。というか、それが私たちの伝統であると思っています。新大学は様々な課題を抱えつつも、発展、成長していくと信じています。

これまで、ツバメはそこに集うそれぞれの人であると思っていました。今、東工大があらたな門出を迎えるにあたって、東工大そのものがツバメだったのかと思うようになってきました。ツバメには大空に勢いよく飛びだって欲しいと願っています。

しかし、私自身もまだぼんやりとしか認識できていないのですが、大学人が真剣に考えるべき課題もあります。課題だけいうのは無責任かもしれませんが、避けて通れない、或いは先送りできない課題は述べておきたいと思います。

未来を先送りしない

30年来、日本の少子高齢化は問題視されてきました。私たち自身、この問題に如何に立ち向かうのか、どこまで真剣に考えてきたでしょうか。様々なことが議論されてはいますが、結果として少子高齢化は止まっていないし、何らか施策が動き始めたという実感はあまりないように思えます。

ご存じのように日本の人口は２００８年にピークを迎え、すでに減少に転じています。２０２３年時点の18歳人口は約１１８万人、出生者数は２０２２年に80万人を割り、２０２３年は73万人弱です。２０２３年大学に進学するものは約60万人弱。うち、国立大学には12万人程度が入学しています。もちろん国立大学に入学するのは18歳だけではありませんが、今のところ大多数が18歳前後の学生が入学しています。

２０２４年1月に人口戦略会議が「人口ビジョン２１００―安定的で、成長力ある「８０００万人国家」」という報告書を発表しました。そこでは、２１００年時点での日本の人口がどうなるかを様々な角度から検討して、何をしなければならないかが示されています。いくつかのケースが検討されているのですが、いずれも外国人が1千万人いることが前提となっています。在留外国人は

２０２３年末時点で約３４１万人。大学や大学院に在籍するのは十数万人程度です。私は、日本が活力ある国として維持だけではなく、成長発展するためには外国人と共生することを真剣に考える時期にきていると思っています。

もし、１０００万人の外国人と共生する日本を考えるならば、今から教育を含めて考える必要があります。研究大学の視点から考えてみましょう。国の研究力を維持するためには、研究者個人の能力を高めるだけではなく、研究者数（実際に研究に携われる人数）が重要であることが、豊田長康先生が彼の著書（『科学立国の危機─失速する日本の研究力』（２０１９年刊）で強調され、多くの大学の研究者は実体験からも賛同しています。先に示した急激な18歳人口の減少を考え、仮に今の国立大学の学生数が研究力の源泉として、ある程度の能力をもった学生を育成しようとすると、日本に生まれ育った学生のみに頼るのは無理があります。

18歳人口の変化のみを考え、能力ある学士を国立大学で育てようとするならば、２０４０年５０年は国立大学の学生の３割は留学生がいてもおかしくありません。東工大の現状ですが、学士課程における留学生は約５％程度です。英語のみで学士課程を修了可能な課程もありますが、年間20名程度です。大学院になると３割を超える留学生がおり、大学全体（約１万人）の内、17％程度が留学生です。大学院では９割を超える講義は英語で実施しています。優秀な留学生を確保するのであれば、学士課程からの留学生を増加させるということを真剣に考える必要があります。

２０４０年５０年に学士課程学生を３割にしようというゴールを設定したとしましょう。あるとき突然3割にすることはできません。残り20年のない状況、さらに学士課程は4年間の教育が必要です。わずか5％の留学生を20年以下の期間で30％にすると考えたら、今すぐにでも準備を始めないと間に合いません。それくらい逼迫しているということの認識がまず必要です。

留学生を順次増加させようとしても、様々な課題が浮かんできます。そもそも学士課程の留学生を増加させるとして、明治以来高等教育を母語である日本語で行ってきた伝統を如何に考えるのか、いうことにまず直面します。日本語を母語としない学生への高等教育を何の言語を利用して行うかを議論せねばなりません。そのための教員はどうするのかということも当然考える必要があります。いままで以上の外国人教員を増加させる施策を意識する必要があります。

仮に日本人（日本で育ち日本の小中高校教育を受けた者としても良い）7割、海外で日本語を利用せずに教育を受けた者3割としましょう。受けてきた教育の内容が全く異なります。様々なバックグランドをもった学生の4年間の学士課程の学びと評価をどう考えるのか。画一的な能力をもった入学者だけを受け入れてきた日本の高等教育が抜本的に考える課題です。また、そもそもどうやって入学者を選抜するのでしょうか？　現状では、非常に厳格かつ厳密な入学者選抜が行われていますが、それは画一的な教育を受けてきた者だけから選抜していたからなのでしょう。留学生という多様な者が日本の大学に集い、学び成長して、日本に貢献してもらうとともに世界に貢献する。大学の入試ということも抜本的に考える必要があります。

画一的な教育を受けた者から選抜するという視点で大学入試を考えていたので、なかなか思い切った施策が打てなかったのかもしれません。留学生３割を本気で受入れると考えたら、良い策が浮かぶような気がします。

最近、半導体がホットになっており、様々な分野で高度な能力をもった外国人が日本に来てくれています。都合よく高度な人材にだけ日本に来ていただくことが続くでしょうか？持続性を考えるならば、日本に来ていただける方のご家族や子弟のことを考える必要があります。１千万人の外国人は勤労者だけではなく、ご家族や子弟を考えるとどれくらいの数になるかは予想できませんが、外国人の方の初等教育はどうするのでしょうか？　或いは体調を崩したときに医療はどうするのでしょうか？　そのようなことに対応できる人材も育てておく必要があります。社会全体で考える必要があります。

外国人子弟の方への教育を考えるとインターナショナルスクールも必要になるのでしょう。あるいは小中高校に普通に外国人が入ってくるのでしょう。それを教える教員は日本人だけなのでしょうか。多様な人が教えるということを考える必要があります。そういった教員を育てる役割も誰かが担う必要があります。医療しかりです。外国人が増えてきて、誰がその医療を担うのでしょうか。これも同じくどのような経歴を持った人が担うのでしょうか。日本で画一的に教育を受けた人だけということではないでしょう。

日本の発展を考え、外国人と共生する新たな未来を築こうとすると様々な課題にぶつかります。国立大学が未来の日本を支える存在であるのであれば、未来の姿を考え、それを準備しなければなりません。教育や人材育成にはどうしても時間が必要です。

少子化のみに着目しても、各大学は如何に存続するかという課題にも直面します。存続することが目的化することは問題外ですが、何のために生き残るかということを真剣に議論する必要があります。現時点では、地方からの人口流出が取りざたされています。東京や関東圏は人口が流入していることから人口減の課題はまだ現実になっていないかもしれません。個人的には、地方の大学は必ず生き残ると思っています。何故なら、大学はその地方の活力、産業、社会の源泉だからです。今の経営形態のまま残るかはわかりませんが、それぞれの特徴を生かした形へ変化すれば生き残ります。生き残ってもらわないと、日本そのものの衰退に直結します。

留学生を増やすということを真剣に考えれば、その授業料はどう設定すれば良いのだろうかという議論が必要です。留学生を受け入れるには大学はそのために様々なサービスを提供するために人を雇用し、設備も準備しなければなりません。それらはすべて受益者の学生に負わせるのでしょうか。否、そもそも高等教育機関、国立大学のそのものの役割を今一度、我々は議論しなければなりません。昨今、国立大学の授業料についての議論がありますが、単に授業料の多寡ではなく、そもそも国立大学はなにをしたいのか、あるいは日本社会そのものが国立大学に何を期待するのかということを抜本的に議論する機会になると思います。

一方で、東京、関東圏の大学の方が心配かもしれません。現時点で少子化の影響は東京、関東圏には及んでないのかもしれませんが、いずれ少子化に見舞われます。現実に中学校の統廃合が議論されています。国立、私立を含め、単純に数が多いとの批判も出てくるでしょう。東大に工学部があり、東工大（これからは東京科学大学）にも工学部がある。その違いは？　東京には国立私立併せて11の医学部や医学部病院がある。そんなに沢山の医学部や病院は必要なのですか？　といった単純な質問にきちっと答えられる必要があります。単純な質問ほど、答えるのが難しいです。

最後に世界に目を向けてみましょう。残念ながら様々な国や地域で紛争が絶え間なく続いています。一日でも早く収まって欲しいと皆が願っています。安全保障。経済安全保障や国家安全保障といったことが議論されています。科学技術は、それに携わる者が好むと好まざるにかかわらず、軍事技術へつながってしまいます。20世紀初頭、物理学者が原子の構造と性質を突き詰め、またアインシュタインが質量とエネルギーの関係を結びつけ（$E=mc^2$）、エネルギーを大量に放出できる核反応の可能性が示されました。その先にあったのが、それが原子力発電という平和利用に使われる前に、原子爆弾となりました。戦場において如何に通信を確保するのかとの発想での研究が今のインターネットの基礎になっていることも良く知られています。

この現実を理解した上で、アカデミアにおける自由闊達な議論と公開性を確保するためには、大学人こそ世界で議論されている経済安全保障や国家安全保障について理解する必要があります。理解した上で、我々のアカデミアフリーダムを堅持する必要があります。

面倒なことは避けて通りたいし、先送りしたい。しかし、避けて通ってきたことが、結果としての今の停滞や閉塞感の原因です。

本書では、２０１８年４月から２３７２日の東工大の歩みをまとめました。そして、「未来を先送りしない」気持ちをもっていたことを改めて認識しました。次の30年、「未来を先送りしない」気持ちを持ち続ければ必ずや、明るい未来を築けると信じています。

あとがき

２０１８年４月から６年半、東工大の学長をつとめさせていただきました。この間、学内外の多くの方々のご支援をいただき、Ｔｅａｍ東工大一丸となって、世界最高峰の理工系大学を目指して様々な取り組みに挑戦しました。

この間の東工大の取り組みには賛否両論、或いは様々なご意見があるだろうと思います。賛否両論があるからこそ、私たちが考えたこと、取り組んだことをまとめておく必要があると考えました。コラムを含めて、理事・副学長や監事にも執筆に加わってもらいました。本書が、様々な議論のきっかけとなり、日本の高等教育や研究の在り方を見直し、明るい未来を築く一助になれば望外の喜びです。

大学運営や経営視点に注力したため、現在の東工大の取り組みのすべてはまとめ切れていません。例えば、基礎研究機構、労務、留学や国際連携活動などはまとめきれておりません。それらは東工大１５０年といった節目の際の年史としてうまくまとめられ記録になればと願っています。

２０１８年からの６年半を振り返り、一緒に執行部として、大学運営に携わっていただいた水本哲弥氏（２０１８年４月〜２０２２年３月、理事・副学長（教育担当））、藤野公之氏（２０１９年

4月～2022年3月、理事・副学長・事務局長）、川端小織氏（2020年4月～現在、理事・副学長（法務労政、非常勤））、石田善顕氏（2024年4月～現在、理事・副学長・事務局長）、榎並和雅氏（2012年8月～2020年8月、監事、2020年9月～2021年8月、学長相談役）に、あらためて深く感謝します。また、副学長の方々には、執行部の一員として、それぞれの職務に取り組んでいただきました。お礼申し上げます。8部局（6つの学院、リベラルアーツ研究教育院、科学技術創成研究院）の部局長を務めていただいた先生方には、大学の大きな方針を理解していただき、また各部局の様々な状況を把握した上での部局運営、本当にありがとうございました。

経営協議会、学長選考・監察会議の委員の皆様には、常に厳しくも暖かくご指導いただきました。感謝するとともにお礼申し上げます。

また、事務職員、技術職員の皆様、URAや専門職の皆様に、大学統合という大きな挑戦の中にあっても、日々の業務を遂行していただけましたこと、あらためてお礼を申し上げます。東工大には様々な職種、雇用形態の方々がおります。皆様の力なしに今の東工大はありません。深く感謝申し上げます。

本書では、個々の教員の方々の研究や教育の中身にはほとんど触れておりません。大学教員一人ひとりの情熱が大学の研究力や教育力の源泉です。日々の研鑽と努力に感謝いたします。

大学とともに歩んでいただいている蔵前工業会の皆様、また石田義雄前理事長、井戸清人理事長、本房文雄理事長特別補佐には常にご指導ご鞭撻を賜りました。深く御礼申し上げます。

三島良直前学長から引き継ぎ、新しい顔ぶれの我々の執行部ができた時、周りの皆さんは不安だったかもしれません。ただ、6年半の間、私自身も大学執行部も、多くの方々に育てていただき、成長したというのが実感です。東工大の教育において「教えあい、学びあい」という考えがあります。大学の運営、経営も同じです。「Team東工大が一丸となって」という言葉の裏側には、お互いが、教えあい、学びあって、皆が成長するという気持ちがあります。これが、今の東工大を創ってきたのだと思っております。

今、パリオリンピックの真っ最中です。アスリートは挑戦し、メダルを獲得する選手、残念ながらメダルに届かない選手もおります。彼らは世界と戦っています。世界に出て挑戦し、学んでいます。アカデミアの世界では世界に挑戦する若者や研究者を、その結果によらず称える文化があるだろうか。真に科学を文化にという気持ちの第一歩かもしれません。

オリンピックで活躍する選手の姿に、挑戦すること、結果ではなく挑戦することを称え、評価することの大切さをあらためて教えてもらいました。

2024年猛暑のおり、執筆を終えて

益　一哉

参考文献

個々の事項について参考文献はつけてないが、東工大の１４３年の歴史を知るためには、以下が参考になります。

１東京高等工業学校二十五年史
２東京工業大学六十年史
３東京工業大学百年史（通史）
４東京工業大学百年史（部局史）
５東京工業大学１３０年史
６東京工業大学１３０年史別冊
７東京工業大学の改革（ロイヤルブルー本）　２０１８年3月（学内限定公開）

１〜６の年史は、東京工業大学ホームページでもダウンロードできます。（東京科学大学になっても検索可能であると考えています）

７の「東京工業大学の改革」は、三島良直学長が２０１２年10月から２０１８年3月までに行った大学改革をまとめた報告書です。現時点では学内限定公開になっています。

【編著者】
益 一哉（ます・かずや）
電子通信工学者
工学博士
東京工業大学・学長

半導体集積回路の研究において、産学連携研究を推進。その経験を研究力強化の視点で生かすことを念頭に2018年東工大学長に就任。

2016年からの「教育改革」「研究改革」「ガバナンス改革」を、経営基盤強化を念頭に継続発展させるとともに、東工大全体の産学連携研究を強力に推進し、その規模を2倍に拡大した。

また、イノベーションは多様性にあるとの視点で、研究のスタイルの多様性や研究者、学生の多様性の推進にも注力。理工系分野のジェンダーバランス解消のために、女性限定教員公募や学士課程入試における思い切った女子枠を導入。日本全体の大きな流れを産みだした。Forbes Japan, Women Award, HeForShe賞（2023年）を受賞。

さらに、研究の多様性を突き詰めた先の「理工系の再定義」の視点から、東京医科歯科大学との一法人一大学という新大学の設立を提案し統合に向けて取り組んだ。

科学で未来を創造する大学へ
Team東工大、2,374日の挑戦

2024年9月24日　第1刷発行

編著者 ―――― 益 一哉
発行 ―――― ダイヤモンド・ビジネス企画
〒150-0002
東京都渋谷区渋谷1丁目-6-10 渋谷Qビル3階
http://www.diamond-biz.co.jp/
電話 03-6743-0665（代表）

発売 ―――― ダイヤモンド社
〒150-8409　東京都渋谷区神宮前6-12-17
http://www.diamond.co.jp/
電話 03-5778-7240（販売）

編集制作 ―――― 岡田晴彦
編集協力 ―――― 地蔵重樹
装丁 ―――― いとうくにえ
本文ﾃﾞｻﾞｲﾝ・DTP ―― 齋藤恭弘
印刷・製本 ―――― シナノパブリッシングプレス

ISBN 978-4-478-08510-3